dtv

Der Autor des berühmten ‚Ostpreußischen Tagebuchs' legt hier Aufzeichnungen über seine Kindheit und Jugend vor. Sie handeln von der Zeit zwischen dem Ersten Weltkrieg und dem Beginn der dreißiger Jahre und schildern ein Stück Vergangenheit im Osten des Deutschen Reiches. Diese Erinnerungen sind mit verschiedenen Orten verknüpft. Auf dem vom Vater geleiteten Vollblutgestüt Graditz verbringt der Autor sein erstes Lebensjahrzehnt. Dann führt der Weg in das legendäre Gestüt Trakehnen (Ostpreußen), dessen Leitung dem Vater 1922 übertragen wird. Haben für den jungen Grafen Lehndorff Pferde von Anfang an eine wichtige Rolle gespielt, so rückt die Reiterei nun vollends in den Mittelpunkt seines Lebens. Januschau, dem patrialchalisch regierten Haus der Großeltern, und Steinort, dem Stammsitz der Familie, sind eigene Abschnitte gewidmet. Das Schlußkapitel führt in die Studienzeit des Autors, die ihm eine Reihe persönlicher Begegnungen von großer Bedeutung bringt. Das Leben unter liebenswerten, teils auch skurrilen Menschen, der tägliche Umgang mit den Pferden, das naturverbundene Aufwachsen in diesem weiten Land: Graf Lehndorff läßt aus der Erinnerung eine unwiederbringlich verlorene Welt noch einmal vor uns erstehen.

Hans Graf von Lehndorff, geboren 1910, studierte Jura und Medizin und war von 1954 bis 1970 Chefarzt in Bad Godesberg. Er starb im September 1987. Weitere Veröffentlichungen: ‚Ostpreußisches Tagebuch. Aufzeichnungen eines Arztes aus den Jahren 1945–1947' (1961), ‚Die Insterburger Jahre. Mein Weg zur Bekennenden Kirche' (1965).

Hans Graf von Lehndorff

Menschen, Pferde, weites Land

Kindheits- und Jugenderinnerungen

Mit 19 Fotos und einer Karte

Deutscher Taschenbuch Verlag

Von Hans Graf von Lehndorff
ist im Deutschen Taschenbuch Verlag erschienen:
Ostpreußisches Tagebuch (30094)

Im Text ungekürzte Ausgabe
September 1983 (dtv 10162)
11. Auflage Februar 2004
Deutscher Taschenbuch Verlag GmbH & Co. KG, München
www.dtv.de

ISBN 3-764-20161-4
Umschlagkonzept: Balk & Brumshagen
Umschlagfoto: © Dietrich Weldt (aus Gräfin Dönhoff: Ritt durch Masuren, Verlag Gerhard Rautenberg)
Gesamtherstellung: Druckerei C. H. Beck, Nördlingen
Gedruckt auf säurefreiem, chlorfrei gebleichtem Papier
Printed in Germany · ISBN 3-423-30074-4

Inhalt

Graditz

Bevor die Elbe an der alten wehrhaften Stadt Torgau vorüberfließt, aus deren Mitte die Türme von Schloß Hartenfels weithin sichtbar herausragen, durchzieht sie in sanften Windungen ein weites Wiesenland. Einzelne uralte Pappeln stehen dort als Wahrzeichen einer vergangenen Zeit. Hier, nicht weit vom östlichen Flußufer, jenseits des Elbdammes, liegt Graditz, mein Geburtsort. Dort habe ich die ersten zwölf Jahre meines Lebens verbracht, denn mein Vater war der Leiter des damals noch Königlich preußischen Hauptgestüts, das in Graditz seinen Sitz hatte. Er selbst war schon in Graditz zur Welt gekommen, denn sein Vater, dessen Nachfolger er später wurde, hatte bereits im Jahre 1866 die Leitung des Gestüts übernommen.

Unsere Wohnung befand sich in dem von August dem Starken, Kurfürsten von Sachsen und König von Polen, erbauten Barockschloß, das den Mittelpunkt des Ortes bildete. Drei breite Lindenalleen liefen konvergierend darauf zu, die mittlere von ihnen in einer Länge von fünfhundert Metern. An ihrem Ende erblickte man in der Ferne die Türme von Torgau. Zwischen den Alleen breitete sich ein großzügiger Park aus, an den sich viele, mit schattengebenden Kastanienbäumen bestandene Koppeln anschlossen. In ihnen verbringen auch heute noch zahlreiche Vollblutstuten mit ihren Fohlen einen wesentlichen Teil ihres Daseins.

Auf der anderen Seite des Schlosses formen weitläufige Stallgebäude mit diesem zusammen einen großen rechteckigen Hof, in den man durch ein dem Schloß gegenüberliegendes, von Quadersteinen eingefaßtes Tor einfährt, das in den Kornspeicher eingebaut ist. Die Atmosphäre dieses Hofes, seine Geräusche und Gerüche, das Schlagen der Turmuhr, gelegentliches Wiehern von Pferden, das Klingen von Ketten, Hufgetrappel im

Tor bei der Einfahrt eines Wagens bilden die Grundlage meiner Kindheitserinnerungen.

Da meine Familie, wie gesagt, bereits in der dritten Generation in Graditz beheimatet war, betrachteten wir Kinder das Gestüt mehr oder weniger als unser persönliches Eigentum. Diese Vorstellung wurde genährt und unterstrichen durch die Art des Zusammenlebens mit den Menschen, die zum Gestüt gehörten. Die Beziehungen zu ihnen unterschieden sich nicht wesentlich von denen, die auf einem großen Gutshof üblich sind. Das gegenseitige Vertrauen, die Achtung und Wertschätzung unter Menschen verschiedenen Standes, die der gleichen Sache dienen, waren selbstverständliche Gegebenheiten, mit denen ich aufgewachsen bin. In einem Vollblutgestüt wie Graditz kann es schon fast als befremdlich betrachtet werden, wenn da Leute sind, die nicht mit ganzer Seele an den Pferden hängen und deren Werdegang mit innerer Anteilnahme begleiten, von der Geburt an bis zu ihrer Bewährungsprobe auf der Rennbahn und weiter auf dem Wege durch die Jahre, in denen sie der Zucht dienen. Besonders stark ist das Gefühl der Zusammmengehörigkeit, wenn keiner der Beteiligten ein Eigentumsrecht an den Pferden geltend machen kann, sondern alle die gleiche unmittelbare und doch distanzierte Beziehung zu ihnen haben. Denn das Gestüt gehörte, wie schon erwähnt, dem preußischen Staat und hatte die Aufgabe, Spitzenprodukte für die Verbesserung der Landespferdezucht zu erzielen. Das Pferd spielte damals, vor dem Ersten Weltkrieg, als die Landwirtschaft und das Militär noch kaum motorisiert waren, ja noch eine überragende Rolle, und alles wurde getan, um seine Qualität immer mehr zu steigern.

Meine Geschwister und ich nahmen von klein auf nach unserer Art an dem Zuchtgeschehen Anteil und verfolgten es mit Interesse. Wir waren sechs – fünf Brüder und eine Schwester –, von denen die ältesten vier Brüder, darunter ich als zweiter, in einem Zeitraum von vier Jahren das Licht der Welt erblickt hatten, sich im Alter also nur wenig voneinander unterschieden. Diese Tatsache hatte den Grund gelegt für eine Konkurrenz und Rivalität unter uns im Hinblick auf das Bescheidwissen in Pferdedingen.

Das Hauptinteresse galt zunächst den Vatertieren. In Graditz befanden sich einige sehr hochwertige Hengste, die aus England und Frankreich angekauft worden waren, allen voran Ard Patrick, eines der besten Rennpferde seiner Zeit. Bald nach der Jahrhundertwende hatte er bereits die für die damalige Zeit enorm hohe Summe von 20000 Guineen, also 420000 Mark, gekostet und wurde deshalb von uns wie von allen Graditzern mit Ehrfurcht betrachtet. Seinen Stall betrat man nie anders als in gespannter Erwartung, besonders wenn man von Besuchern begleitet war, die ihn noch nicht kannten. Wie würde er sich präsentieren? Aber diese Sorge war eigentlich unbegründet, denn nie wurde er anders gezeigt, als in sorgfältigst gebürstetem spiegelblankem Haarkleid. Er wirkte wie ein Rappe, wurde aber, da er eine bräunliche Stelle am Maul hatte, als Schwarzbrauner bezeichnet. Neben ihm stand der fast ebenso hochklassige, heller gefärbte Braune Nuage, den mein Vater im Jahre 1910, meinem Geburtsjahr, in Frankreich für Graditz angekauft hatte, nachdem er den Großen Preis von Paris gewonnen hatte. Beide Hengste waren Enkel des unbesiegten St. Simon, eines der überragenden Vererber der gesamten Vollblutzucht der Welt. Als Dritter kam dazu der ebenfalls in England angekaufte, von den Graditzer Stalleuten noch nicht mit der gleichen Hochachtung angesehene schwarzbraune Dark Ronald, der sich dann in der Vererbung von Rennvermögen den beiden erstgenannten sogar noch überlegen zeigen sollte. Durch seine Söhne hat er später die deutsche Vollblutzucht eindeutig beherrscht. Denn diese wertvollen Hengste wurden nicht nur mit gestütseigenen Stuten gepaart, sondern es kamen zu ihnen die besten und bewährtesten Stuten der großen Privatzüchter. Die blieben bei dieser Gelegenheit meistens mehrere Monate in Graditz, so daß wir auch sie kennenlernten und auf diese Weise eine Art Gesamtüberblick über das Zuchtgeschehen in ganz Deutschland bekamen.

Das erste Drittel des Jahres ist in züchterischer Hinsicht immer die interessanteste Zeit, weil da die Fohlen zur Welt kommen. Betrat man den langgestreckten Stall, in dem die Fohlenstuten untergebracht waren, und es hing vor einer der mit Eisenstäben versehenen Boxentüren eine Wolldecke zum Schutz gegen die Zugluft, dann wußte man, daß dort ein Fohlen geboren war, und die Spannung stieg, bis man Gelegenheit bekam, es in Augenschein zu nehmen und fachmännisch zu beurteilen. Pferde sind nämlich, was den Körperbau betrifft, als Neugeborene am leichtesten zu beurteilen, weil ihre Fehler oder schwachen Stellen in diesem Stadium am meisten ins Auge fallen. Später verwächst sich vieles so, daß nur der versierte Fachmann in der Lage ist, sich ein sicheres Urteil zu bilden.

Am Ende des Stutenstalles konnte man einen Spruch lesen, den mein Großvater in Abwandlung eines bekannten Goethe-Zitates dort weithin sichtbar auf die weiße Wand hatte malen lassen. „Blut ist der Saft, der Wunder schafft", stand da zu lesen. Und mit dem Großvater bin ich heute noch davon überzeugt, daß das Vollblutpferd das edelste und schönste Tier der Schöpfung ist.

Die wichtigste Stute jener Jahre war die Ard-Patrick-Tochter Antwort, eine fast schwarze Stute in großem Rahmen mit einer außerordentlichen Rippenwölbung. Ihre Mutter Alveole, die Stammutter eines großen Teils der deutschen Vollblutzucht, habe ich nicht mehr erlebt. Antwort, selbst ein gutes Rennpferd, brachte von Nuage ein erstklassiges Pferd nach dem anderen – Anschluß, Adresse, Aversion, Alpenrose. Ihre Töchter und Enkelinnen wurden wiederum Mütter weiterer überragender Rennpferde. Neben diesen waren von besonderem Wert zwei weitere Ard-Patrick-Töchter, Granada und Hornisse, beide Mütter von Derbysiegern. Sodann die Fuchsstuten Glosse, Grita, Leda und Fama – letztere eine Schwester der Antwort. Das waren lauter ganz zivile deutsche Namen, denn diese Stuten waren alle schon in Deutschland geboren. Ihre Mütter waren aber zum Teil noch Engländerinnen, von meinem Großvater im Mutterland des Rennsports angekauft. Ihre uns unverständlichen Namen faszinierten uns, und wir waren empört, wenn sie von Besuchern unserer Meinung nach falsch ausgesprochen wurden. Es waren geheimnisvolle Namen – wie Lady Gay Spanker, Girton Girl, Costly Lady, Stubhampton –, die auf eine besonders illustre Provenienz schließen ließen. Die beiden letztgenannten habe ich noch sehr deutlich in Erinnerung. Unter den fremden Stuten, die alljährlich zu den Graditzer Hengsten geschickt wurden, befanden sich ungleich mehr Ausländerinnen, deren Namen wir ebenfalls als besonders reizvoll empfanden. Zu denen, die jedes Jahr wiederkehrten, zählten Our Favorite, Lady Dundas, Per Adventure, Fastrada und ähnliche. Ihre Fohlen wurden auch immer mit großem Interesse besichtigt und mit den einheimischen verglichen.

Die Stuten, die kein Fohlen erwarteten, wurden in dem betreffenden Jahr im Sommerstall untergebracht, der jenseits des Elbdamms inmitten von Koppeln stand. Dort schienen sie sich besonders wohl zu fühlen. Wenn man sie besuchte, fingen sie an zu wiehern und herumzugaloppieren, und auch die ältesten unter ihnen brachten dabei Kapriolen zustande, die wir ihnen nicht mehr zugetraut hatten. Sie hatten dort erst so richtig die Möglichkeit, ihre Persönlichkeit zu entwickeln, und wir freuten uns mit ihnen, daß sie nicht immer in dem Stall zu bleiben brauchten, in dem sie ihre Fohlen bekamen.

Das, was zur Entstehung dieser begeisternden Geschöpfe führt, ist natürlich das Rätselhafteste und Geheimnisvollste, was in einem Gestüt vor sich geht. Wenn die Hengste zum Decken geholt wurden, sahen sie über die Maßen herrlich aus. Sie führten sich so wild auf, daß die ganze Gegend davon angesteckt wurde und wir uns immer wunderten, wie ihre Führer so ruhig neben ihnen hergehen konnten, sie an langer Leine haltend. Mit lautem Wiehern verschwanden sie in der allseitig geschlossenen Reitbahn, wo die Stute auf sie wartete. Was da drin geschah, durften wir nicht mit ansehen. Nur wenn die Reitbahn besetzt war und das Decken in einem halb geschlossenen, „Pilz" genannten Raum vor sich ging, versammelte sich die Dorfjugend auf dem Boden des benachbarten Stutenstalles und nahm aus respektvoller Entfernung an diesem gewaltigen Schauspiel teil.

Besonders im Gedächtnis ist mir von einer solchen Gelegenheit der hochelegante französische Fuchshengst Caius, mit schmaler Blesse und hochweißen Beinen. Wenn er herangeführt wurde, konnte man denken, Phoebus Apollo hätte eines seiner Sonnenpferde ausgespannt und auf die Erde geschickt. Sein Anblick ist für mich in der Erinnerung auch heute noch das Symbol für die Schönheit der Schöpfung. Daß Caius sich, was das Rennvermögen seiner Nachkommen betrifft, nicht ganz so vererbt hat, wie man erhofft hatte, steht auf einem anderen Blatt.

Graditz züchtete aber nicht nur Rennpferde, sondern auch Halbbluthengste für die Landespferdezucht. Dies geschah in dem ein paar Kilometer nördlich von Torgau auf dem linken Elbufer gelegenen Gestüt Repitz, von dem noch die Rede sein wird. Wenn die dort zur Welt gekommenen Hengste noch nicht ganz dreijährig waren, wurden sie in das Hauptgestüt herübergeholt, um angeritten zu werden. Das ging auf dem weiträumigen Schloßhof vor sich, der in der Mitte durch eine vom Tor auf das Schloß zugehende Lindenallee geteilt war. Die eine Hälfte gehörte den Vollblütern, die andere den Halbblütern. Letztere standen in dem langen Stallgebäude, das die Südseite des Hofes begrenzte. Das Anreiten der jungen Hengste war eine spannende Angelegenheit, die wir vom Fenster aus verfolgen konnten. Sie wurden zuerst nur longiert, dann, wenn sie durch die Bewegung und die bessere Fütterung zu Kraft gekommen waren, gesattelt und schließlich von den Reitern bestiegen – einer entsprechenden Anzahl meist junger Reitburschen. Das gab ein Getobe, ein Bocken und Keilen, ein Geschrei von Mensch und Tier, und oft flog ein oder der andere Reiter im hohen Bogen durch die Luft in den Sand des Reitplatzes. War dies aufregende erste Stadium des Anreitens überwunden, wurde ausgeritten und in dem weiten Gelände des Gestüts die Ausbildung der Pferde vervollständigt. Es war jedesmal erstaunlich, wie sie sich dabei im Laufe weniger Monate zu lauter Persönlichkeiten entwickelten, von denen mir viele im Gedächtnis geblieben sind. Schließlich wurden sie von einer Kommission gemustert und die besten in die Landgestüte übernommen, um sich dort weiterzuvererben. Diejenigen, die den hohen Anforderungen an ihre Qualität nicht ganz entsprachen, wurden später auf einer Auktion an Privatleute verkauft.

Wenn die jungen Hengste den Stall verließen, kamen die gleichaltrigen Stuten hinein. Auch sie wurden angeritten und standen den Hengsten an Übermut kaum nach. Vom neunten oder zehnten Lebensjahr an durften wir Kinder uns an diesem Sport beteiligen, haben also schon früh manches herrliche Pferd reiten dürfen. Die jungen Stuten wurden übrigens auch gefahren, und zwar einzeln vor dem Traberwagen, was wunderhübsch aussah und viel Spaß machte.

Natürlich gehörte es an einem solchen Ort, an dem das Tun und Treiben jedes einzelnen ausschließlich durch die Pferde bestimmt war, unbedingt dazu, daß man selber ritt. Und da mein Vater und Großvater zu den erfolgreichsten Rennreitern ihrer Zeit gehört hatten, war es für meine Brüder und mich selbstverständlich, daß wir allen Ehrgeiz daran setzten, es ihnen nachzutun. Nach Vollendung des sechsten Lebensjahres wurde ernsthaft mit dem Reitunterricht begonnen, der gewiß mit Ängsten und Schmerzen verbunden war. Aber da uns weder äußerlich noch innerlich eine andere Wahl blieb, wurden seine aufregenden Begleiterscheinungen widerspruchslos in Kauf genommen. Wir ritten keine Ponies, sondern Gestütspferde, die für die Zucht zu klein geblieben waren. Mein erstes Pferd war ein Fuchs mit Namen Heliotrop. Er hatte es faustdick hinter den Ohren – ein anatomisches Merkmal, das beim Pferd auf die gleiche Wesensart hinweist wie beim Menschen. Wenn wir nach draußen ins Gelände ritten, warf er mich fast immer an der gleichen Stelle ab, um schnurstracks nach Hause zu rennen. Ich war jedesmal heilfroh, wenn ich einigermaßen sanft unten ankam, was nicht immer der Fall war. Einmal flog ich mit dem Bauch gegen einen etwas schief stehenden Alleebaum, mit dem Effekt, daß ich eine ganze Weile keine Luft bekam. Das mehr als unsichere Gefühl, das ich auf Heliotrop hatte, verknüpft mit dem Anblick der jede Regung verratenden Ohrenpartie, sitzt mir noch heute in den Knochen. Ich hatte das Gefühl, diesem

Pferd restlos ausgeliefert zu sein. Erst als ich ein anderes Pferd zu reiten bekam, das auf meine Willensäußerungen positiv reagierte, ging es mit mir aufwärts, und ich habe das Hochgefühl des Reitens allmählich immer intensiver und bewußter kennengelernt. Es stellte sich heraus, daß ich eine sogenannte weiche Hand hatte. Deshalb erhielt ich später immer die heftigen Pferde zugeteilt oder suchte sie mir selbst aus, weil sie unter mir ruhig wurden. Dementsprechend waren die von Natur phlegmatischen, wenn ich sie eine Weile geritten hatte, kaum mehr vorwärtszukriegen.

Mein um ein Jahr älterer Bruder Heinfried, der älteste von uns fünf Brüdern, hatte schon früher als ich mit seinem Pferd etwas anzufangen verstanden, und wurde daher auch entsprechend ernstgenommen. Zu seinem zehnten Geburtstag erfreuten ihn die Gestütswärter und Reitburschen mit folgendem Gedicht „Die Pferde gratulieren“, das wahrscheinlich unser spezieller Reitlehrer Bruno Pie verfaßt hatte:

Graf Heinfried hat Geburtstag heute,
im Stalle sagen's alle Leute.
Da wollen wir uns nicht lange zieren
und dir herzlich gratulieren.
Alle Pferde groß und klein
wollen beim Gratulieren sein.
Alle wollen's mit dir wagen,
dich über Feld und Wiesen tragen,
mit dir jagen über Stock und Wall.
So freut sich mit dir
der Lange Stall.

Sein erstes Rennen gewann er bereits mit zwölf Jahren. Die Offiziere des Torgauer Reiterregiments hatten damals auf den zu Graditz gehörenden Elbwiesen eine Jagd geritten, und da es der Hubertustag war, wurde zum Schluß noch ein kleines Rennen über fünfhundert Meter ausgetragen. Mein Bruder hatte auf dem Reitpferd meines Vaters, dem Vollblüter Feuerländer, an der Jagd teilgenommen. Mit seinem leichten Gewicht war das

Pferd im Auslauf den anderen Konkurrenten weit überlegen – mit einer Ausnahme, und die bildete das eigentliche Kuriosum dieser Veranstaltung: Mein jüngerer Bruder Georg hatte auf der kleinen Vollblutstute Prosa, einem Zwilling, ebenfalls an der Jagd teilgenommen und blieb im Auslauf Heinfried dicht auf den Fersen. Ich selber hatte einer meiner zahlreichen Erkältungskrankheiten wegen nicht mitreiten können, war aber von meiner Mutter im geschlossenen Wagen mit hinausgenommen worden und konnte mit ansehen, wie meine beiden Brüder weit vor den übrigen etwa vierzig Teilnehmern durch das Ziel galoppierten. Gratulationen konnten sie allerdings nicht mehr entgegennehmen, da ihre Pferde, einmal in Fahrt gebracht, sich nicht halten ließen, sondern über den Elbdamm hinweg ihrem Stall zustrebten.

Für unsere Spiele mit den vielen Kindern der Gestütsangestellten bot der Park mit seinen Alleen, blühenden Sträuchern und seltenen Bäumen ein weites Betätigungsfeld. Wir hatten unsere Versteck- und Ballspiele und liefen natürlich, den Pferden nacheifernd, unsere Rennen, teils mit, teils ohne Hindernisse, wobei gelegentlich Preise ausgesetzt wurden. Überdies hatten wir einen herrlichen Spielplatz mit Sandhaufen, Schaukel, Wippe, Reck und vor allem einer langen, an vier Eisenstangen hängenden, in einem sehr stabilen Balken-Gestell befestigten Schaukel, auf deren langem Brett man sitzen und an dessen Enden man stehen und die Schaukel in Bewegung bringen konnte. Wenn niemand auf dem Brett saß, hatte man den Ehrgeiz, es oben gegen das Gestell knallen zu lassen. – Im Winter versammelte sich, sobald genügend Schnee lag, die gesamte Dorfjugend auf dem Elbdamm, denn von dem aus konnte man an manchen Stellen eine Rodelabfahrt bis zu hundert Metern Länge herausholen. Auch hier wurden natürlich immer Rennen gefahren.

Sehr beliebt waren die Geburtstagsfeiern, die reihum in den Häusern der Spielkameraden gehalten wurden, soweit ihre Eltern sich das leisten konnten. Es wurde dabei sehr viel gelacht und getobt, aber die meisten kehrten mit gemischten Gefühlen heim, weil die Toilettenanlagen im allgemeinen dem Ansturm nicht ganz gewachsen waren.

In jedem Sommer fand in Graditz ein Kinderfest statt, auf das man sich sehr freute und lange vorbereitete. Als ich zehn Jahre alt war, durfte ich mich am Armbrust-Schießen beteiligen. Von einem Tischler im benachbarten Kirchdorf Zschackau hatte ich mir heimlich eine Armbrust machen lassen. Nach dreistündigem Schießen hing von dem Vogel nur noch das Mittelstück am Pfahl, und mir wurde schwarz vor den Augen vor Glück, als ich an der Reihe war und es nach meinem Schuß gänzlich unerwartet herunterkam. Anschließend wurde mir die Ehre zuteil, mit der Siegerin im Sackhüpfen und dem Gewinner des Wurstschnappens unter einem Triumphbogen, der über uns getragen wurde, durch das Dorf zu marschieren, um schließlich bei der Mutter der Siegerin im Sackhüpfen zu einem Umtrunk einzukehren. Dieses Haus, welches in der Nähe des unsrigen lag, wurde normalerweise von uns gemieden, weil dort der Ziegenbock sein Standquartier hatte, dem sämtliche jungen Ziegen der Umgegend ihr Dasein verdankten. Der Geruch, den er verbreitete, war so penetrant, daß man es noch nach einer halben Stunde roch, wenn seine Besitzerin – ohne ihn – an unserer Haustür vorübergegangen war. Angesichts meines soeben errungenen Sieges konnte dieser Hinderungsgrund jedoch keine Rolle mehr spielen, und der dargebotene Pfefferminzschnaps tat das Seine, um die nasalen Eindrücke zu neutralisieren. Meine persönlichen natürlich nur, denn als ich nach Hause kam, bestand meine Mutter darauf, mich erst einmal umzuziehen.

Lange Zeit vorher war der Ziegenbock einmal in eines unserer Fenster gesprungen. Seine Besitzerin hatte ihn unvorsichtigerweise mit sich geführt, und als er sich in den Scheiben wie im Spiegel sah, konnte sie nicht mehr verhindern, daß er sich auf seinen vermeintlichen Rivalen stürzte. In diesem Zimmer wohnte damals gerade Graf Sponeck, der Leiter von Trakehnen, mit seiner Frau, denn die Trakehner Pferde waren im ersten Kriegsjahr zum Teil nach Graditz evakuiert worden. Sie kamen mit dem Schrecken davon.

Eine große Rolle spielte in unserem Leben unser privates Vieh. Als Gestütsleiter konnte mein Vater sechs bis acht Kühe halten, dazu Schweine und jede Menge Federvieh. Wir Kinder züchteten Kaninchen, blaue Wiener, mit denen wir einen schwungvollen Handel trieben. Sie machten viel Arbeit und verlangten Ausdauer und Gewissenhaftigkeit. Aber es war doch immer wieder ein großes Erlebnis, wenn in einer Ecke des Stalles ein Haufen blauer Wolle lag und es darin von Neugeborenen wimmelte. Im Winter verbrachten wir viele Stunden bei den Kühen, weil es dort warm war, und drehten kunstvolle Peitschenschnüre aus dem Bindegarn, mit dem die Strohballen zusammengehalten wurden. Sie verjüngten sich zum Ende hin immer mehr, und zuletzt wurde ein schmaler Streifen Aalhaut daran befestigt, durch den das Knallen der Peitsche zustande kam, wenn sie entsprechend betätigt wurde. (Ich habe erst vor wenigen Jahren erfahren, daß das Knallen, das nicht jeder beherrscht, auf dem Durchbrechen der Schallmauer beruht!)

Wenn die Schneeschmelze kam und die Elbe über ihre Ufer trat, wurde es auf den Elbwiesen aufregend. Dann schlugen die vom Frühlingssturm gepeitschten Wellen gegen den Damm, und man stand vor einer unübersehbaren Wasserfläche, aus der die Bäume manchmal nur noch mit der Krone herausragten. Wilde Gänse und Enten trieben hoch am Himmel oder tief über den Schaumkronen dahin, und große Greifvögel, die man sonst nicht sah, jagten nach Beute. Ein Stück Urwelt war in unser wohlbehütetes Dasein hereingebrochen, und oft stand ich tief bewegt und im Innersten aufgewühlt an irgendeiner sturmgeschützten Stelle, um möglichst viel von dieser wilden Musik in mich aufzunehmen und mich von ihr in meine Träume begleiten zu lassen. Auch heute noch kehren solche Träume gelegentlich wieder. Ich sehe die Landschaft ins Unermeßliche geweitet. Keilförmig geordnete Züge von Wildgänsen ziehen himmelhoch in den verschiedensten Richtungen über mich hinweg. Ich höre ihr eifriges Geschnaggel und fühle mich ihnen sehnsuchtsvoll verbunden.

Wenn das Wasser anfing zu steigen und die Wiesenflächen

noch nicht ganz davon bedeckt waren, fuhren wir manchmal mit einem Kahn zu den etwas höher gelegenen Stellen, um Hasen zu retten, die sich dorthin zurückgezogen hatten. Oft fand man sie einzeln oder sogar zu mehreren in einem hohlen Baumstamm, der schon allseitig von Wasser umgeben war. Meistens ließen sie sich leicht fangen, weil sie die Aussichtslosigkeit ihrer Flucht schon eingesehen hatten. Wenn wir sie dann irgendwo auf sicheres Gelände gesetzt hatten, reckten sie sich erst, machten Männchen, schüttelten sich und hoppelten dann mit vorgelegten Löffeln noch unentschlossen hin und her, ehe sie sich für eine bestimmte Richtung entschieden. Dann zogen sie immer schneller ihres Weges.

Wenn die Wassermassen bis an den Damm gekommen waren und an diesem in die Höhe krochen, pendelten wir gern am Ufer entlang, um angeschwemmte Maulwürfe zu sammeln, deren blauschwarze, weiche Fellchen abgezogen, gespannt, getrocknet und zu Preisen verkauft wurden, die für kindliche Verhältnisse schon ein ansehnliches Taschengeld darstellten. Manchmal stieg das Wasser derart, daß mein Vater in seiner Eigenschaft als Deichhauptmann in Aktion treten mußte, und ich entsinne mich einer Nacht, in der wir alle bangten, weil der Damm an einer Stelle unterwühlt worden war und einzureißen drohte. Was das bedeutete, daran gemahnte eine Inschrift, die im Flur des Schlosses in etwa einem Meter Höhe angebracht war. So hoch hatte das Wasser gestanden, als es gegen Ende des vorigen Jahrhunderts nach einem Dammbruch ins Haus gelaufen war, und die Menschen hatten sich auf improvisierten Flößen und in Waschkübeln über den Hof bewegen müssen, um Lebensmittel heranzuschaffen und Bergungsaktionen durchzuführen. Diese Überschwemmung war eigenartigerweise nicht im Frühjahr, zur Zeit der Schneeschmelze, eingetreten, sondern im September nach schweren Regenfällen im Zustrombereich der Elbe.

Eine Bootsfahrt im Waschkübel hat für Kinder natürlich ihre besonderen Reize. Deshalb versuchten wir, sobald das Hochwasser wieder fiel und schon einzelne Inseln aus der Wasserfläche heraussahen, von unserer Mutter die Genehmigung für eine solche Fahrt zu erlangen. Aber sie blieb unnachgiebig, und die Sache war in der Tat nicht ganz unbedenklich. Denn auch wenn man nicht kenterte, wurde man doch durch und durch naß. Es kam auch vor, daß die Bretter, aus denen der Waschkübel bestand, dem Außendruck, auf den sie nicht eingerichtet waren, plötzlich nachgaben und der Bottich in sich zusammenfiel. Einmal ist es mir aber doch gelungen, eine solche Fahrt zu machen. Sie führte mich durch eine Gruppe weit auseinanderstehender alter Bäume, und was mich besonders faszinierte, war eine Ratte, die, mit silbergrauen Luftperlen übersät, unter meinem Fahrzeug hindurchschwamm, um das weit entfernte Ufer zu gewinnen.

Die vom Wasser bedrohten Mäuse schlossen sich manchmal zu Tausenden zusammen und schwammen, eng aneinandergedrängt, auf das Ufer zu. Es sah dann so aus, als wenn eine graue Decke angetrieben würde, und man traute seinen Augen nicht, wenn diese Decke über den Damm weiterrollte und auf der trockenen Seite in den Büschen verschwand.

Zu allen Jahreszeiten stellte der Damm einen idealen Spazierweg dar, und man gelangte auf ihm, zu Fuß oder mit dem Fahrrad, auch am schnellsten in die Kreisstadt Torgau. An mehreren Stellen liefen Koppelzäune über ihn hinweg. Auf der Höhe des Dammes waren sie durch ein Drehkreuz unterbrochen, durch das man sich auch auf dem Fahrrad hindurchwinden konnte, ohne abzusteigen. Nächtlicherweile passierte es wohl auch, daß Angetrunkene, die aus Torgau zurückkehrten, das Kreuz zu weit drehten und nach längerer Zeit statt zu Hause wieder in Torgau ankamen.

Jenseits des Dammes ging man noch etwa zwanzig Minuten, bis man an die Elbe kam, die zur Sommerzeit friedlich und verträumt zwischen ihren mit Weidengestrüpp bewachsenen Ufern dahinzog. Gelegentlich wurde sie durch einen Schleppdampfer aufgestört, der mit drei oder vier Lastkähnen im Gefolge stromaufwärts keuchte oder, sehr viel behender, stromabwärts trieb. In den Notjahren nach dem Ersten Weltkrieg strandete manchmal ein solcher, mit Lebensmitteln beladener Kahn nicht ganz unfreiwillig an irgendeiner Biegung, und alles Volk aus der näheren und weiteren Umgebung strömte dorthin, um gegen eine kleine Anerkennungsgebühr an die Begleitmannschaft nassen Zucker und ähnliche aus südöstlichen Gefilden kommende Schätze zu raffen.

Die Elbe war auch unser liebstes Ziel, wenn wir als kleine Kinder mit unserer Mutter ausgingen. Dort saßen wir dann stundenlang auf einer der ins Strombett hinausgreifenden Buhnen, spielten im Sand, ließen flache Steine auf der Wasseroberfläche springen, hörten den Falken zu, die in den nahen Pappeln zu Hause waren, und starrten in die friedvolle Landschaft auf dem gegenüberliegenden Ufer, aus der die roten Dächer des Dorfes Weesnig als Symbole der Unerreichbarkeit herüberwinkten.

Als ich das erste Mal allein an der Elbe stand, war dies mit einem besonderen Erlebnis verbunden. Es war an einem trüben Spätherbst-Nachmittag. Die Dorfkinder, mit denen wir zu spielen pflegten, liefen unruhig zwischen den Ställen umher und sammelten sich schließlich zu einer größeren Gruppe. Ohne den Grund ihrer Aufregung zu kennen, schloß ich mich ihnen an, und bald trieben wir als lange Kette durch den Park, über den Damm hinweg und auf die Elbe zu. Es begann schon zu dämmern, als wir eine bestimmte Stelle erreicht hatten, einige hundert Meter stromaufwärts von dem sonst üblichen Ausflugsziel. Je mehr wir uns dem Ufer näherten, um so langsamer wurde der Zug. Immer mehr Kinder blieben zurück. Am Weidengestrüpp des Ufers war nur noch ein Junge neben mir und wies mit dem Finger auf das Ende einer Buhne, die dort ins Wasser hinausragte. Ich wußte nicht, was das Ganze zu bedeuten hatte, und da ich nichts besonderes sah, ging ich ruhig weiter, wobei mir der Junge in einigem Abstand folgte. Als ich das Ende der Buhne erreicht hatte, wandte ich mich nach ihm um und sah, daß er ganz aufgeregt neben meine Füße zeigte. Ich blickte zu Boden und sah plötzlich unmittelbar vor mir ein Menschengesicht, das von verwirrten Haaren umgeben war.

Halb vom Wasser bespült lag dort ein Toter. Auf seiner Brust war eine kleine Lampe befestigt. Für einen Augenblick erstarrte ich. Aber der Reflex des Davonlaufens wurde durch die Gegenwart der offenbar genauer orientierten anderen Kinder gebannt. Ich blieb so lange stehen, bis einige von ihnen sich zögernd genähert hatten. Dann zogen wir uns alle miteinander wortlos zurück. Auf dem Heimweg durch die immer dunkler werdenden Wiesen empfand ich so etwas wie eine neue, ganz persönliche Beziehung zu dieser Landschaft. Und als ich später einmal der Frage nachging, warum eigentlich, wenn ich darüber nachdenke, was Leben ist, gerade diese Stelle an der Elbe so oft aus meinem Unterbewußtsein auftaucht, stand plötzlich das Bild jenes Toten vor meinen Augen und mir wurde klar, daß dies Erlebnis am Elbufer zu einem Orientierungspunkt meines Daseins geworden war.

Auf dem Weg zur Elbe kreuzte man ein altes, nur noch in Stücken vorhandenes Flußbett, das manchmal mehr, manchmal weniger Wasser führte und in dem sich recht ansehnliche Fische aufhielten. Einmal im Jahr wurde hier gefischt, und das war immer eine spannende Sache, besonders, wenn wir mithelfen durften. Während des Krieges war einmal ein österreichischer Offizier dabei, der eine Verwundung bei uns auskurierte. Als er sah, wie meine Mutter nach Beendigung des Fischzuges den größten Hecht dem Fischer zuteilte, sagte er zu unserem Entsetzen: „Wie können Sie nur so saudumm sein, dem Mann diesen Hecht zu geben!" Aber meine Mutter lachte nur und belehrte ihn, daß ihn die Sache nichts anginge.

Die Elbwiesen hatten von meiner frühesten Kindheit an eine derartige Anziehungskraft auf mich, daß ich es kaum ertragen konnte, wenn jemand dorthin fuhr und mich nicht mitnahm. Eines Nachmittags waren unsere Eltern mit uns ausgefahren. Als es anfing zu dämmern, wurden wir zu Hause abgesetzt und sie fuhren noch einmal fort, um in den Elbwiesen Rehe zu beobachten. Ich konnte mich einfach nicht damit abfinden, daß ich zurückbleiben sollte, lief, ohne mich weiter zu besinnen, durch den Hausflur nach der Parkseite und die linke der drei

Alleen entlang parallel mit dem sich entfernenden Wagen. Da ich aber noch zu klein war, um mit ihm Schritt halten zu können, sah ich ihn erst wieder, als ich auf der Höhe des Dammes angekommen war. In der Nähe des alten Flußbettes fuhr er. Da lief ich weiter und holte ihn schließlich auch ein, als mein Vater in der Nähe der alten Pappeln ausgestiegen war, um mit seinem Fernglas ein paar Rehe näher in Augenschein zu nehmen. Meine Eltern waren buchstäblich sprachlos, ja fast verstört, als sie mich kommen sahen. Das war für mich eine große Genugtuung. Denn ich hatte mich auf eine erhebliche Strafpredigt meiner gestrengen Mutter gefaßt gemacht. Sie nahmen mich zwischen sich, ich bekam eine Decke umgelegt und fuhr ganz verschwitzt, aber sehr glücklich und zufrieden mit ihnen nach Hause.

Unterrichtet wurden wir, nachdem wir schulpflichtig geworden waren, von einem Hauslehrer und einer Hauslehrerin. Das ersparte den Schulweg nach Torgau und war deshalb einerseits sehr bequem; andererseits aber wurde von uns wesentlich mehr verlangt als von anderen gleichaltrigen Kindern. Wir mußten pauken und pauken, mit acht Jahren schon Latein und Französisch, und wenn es nicht mit eigener Kraft ging, half meine Mutter nach, die selber unser Pensum mitlernte. Zur Kontrollprüfung wurden wir jedes Jahr einmal nach Halle geschickt, wo uns in den Franckeschen Stiftungen auf den Zahn gefühlt wurde. Das Ergebnis war meistens positiv – sehr zu unserer Überraschung, denn wir wurden ständig in dem Glauben gehalten, Nichtskönner zu sein und mit unserer Faulheit unsere Lehrer mindestens zehn Jahre ihres Lebens zu kosten.

Religionsunterricht hatten wir drei ältesten Brüder längere Zeit hindurch einmal die Woche in Torgau bei Pastor Hahn, dem Pfarrer der schönen alten Kirche, in der schon Luther gepredigt hat. (Er soll von dieser Kirche gesagt haben: In eine solche Scheune gehört ein großer Drescher.) Das Kolloquium, das wir dort führten, war sicher durchaus positiv. Ich entsinne mich aber nur noch der äußeren Umstände, unter denen es geführt wurde. Nur eine Begebenheit ist mir sitzengeblieben. Der Pastor fragte uns einmal, was denn jeder von uns am besten könne. Bei Heinfried und Georg war das schnell entschieden. Bei mir aber dauerte es länger. Schließlich sagte Georg: „Ach, der kann von allem so ein bißchen." Worauf der Pfarrer meinte: „So, das ist aber nicht viel."

Ende 1920 kam ein junger glänzender Lehrer zu uns, der uns schließlich fast bis zum Abitur vorbereitet hat. Um unseren Ehrgeiz anzuspornen, bekamen wir noch einen wesentlich älteren Jungen aus der Nachbarschaft zum Mitlernen ins Haus. Dieser erfüllte den beabsichtigten Zweck jedoch in keiner Weise, denn er befand sich in den Flegeljahren und ließ sich im Unterricht bei weitem nicht so einschüchtern wie wir. Die Disziplin wurde dadurch wesentlich erschwert. Auch mit den Schulaufgaben machte er es sich bequem und übersetzte aus dem Lateinischen und Französischen so, wie es ihm gerade einfiel. Da es auf diese Weise zu höchst ergötzlichen Deutungen der ehrwürdigen Texte kam, setzten wir alles daran, ihm diejenigen Stellen zuzuschieben, von deren Übersetzung aus seinem Munde wir uns besonders viel versprachen. „Ainsi va le monde" übersetzte er mit „Endlich geht der Mond". Und im Lateinischen, wo es hieß, jemand hätte unbotmäßigerweise den Bart des Senators Papyrius angefaßt, meinte er, der Senator hätte sich einen Bart von Papier angeklebt. Als wir Jules Vernes „Fünf Wochen im Ballon" lasen und an die Stelle kamen, wo es heißt, die Landschaft, über die der Ballon dahinflog, mache den Eindruck, als liege hinter jedem Strauch ein Toter, fragte unser Lehrer, was dem Ballonfahrer wohl diesen Eindruck vermittelt hätte, und erhielt zur Antwort: „Natürlich der Gestank." An diesen und ähnlichen salomonischen Aussprüchen erfreuten wir uns jedenfalls köstlich, und dem gestrengen Lehrer blieb oft auch nichts anderes übrig, als haltlos mitzulachen.

Im allgemeinen aber war uns die Schule ein Greuel, um so mehr, als unsere Mutter in Dingen, die den Unterricht betrafen, immer auf seiten des Lehrers stand. Griechisch hat sie dann aber glücklicherweise nicht mehr mitgelernt. Ich galt von klein auf offenbar als besonders schwierig und bekam von den Strafen immer am meisten ab. Wenn ich etwas pexiert hatte, wurde ich solange nach dem Grund meines Tuns gefragt, bis ich aus Verzweiflung irgendeine Antwort gab, die natürlich auch nie das Richtige war und mir nur eine neue Strafe eintrug. Man tut ja als Kind nie etwas aus bestimmten Gründen, sondern weil es gerade so kommt, und ich dachte, die Erwachsenen müßten das eigentlich wissen. Deshalb empfand ich diese Fragen als reine Nötigung. Als Vier- oder Fünfjähriger wurde ich einmal wegen einer Ungezogenheit abends im Dunkeln vor die Haustür geschoben mit der Weisung, in den Schweinestall zu gehen. Sehr schnell wurde ich aber wieder hereingezogen, denn ich hatte mich, wie meine Mutter mir später gestanden hat, ernsthaft in Marsch gesetzt. Hatte meine sehr leidenschaftliche Mutter sich dann beruhigt, war das Zusammensein mit ihr das Schönste, was man sich denken konnte. Wenn man krank lag und sie kam, dann war alles gut. Sie setzte sich ans Bett, las mit starker innerer Beteiligung etwas Spannendes vor und strickte dabei in einem Tempo, daß die Schultern knackten und der Stuhl wakkelte. Und trotz aller Dynamik, die sich da ständig auswirkte, war man wunschlos glücklich und hoffte nur, daß es nie anders sein würde. Als ich längst Arzt war, sagte mir einmal eine Freundin meiner Schwester, die bei uns im Haus wohnte: „Weißt du, wenn man krank ist und deine Mutter kommt herein und setzt sich ans Bett, dann ist auf einmal alles gut."

Im Herbst 1920, bevor der schon erwähnte neue Lehrer bei uns eintraf, gab es im Zusammenhang mit seinem Kommen offenbar irgendwelche Probleme, denn die Eltern sprachen bei den Mahlzeiten häufiger als sonst englisch miteinander. Dabei fiel immer wieder das Wort „teacher". Wir ärgerten uns im stillen sehr über diese Geheimnistuerei. Eines Tages wurde es meinem Bruder Georg zu viel, und es platzte aus ihm heraus: „Ach Mutter, ihr braucht wirklich nicht dauernd englisch zu reden. Wir wissen ja schon längst, daß Hans ein Tesching zu Weihnachten bekommen soll." Wir wußten es zwar noch gar nicht, ich jedenfalls nicht, aber nun war es heraus und interessierte uns natürlich weit mehr als der neue teacher. Das Englischreden hörte schlagartig auf, und tatsächlich lag dann auf meinem Weihnachtstisch die ersehnte Waffe. Mir wurde fast schwindlig bei ihrem Anblick. Denn ich hatte es doch nicht für möglich gehalten, daß man mir eine derart gefährliche Kostbarkeit anvertrauen würde. Es war ein doppelläufiges Gewehr, Kaliber 6 mm und 9 mm, ein Gegenstand also, um den man mich wirklich beneiden konnte.

Von da an war ich, sobald Schule und Pferde mich freigaben, eigentlich ständig mit meiner Waffe unterwegs. Besonders die Eichelhäher hatten es mir angetan, die an bestimmten Stellen fast immer anzutreffen waren. Am Ende der langen Allee zog sich ein dichtes Dornengestrüpp, das in der Hauptsache den Wind von den Koppeln fernhielt und den Fasanen Schutz bot, weit ins Feld hinein. Dort sah ich schon von weitem die herrlichen bunten Vögel auf dem Koppelzaun oder den Zweigen sitzen und auf mich warten. Sobald ich annähernd bis auf Schußnähe herangekommen war, mich hinter den dicken Linden anpirschend, stieß einer von ihnen seinen Warnruf aus, und die ganze Gesellschaft flatterte etwas weiter. Wundervoll leuchteten die blauen und roten Federn in der Sonne und machten mich halb krank vor Jagdpassion. Ich folgte meiner potentiellen Beute so lange, bis sie über die Grenze des zu Graditz gehörenden Terrains zum Nachbarn entschwebte, kaum mit der Möglichkeit rechnend, einmal einen der Vögel zu erwischen. Aber dann verrechnete sich eines Tages doch einer in der Entfernung und blieb so lange sitzen, bis ich meinen Schuß anbringen konnte.

Der Vogel war gerade im Auffliegen begriffen, wurde in die Schwinge getroffen und mußte zu Boden. Hüpfend versuchte er zu entkommen. Ich lief ihm nach durch das Gestrüpp, packte in der Aufregung nicht richtig zu, sondern riß ihm nur einige seiner schönen Federn aus, so daß er zum Ausstopfen nicht mehr in Frage kam. Schließlich mußte ich mein Tesching holen, das am Koppelzaun lehnte, und dem Vogel noch einen Schuß geben. Ich war nach dieser Prozedur ziemlich fertig, was mich aber nicht daran hinderte, am nächsten Tage mit dem gleichen Ziel zu Felde zu ziehen.

Das Interesse für die Vogelwelt hatte mein Vater in mir geweckt. Er war ein versierter Ornithologe, der sämtliche einheimischen Vögel, darunter mindestens zwanzig verschiedene Drosselarten, nach Ruf, Aussehen und Flugbild genau unterschied, was mich begeisterte. Als Junge hatte er das Präparieren gelernt, und im Flur standen mehrere von ihm selbst angefertigte Glasschränke, in denen seine ausgestopften Vögel zu sehen waren, vom Trappen bis zum Zaunkönig, alle in natürlicher Haltung. Man konnte sie immer wieder ansehen und sich daran freuen. Ein Bussard war dabei, den hatte ein junger Hauslehrer, der sehr schnell von Entschluß war, während des Unterrichts durch die Fensterscheibe hindurch erlegt, als der Vogel sich für einen Augenblick auf einem der Parkbäume niedergelassen hatte.

Als das Frühjahr kam, vergaß ich plötzlich die Eichelhäher, denn etwas viel Aufregenderes zog mich in seinen Bann. Große Flüge von Ringeltauben ließen sich auf den Elbwiesen nieder, um die noch mit Wasserlachen bedeckten Flächen abzugrasen. Unbeschreiblich wild und anmutig zugleich wirkten diese großen blaugrauen, mit weißem Halsring gezierten Vögel, wenn sie einer nach dem anderen von den weit ausladenden Ästen der Pappeln abstrichen, um irgendwo in der Nähe auf dem Boden einzufallen und dicht aneinandergedrängt einen riesigen Teppich zu bilden, der sich langsam fortbewegte. Aus ihrer Mitte flog immer wieder die eine oder die andere Taube auf, um sich an die Spitze des eifrigen Zuges zu setzen. Es war ein aussichtsloses Unterfangen, sich ihnen bis auf Schußweite nähern zu wollen. Denn in den Baumkronen blieben stets einige von ihnen sitzen, um die Umgebung im Auge zu behalten und mit der ganzen Korona abzustreichen, sobald irgendetwas Verdächtiges in Menschengestalt am Horizont auftauchte. So geschah es denn auch regelmäßig bei meinem Erscheinen, obgleich ich mich so klein und unscheinbar wie nur möglich zu machen versuchte, in der Hoffnung, von ihnen nicht ernstgenommen zu werden.

Aber dann setzte ich mich eines Tages an einer durch Büsche verdeckten Stelle des alten Flußbetts an, als noch keine Tauben zu sehen waren. Und plötzlich rauschte ein riesiger Flug heran, um keine hundert Meter von mir entfernt auf dem Boden einzufallen. Zitternd vor Aufregung hielt ich mit meinem Tesching einfach mitten in den blaugrauen Teppich hinein. Und als die Tauben mit gewaltigem Flügelklatschen aufflogen, blieb eine von ihnen reglos am Boden liegen. Ich rannte hin, hob sie auf und bestaunte ihr herrliches Gefieder, stolzgeschwellt, aber doch auch ein bißchen enttäuscht darüber, daß ein so wunderbar beschwingtes, mühelos die Welt umgreifendes Geschöpf mir erdgebundenem Tölpel auf den Leim gegangen war.

Im Alter von elf Jahren durfte ich zum ersten Mal mit einer ausgewachsenen Schrotflinte schießen. Es war die Browning meines Vaters, die er auf Hasen- und Fasanenjagden führte. Ich schoß ein Rebhuhn, das auf dem verschneiten Acker vor mir herlief. Als das überstanden war, erhielt ich für meinen ständigen Gebrauch eine uralte einläufige Flinte, aus der nur mit Schwarzpulver geschossen werden durfte, weil der Lauf nicht auf den Druck des rauchlosen Pulvers eingerichtet war. Mein Vater und sein Bruder hatten schon als Jungen damit geschossen. Die Flinte schoß durchaus gut, und ich habe einige Kaninchen, Eichelhäher und Rebhühner damit erlegt. Allerdings trug ich jedesmal eine angeschlagene Backe und einen geschwollenen Mittelfinger davon, denn die Waffe hatte einen derartigen Rückstoß, wie ich ihn nie wieder bei einem Gewehr erlebt habe. Es war schon ein Entschluß, sie überhaupt abzudrücken.

Mein Vater, im Jahre 1869 geboren, hatte drei sehr viel ältere Schwestern, von denen zwei in Potsdam wohnten und uns in jedem Jahr mehrmals für einige Wochen besuchen kamen. Durch sie wurde uns die ganze ehrwürdige Tradition von Graditz in lebendigster Weise vermittelt. Denn die älteste war bereits zehn Jahre alt gewesen, als ihr Vater 1866 die Leitung des Gestüts übernahm. Beide waren in jungen Jahren taub geworden und deshalb unverheiratet geblieben. Für meine sehr junge, sehr tatkräftige Mutter waren diese beiden alten, gemessen im Park einherschreitenden Schwägerinnen, die älter waren als ihre eigene Mutter, ständig eine gewisse Anfechtung, was wir Kinder zwar mit Verständnis, aber doch schmerzlich registrierten. Denn diese Tanten hatten einen herrlichen Humor, waren nie wirklich gekränkt und sehr leicht zu amüsieren. Sie erzählten uns stundenlang aus früherer Zeit immer wieder dieselben Geschichten, die wir nicht oft genug hören konnten – überaus harmlose Begebenheiten, aus denen sich uns die Geruhsamkeit vergangener Tage so wohltuend mitteilte, als hätte es niemals Gewitterwolken gegeben. Durch die Erzählungen dieser Tanten reicht meine Erinnerung mehr als hundert Jahre zurück. Denn ihr durch ihre Taubheit in vieler Hinsicht stehengebliebenes Leben entfaltete sich vor uns Kindern als dankbaren Zuhörern mit einmaliger Deutlichkeit. Sie konnten uns sehr gut verstehen, da wir die Lippensprache virtuos beherrschten und die von ihnen erfundenen Kurzbezeichnungen typischer Zustände und Charaktere bald begriffen hatten. Oft sprachen wir tonlos mit ihnen, was sie aber nicht wußten. Deshalb blickten sie manchmal entsetzt im Kreise umher, wenn wir ihnen über den Tisch hinweg etwas mitgeteilt hatten, was nicht für fremde Ohren bestimmt sein konnte. Von ihren Geschichten erfreute uns beispielsweise immer wieder die Beschreibung der Botenfrau, die in den siebziger und achtziger Jahren des vorigen Jahrhunderts täglich aus Torgau kam, die Kiepe auf dem Rücken vollgeladen mit frischen Brötchen und verschiedenen Einkäufen für die Gutshäuser der Umgegend. Auf dem Rückweg von ihrem etwa fünfzehn Kilometer langen Botengang kam sie regelmäßig durch Graditz und ließ sich, da sie schlecht lesen konnte, von meinen Tanten noch einmal vorlesen, was auf den Bestellzetteln stand, die sie mitgebracht hatte. Da hieß es zum Beispiel: „Lehndorffs zum Kaffee einladen, für Dienstag. Wenn sie zusagen, für eine Mark fünfunddreißig Kuchen kaufen und mitbringen.“ Auf dem Rückweg trug diese Frau immer einen Ziegelstein in der leeren Kiepe, um nicht vornüberzufallen. Diesen legte sie in Torgau vor der Elbbrücke ab, und der Steinhaufen, der sich auf diese Weise bildete, mußte von Zeit zu Zeit mit dem Wagen abgefahren werden.

Sehr beliebt waren auch die Geschichten von der Familie Seydewitz, der zur Jugendzeit meiner Tanten das in nächster Nachbarschaft von Graditz gelegene Gut Pülswerda gehörte. Gräfin Seydewitz hatte, zum Beispiel, einmal sämtliche Pfarrer des Kirchenkreises zum Abendessen eingeladen, es dann aber vergessen, und als sie kamen, konnte sie ihnen nur dicke Milch und Apfelsinen vorsetzen.

Zu unsrer Zeit wohnte in Pülswerda Frau Bake, eine Witwe mit drei Söhnen und einer Tochter, die als jüngste der Familie ein paar Jahre älter war als wir und die wir besonders gern mochten. Manchmal kam sie zum Reiten nach Graditz. Als sie konfirmiert wurde, durfte ich nicht mit zu der Feier fahren, weil ich gerade irgendetwas pexiert hatte. Trotzdem gelang es mir, sie mit einem kunstvollen Blumenarrangement zu überraschen, das wir im Garten zusammengesucht und nach dem Vorbild unseres Gärtners mit Blumendraht gebunden hatten. Georg brachte es ihr heimlich hin.

Die ersten Wege nach Pülswerda, die mir in Erinnerung sind, habe ich nicht per pedes und nicht mit dem Wagen, sondern auf dem Rücken meiner Mutter zurückgelegt. Sie ging oft hin und nahm mich manchmal auf diese Weise mit. Das Knacken ihrer Wirbelgelenke und die wiegende Bewegung ihrer energiegeladenen Muskeln gehören zu meinen frühesten Geborgenheits-Erfahrungen. Der Fußweg nach Pülswerda führte größtenteils auf dem Elbdamm entlang, so daß man das flache Land weithin überblicken konnte.

Etwas weiter entfernt lag das hübsche Gut Triestewitz, in der Jugend der Tanten und auch zu unserer Zeit noch im Besitz der Familie Stammer. Meine Tanten beschrieben, wie dort der Geburtstag des Hausherrn immer in der gleichen Weise gefeiert wurde. Die Haustür, durch die man am Ende einer langen Freitreppe eintrat, schloß sich automatisch durch das Gewicht eines an einer Schnur hängenden Ziegelsteins. Die Damen mußten deshalb sehr aufpassen, daß ihnen beim Eintreten das lange

Kleid nicht eingeklemmt wurde. Nach dem Essen verschwand die Hausfrau auf längere Zeit, doch schließlich ertönte aus dem Nebenzimmer ihre Stimme. „Komm doch mal her", rief sie nach ihrem Mann, „ich kann den Baumkuchen nicht erbrechen", womit offenbar das Zerteilen des zu hart gewordenen traditionellen Geburtstagskuchens gemeint war. Ein Gang nach Triestewitz ist mir in besonderer Erinnerung geblieben, weil mir meine Mutter unterwegs eine atemlos aufregende Geschichte von Gerstäcker wiedererzählte, die sie gerade gelesen hatte.

Besonders liebten wir auch die Erzählungen von Besuchen der Tanten bei ihrer Tante Borcke in Stargordt in Pommern, der jüngsten Schwester ihres Vaters. Diese war, wie es scheint, eine Mischung aus Frömmigkeit, Herrschsucht, Unberechenbarkeit und Güte. In ihrer Jugendzeit in Steinort war sie eine exzellente Reiterin gewesen und hatte ihren Brüdern oft die schwierigen Pferde in Ordnung gebracht. Als sie dann aber in Pommern verheiratet war, durfte ihr sehr pferde-passionierter Mann keine Rennpferde halten, weil die Rennen am Sonntag stattfanden. Auch verbot sie die Einrichtung einer für den Gutsbetrieb wichtigen Brennerei, weil die Spritherstellung ihrer Meinung nach Sünde war. Das Verhältnis zu ihrem Ehemann wurde unter anderem durch zwei Anekdoten gekennzeichnet: Eines Tages, als die Tanten bei einem Besuch in Stargordt überlegten, was sie unternehmen könnten, rief sie ihnen aus der oberen Etage zu: „Wollt ihr Gustav haben? Ich brauche ihn jetzt nicht." Eines Morgens beim gemeinsamen Frühstück erzählte sie, daß sie am Abend zuvor Pech gehabt hatte. Die Wärmflasche war ausgelaufen und das ganze Bett naß geworden. Auf die besorgte Frage, was sie denn da gemacht hätte, antwortete sie: „Ich tauschte mit Gustav."

Abends wurden mit den Tanten meistens Gesellschaftsspiele gespielt. Sie mußten raten, und besonders die ältere hatte es darin zu einer erstaunlichen Virtuosität gebracht. Durch ihre Fragen, nur mit „Ja" oder „Nein" beantwortet, erriet sie die unmöglichsten Dinge – „die Plombe im Zahn der Zeit", „die Goldene Mittelstraße" und ähnliches. Einmal hatten wir ihr nichts Bestimmtes aufgegeben und ihre Fragen ganz nach Laune mit Ja oder Nein beantwortet. Heraus kam: „Eine unausgeführte Idee des Konfuzius über Architektur auf der Sonne". Sie verfaßte auch kleine Theaterstücke, von denen wir eins zum fünften Geburtstag meiner Schwester aufgeführt haben. Es hieß „Die Badereise". Ich hatte darin den Onkel, Georg die Nichte und mein nächstjüngerer Bruder Elard deren Verehrer zu spielen. Wir waren damals elf, neun und acht Jahre alt, kamen uns aber in diesen Rollen unerhört erwachsen vor und spielten sie mit Hingabe. Auch Brettspiele, Mühle, Halma, Dame und Schach, beherrschten meine Tanten in der Perfektion und spielten sie mit uns, vor allem wenn einer oder mehrere von uns krank lagen. Wenn ich später von sogenannten alten Jungfern und ihren Problemen hörte, besonders von ihrer Verschrobenheit in sexueller Hinsicht und allem, was in der Umwelt dadurch an Schaden gewirkt würde, dann mußte ich immer an meine Tanten denken, und meine Bewunderung für sie stieg ins Ungemessene. Denn ich machte mir klar, in welch meisterhafter Art sie, in ihrer Jugend vielfach umworben und dann ihrer zunehmenden Taubheit wegen auf alles verzichten müssend, mit diesen Dingen fertiggeworden waren, ja, wie sie sie in hingebender Liebe zu uns Kindern sogar zu einem Quell größten menschlichen Reichtums gemacht hatten, einem Reichtum, von dem ich einen ganz wesentlichen Teil meines Lebens auch heute noch bestreite.

Nach Repitz fuhr oder ritt mein Vater mehrmals in der Woche, und manchmal begleiteten wir ihn. Vom Elbdamm herunterkommend, passierte man ein niedriges dunkles Tor und befand sich, ganz überrascht, auf einem weit ausladenden, freundlichen und friedlichen Gestütshof. Dort wurden jedesmal die Hengste und Stuten besichtigt, manchmal wurden auch einzelne von ihnen photographiert, worauf mein Vater die größte Sorgfalt verwendete. Man mußte damals noch mit dem Kopf unter ein schwarzes Tuch, um den Apparat zu bedienen, der auf einem

Stativ stand, und während der langen Belichtungszeit durfte weder das Pferd noch sein Führer wackeln. Damit die Vorderbeine und die Hinterbeine einander nicht verdeckten, mußte das Pferd eine ganz bestimmte Stellung einnehmen: von den dem Photographen zugewandten Beinen mußte das Vorderbein nach vorn, das Hinterbein nach hinten stehen. Und in der Tat erhält man nur auf diese Art ein vernünftiges Photo, auf dem sich ein Pferd auch wirklich wiedererkennen läßt. Natürlich mußte auch die Sonne scheinen und das Licht aus einer bestimmten Richtung kommen. Es bedarf also keiner Beschreibung, welche Geduldsprobe das Photographieren für alle Beteiligten darstellte und daß manchmal zwei Stunden nicht ausreichten, um von einem einzigen Pferd ein vernünftiges Konterfei zu erhalten. Trotzdem sind meinem Vater eine Menge ausgezeichneter Photos gelungen. Von manchem berühmten Pferd der damaligen Zeit sind seine Bilder die einzigen, die das Charakteristische wirklich festgehalten haben.

Der Gestütsmeister in Repitz hieß Leidukat und war ein waschechter Ostpreuße mit entsprechendem Dialekt. Wir fragten ihn immer nach bestimmten Pferden, weil er ihre Namen so herrlich aussprach, nicht ahnend, daß wir schon bald alle miteinander mitten im Ursprungsland dieses Dialektes, dem Pferdeland Ostpreußen, der eigentlichen Heimat meiner Familie, unser Leben fortführen würden.

Gegenüber von Repitz lagen auf dem rechten Elbufer die beiden weiteren zu Graditz gehörenden Orte Döhlen und Bleesern. Dort wurden die Fohlen nach der Trennung von ihren Müttern sowie die ein- und zweijährigen Halbblutpferde untergebracht. Da beide Orte oft vom Hochwasser bedroht wurden, war jeder ringförmig mit einem Damm umgeben. Diese zwei Dämme waren durch einen weiteren Damm miteinander verbunden. Als ich meinen Vater einmal nach Bleesern begleitete, mußten wir den Kahn benutzen. Dabei stakte uns der Kahnführer auf dem Verbindungsdamm entlang über die Wasserfläche, weil das Wasser so tief war, daß man nur dort mit der Stange den Grund erreichte.

Als ich zehn Jahre alt war, nahm mich mein Vater zum ersten Mal auf die Rennbahn mit. Die Graditzer Rennpferde wurden in Hoppegarten bei Berlin trainiert, wo sich auch die Rennställe der meisten großen Privatgestüte befanden. Morgens ging es zunächst zum Training auf die verschiedenen, von Wald umgebenen Bahnen. War das ein Betrieb! Von allen Seiten Pferde in verschiedenen Gangarten, grüßende Reiter, gedämpfte oder laute Zurufe und überall kritische Beobachter mit und ohne Rennglas. Und auch hier wieder die faszinierenden Pferdenamen. „Das ist Skarabae“, hörte ich jemanden sagen, „er läuft im Großen Preis von Berlin.“ Also dieser Fuchs ist das, dachte ich. Ich hatte ihn mir größer vorgestellt. Seine Mutter Shamrock kannte ich, weil sie mehrmals in Graditz gewesen war. Er sieht nicht so aus, als könnte er unseren Graditzer Derbysieger Herold schlagen. Am nächsten Nachmittag ging es dann auf die Grunewald-Rennbahn. Vor dem Unionklub in der Schadowstraße stand ein kleiner Einspänner, gezogen von Clown, einem kleinen Rappen, der außerordentlich schnell traben konnte. In windender Fahrt ging es über den Pariser Platz, durchs Brandenburger Tor und dann in schnurgerader Linie durch Berlin bis zum Grunewald. Die Rennbahn lag dort, wo später das Olympia-Stadion errichtet wurde. Da mein Vater auf dem Rennplatz viel zu tun hatte, mußte ich mich weitgehend allein zurechtfinden. Das war aber gar nicht so schwer, denn vom Hörensagen kannten wir den Rennbetrieb natürlich sehr genau. Herold gewann den Großen Preis von Berlin gegen Skarabae. Meinem Vater, der in seinen Gefühlsäußerungen sehr sparsam war, merkte ich an, wie sehr er sich freute. Es war ein großer Tag für ganz Graditz.

Im Jahre vorher, also 1919, hatte der Graditzer Gibraltar das Derby in Hamburg gewonnen. Eigentlich war er das am wenigsten aussichtsreiche von drei Graditzer Pferden, die gemeinsam ins Rennen gingen. Er trug infolgedessen die rote Kappe, das heißt sein Reiter, Jockey Kaiser, trug sie. Von den beiden anderen Reitern trug zu dem schwarz-weißgestreiften Dreß der eine eine schwarze, der andere eine weiße Kappe. Gibraltar sollte als

Führpferd dienen und im Interesse seiner Stallgefährten für ein schnelles Rennen sorgen. Aber Jockey Kaiser hatte in Graditz mit großer Überzeugungskraft verkündet, wenn er Gibraltar ritte, könne ihn keiner schlagen. So hielt denn das ganze Gestüt, abgesehen von meinem Vater und dem Trainer, die Daumen für Gibraltar. Und tatsächlich: Gibraltar hielt seine Führerrolle bis ins Ziel durch und rettete das Rennen für Graditz. Später hat er nie wieder eine ähnliche Glanzleistung gezeigt.

Vor dem Ersten Weltkrieg hat einmal ein Graditzer mit Namen Arnfried das Derby gewonnen. Nach dem Rennen fragte ein begeisterter Rennbahnbesucher bei meinem Vater an, ob er als Gestütsleiter Pate bei seinem Sohn sein könne, der am Derbytag geboren worden sei und den Namen Arnfried erhalten werde. Mein Vater antwortete ihm, er könne die Patenstelle leider nicht annehmen, sähe sich aber veranlaßt, ihm dazu zu gratulieren, daß Arnfried Sieger geworden sei und nicht Stoßvogel, der als das bessere der beiden beteiligten Graditzer Pferde eigentlich hätte gewinnen sollen.

Wenn wir Geschwister zu mehreren krank lagen, was oft vorkam, und die Stimmung friedlich war, was nicht immer der Fall war, versuchten wir manchmal, Gedichte zu fabrizieren, angeregt durch Schiller, Bürger, Uhland und andere, deren Erzeugnisse wir offiziell zwar widerstrebend, heimlich aber gern lernten und bei jeder mehr oder weniger passenden Gelegenheit zu zitieren pflegten. Als Thema für unsere eigenen Machwerke mußten meistens unsere Tiere herhalten. So besang etwa Georg den tragischen Tod einer Ente in einem Gedicht, das mit den Worten endete:

Sie versinket in den Fluten –
traurig sind die Puten –

ein Ausspruch, der sich unter uns als geflügeltes Wort noch lange erhalten hat. Allerdings war für diese Art des Reimens eine andere dichterische Größe mitverantwortlich: Friederike Kempner, deren Werke in den Landhäusern zur Zeit meiner

Großeltern eine große Rolle gespielt hatten und die erst kürzlich als „Mutter des unfreiwilligen Humors" ihre künstlerische Auferstehung gefeiert hat. Wir schwelgten geradezu in ihren Versen, denn sie gingen so schön leicht von den Lippen und machten gute Laune, wie etwa folgende Ode:

Klara Wuras, lebst nicht mehr,
bist so ganz der Welt entrückt?
Eine Knospe, schon geknickt,
ach, an Tönen warst ein Meer!

oder das Lied von der braven Frau:

Ein jeder kennt im deutschen Gau
das Lied vom braven Mann.
Mit Recht so jeder fragen kann:
Gibt's keine brave Frau?

Oder das zornige Lied auf die Jagd, das wir besonders liebten:

Hell der Himmel ist erleuchtet,
Sonnenstrahlen hin und her,
frischer Tau den Rasen feuchtet,
silbern glänzt das Jagdgewehr.
Eine Jagd ist's, blutig jagend
eilt der Jäger durch den Wald,
für das Böse alles wagend,
Mordruf weit und breit erschallt.

Mit eigenen Krankheitstagen verbinden mich sehr deutliche, zum Teil kuriose Erinnerungen. Mir fehlte eigentlich immer irgendetwas, besonders an der Haut und an den Atmungsorganen. Der Begriff der Allergie war damals noch nicht geläufig. Als kleines Kind kratzte ich mich ständig an Armen und Beinen. Gesicht und Hals waren stets mehr oder weniger von Ausschlag bedeckt. Husten und Schnupfen waren bei mir an der Tagesordnung, und ich konnte niemals frei durch die Nase atmen. Immer wieder kam es zu fieberhaften Erkältungen, die mich für mehrere Tage ans Bett fesselten. Allmählich entwikkelte sich daraus ein sogenannter status asthmatikus, der mich bis zu meinem fünfzehnten Lebensjahr begleitet hat. Die Maßnahmen, die gegen alle diese Störungen ergriffen wurden, waren mannigfaltig und vielfach strapaziös. In den meisten Fällen wurde als erstes ein Abführmittel gegeben, wobei ich mir aussuchen durfte, ob ich lieber Rizinusöl oder Kurellasches Brustpulver nehmen wollte. Beide schmeckten grauenvoll, und ich hatte jedesmal das Gefühl, mich für das falsche entschieden zu haben. Wenn nicht sehr aufgepaßt wurde, würgte ich es wieder heraus. Hielt das Fieber sich in Grenzen, wurde es mit homöopathischen Mitteln behandelt, wobei mir Akonit in bester Erinnerung geblieben ist. Es war die einzige Medizin, die wir gern nahmen, abgesehen von Formamint, das wir mit Begeisterung lutschten. Halsschmerzen wurden nach Möglichkeit geheimgehalten, weil sonst Dr. Keil aus Torgau geholt wurde, der uns mit einem Teelöffel die Zunge gegen die Zähne quetschte und im Rachen einen Würgereflex hervorrief. Wenn die Krankheit mit einem Schüttelfrost begann, wurde eine Schwitzpackung gemacht, bei der der ganze Körper samt Armen und Beinen in ein großes nasses Laken gewickelt wurde, aus dem nur das Gesicht heraussah. Darüber wurden Wolldecken und ein dickes Federbett gelegt, dazu kamen mindestens drei Wärmflaschen, eine an jede Seite und eine an die Füße, und von innen ein Glas heißer Zitronensaft. In dieser Packung blieb man mindestens eine Stunde und wurde gegen Ende der Prozedur von Minute zu Minute immer wieder vertröstet. Ein herrliches Gefühl war es dann, wenn man wieder befreit wurde und ganz erschöpft in einem frischen Bett lag. Gegen das Kratzen wurden mir Zwirnhandschuhe angezogen und die Hände am Gitter meines Kinderbetts festgebunden. Gegen das Schlafen mit offenem Mund bekam ich eine Art Maulkorb, der den Unterkiefer mit Hilfe eines Gummizuges nach oben heben sollte. Der einzige Effekt war aber der, daß die Schnalle, an der die Apparatur festgezogen wurde, mir die Kopfhaut durchscheuerte. Der Mund blieb trotzdem offen. Als ich sechs Jahre alt war, wurde beschlossen, mir die Mandeln zu kappen, das heißt, ich wußte natürlich nichts von diesem Vorhaben. Meine Mutter fuhr mit mir zu Professor Lautenschläger nach Berlin. Dort packte mich ein weibliches Wesen von hinten, setzte sich mit mir auf einen Stuhl, ein anderes hielt meinen Kopf fest und dann fühlte ich einen harten Gegenstand zwischen meinen Zähnen, der den Mund ruckartig immer weiter aufriß, bis ich das Gefühl hatte, der Unterkiefer bräche ab. Dann verlor ich für einen Augenblick das Bewußtsein. Als ich wieder zu mir kam, befand ich mich bereits, von einer Schwester geführt, auf dem Wege in mein Zimmer. Wutentbrannt riß ich mich von ihr los, und sie durfte mich nicht wieder anfassen. Drei Tage blieb ich im Krankenhaus, wo mich laufend alte Damen aus der Verwandtschaft besuchten. Ein paar Tage nach meiner Entlassung machte ich mit meiner Mutter und meinen Brüdern einen Spaziergang an die Elbe. Bei der Rückkehr ging es mir plötzlich schlecht, und ich ließ mich gern zu Bett bringen. Als meine Mutter sich über mich beugte, bekam ich einen Hustenanfall und konnte gerade noch sehen, wie ihr weißes Kleid von oben bis unten mit Blut begossen wurde. Dann verließen mich die Sinne. Wie ich wieder zu mir kam, lag ich im Bett unserer Betreuerin Detta, das hinter einem Vorhang stand, fühlte mich ungeheuer wohl, und es war mir, als ob ich schwebte. Am liebsten wäre ich immer in diesem Zustand geblieben. Viel zu schnell war ich auf den Boden der Tatsachen zurückgekehrt.

Gegen meine Asthma-Anfälle hat meine Mutter mit den verschiedensten Mitteln, oft verzweiflungsvoll, gekämpft. Eiskalte Umschläge wechselten ab mit heißen, an denen meine Mutter sich die Hände und ich mir den Rücken verbrühte. Ich höre noch ihr heftiges Aufstampfen mit dem Fuß, wenn sie die Tücher aus dem heißen Wasser nahm. Umschläge waren überhaupt an der Tagesordnung. Es gab lange Zeiten, in denen ich keine Nacht ohne einen feuchten Wickel um Brust und Schultern zugebracht habe. Ständig wurde inhaliert, Asthma-Pulver abgebrannt, Bäder wurden ausprobiert, von denen „Kalmus und Malz" das beliebteste war. Allmählich erfand ich auch selber Methoden, die etwas Linderung brachten. So ging ich abends sehr vorsichtig in mein Bett, weil ich das Gefühl hatte, die Kissen lösten einen Anfall aus, und verbrachte die Nächte halb sitzend. Manchmal bin ich im Schlaf aufgestanden, aus der Tür gegangen und habe mich auf die Treppe gesetzt. Es war schon eine Plage, die mich, wie gesagt, erst mit meinem fünfzehnten Jahr verlassen hat. Schließlich bekam ich die Anfälle nur noch, wenn Kissenschlachten veranstaltet wurden.

Nicht selten fuhr meine Mutter mit mir nach Berlin zu Dr. Hartung, der wahrscheinlich Homöopath war. Jedenfalls hatte man von ihm nichts zu befürchten. Er horchte ab, verordnete freundliche Mittel, und darüber hinaus war sein Wartezimmer äußerst spannend, weil darin eine große gelbbraune Muschel lag, in der das Meer rauschte, wenn man ein Ohr daran hielt. Er war immer ganz enttäuscht von mir, weil ich ihm nie einen Asthma-Anfall vorführen konnte. In der Tat habe ich – wie viele andere Menschen auch – in Berlin nie Asthma gehabt. Manchmal wurde auch noch Frau Arndt besucht, eine Magnetopathin, die mir durch ihr Handauflegen aber auch nicht helfen konnte. Daß sie hellseherische Fähigkeiten hatte, ersah ich aus folgender Tatsache: Meine Mutter brachte ihr einmal ein Paket mit, dessen Inhalt ich nicht kannte, und dem von außen nicht anzusehen war, was es enthielt. Aber als Frau Arndt uns die Tür öffnete, sagte sie als erstes: „Oh, das ist aber nett, daß Sie mir eine Ananas mitgebracht haben." Es war die erste Ananas, die ich in meinem Leben zu Gesicht bekommen habe.

Eine große Rolle spielte in meiner engeren und weiteren Verwandtschaft das sogenannte Düdchen-Papier, einfaches Kaffee-Filterpapier, das Tante Duden (Gertrud) Finckenstein aus Schönberg, die in Berlin in der Aschaffenburger Straße wohnte, behandelt hatte. Was sie damit machte, entzieht sich meiner Kenntnis. Ich glaube, sie legte nur die Hand darauf und schickte es dann an den Absender zurück. Ihm wurde heilende Wirkung nachgesagt, und man legte es mit Erfolg auf schmerzende Stellen. Damals war die pharmazeutische Industrie noch unterentwickelt, und besonders Schmerzmittel wurden nur mit äußerster Zurückhaltung verordnet, weil man Gewöhnung und Nebenwirkungen fürchtete. Tante Duden war im übrigen ein sehr real denkender Mensch und bei uns Kindern sehr beliebt, weil sie mit uns Greifen spielte und sich dank ihrer geschickten Ausweichmanöver niemals fangen ließ. In ihrer Berliner Wohnung hatte sie eine sehr spannende Zuckerdose aus einer Kokosnuß mit drei Haselnußfüßen.

Leiblich betreut wurden wir vom Säuglingsalter an durch unsere Detta, die ins Haus kam, als ich ein halbes Jahr alt war. Sie stammte als jüngstes von neunzehn Kindern vom Gut meiner Großeltern mütterlicherseits und lebte bis zu ihrem Tode bei meiner Schwester, deren Kinder sie ebenfalls großgezogen hat. Daneben hatten wir längere Zeit eine Schweizerin aus Lausanne, Selli genannt, mit der wir eine Art Französisch sprachen, das sich allerdings fast ausschließlich auf die primitivsten Bedürfnisse und Verrichtungen bezog. Als ich anfing zur Schule zu gehen, war sie schon nicht mehr bei uns. Aber zwölf Jahre später, während meines ersten Studiensemesters in Genf, habe ich sie wiedergesehn. Ich kannte ihre Adresse in Lausanne und ging unangemeldet dorthin, um nach ihr zu fragen. Ihre kleine Tochter, die allein zu Hause war, beschrieb mir den Weg ins Stadtzentrum, wo die Mutter in einer Kirche als Putzfrau tätig sei. Als ich noch etwa hundert Meter von der Kirche entfernt war, sah ich Selli aus der Tür treten. Sie ging noch einige Schritte, setzte sich dann plötzlich in Trab und kam mit ausgebreiteten Armen auf mich zugelaufen. Ich fragte sie, woran sie mich denn erkannt hätte, da sie doch gar nicht ahnen konnte, daß ich überhaupt in der Schweiz war. „Ach, an Ihrer Mutter, an Ihrem Vater, ich weiß nicht." Nach einem langen Gespräch brachte sie mich nachts um drei Uhr zum Bahnhof. Der volle Mond kam über dem Mont-Blanc-Massiv heraufgestiegen und legte eine goldene Straße über den von kleinen Wellen bewegten See. „Et voilà notre lune!" sagte sie. „Aber den haben Sie ja zu Hause auch."

Unserer häufigen Erkältungskrankheiten wegen fuhren wir oft in einen Badeort. Meistens kam unsere Mutter mit, weil sie uns ungern anderen Menschen überließ. So waren wir 1914, kurz ehe der Erste Weltkrieg ausbrach, und das Jahr darauf in Bad Kreuznach. Dort wohnten wir bei einer Frau Sauermilch und spielten auf dem herrlichen, mit Schaukeln und Wippen ausgestatteten Spielplatz mit gleichaltrigen Kindern. Am Ufer der Nahe standen mit Ponies bespannte Wägelchen, mit denen man Fahrten unternehmen konnte. Auch auf die uns sehr imponierenden Berge, die Gans und den Rheingrafenstein, sind wir geklettert. Auf der Heimreise machten wir eine Rheinfahrt mit dem Dampfer von Bingen nach Koblenz, von der mir nur das Schiff in Erinnerung geblieben ist. Als ich dann viele Jahre später den Rhein wiedersah und mit der Bahn an ihm entlangfuhr, begriff ich jedoch plötzlich, woher es rührte, daß in meinen Träumen, meistens in den bedrohlichen, so oft eine Landschaft mit hohen Bergen, dunklen Tälern und strömendem Wasser vorkam. Es war der Rhein mit seinen bergigen Ufern, ins Riesenhafte gesteigert. Von Träumen bin ich überhaupt verfolgt worden, aber das geht wohl allen sensiblen Kindern so. Ich habe gesehen, wie meine Mutter von einer Horde Gewaltmenschen umgebracht wurde. Ich sah unser Haus abbrennen und uns mit Sack und Pack durch das Tor abziehen – möglicherweise eine Folge von Schillers „Glocke“, die wir als Kinder schon lernen mußten. Und natürlich fehlten die immer wiederkehrenden Verfolgungs- und Fallträume nicht, von denen man schweißgebadet erwacht.

Eine merkwürdige Beobachtung habe ich sehr viel später gemacht. Sie ist wahrscheinlich ein ganz bekanntes Phänomen, das aber den wenigsten Menschen bewußt wird. Daß nämlich alle abstrakten Dinge in mir mit örtlichen Vorstellungen verankert sind. Die meisten davon haben eine Beziehung zu Graditz, stammen also aus der Kindheit. So läuft zum Beispiel das Jahr in meiner Vorstellung auch heute noch auf einer ganz bestimmten Linie durch den Graditzer Park. Es beginnt, und zwar am ersten Advent, dort, wo die eine der drei Alleen nahezu an ihrem Ende angelangt ist, kurz vor dem Elbdamm. Dort läuft es einen schmalen Weg entlang, der links von einem Koppelzaun und von einer Hecke, rechts von einem schmalen Waldstück mit

Strauchwerk begrenzt wird. Die vier Adventssonntage sind auf diesem Wege in gleichen Abständen verteilt. Wo der Weg aufhört, liegt Weihnachten mit aller Dunkelheit und allem Glanz, der dazugehört. Auch einige Weihnachtslieder, insbesondere das Lied „Dies ist die Nacht, da mir erschienen", haben da ihren Platz. Von dort geht es über den Fahrweg hinweg ins neue Jahr und wendet sich in sanftem Bogen allmählich mehr dem Wohnhaus zu. Ostern liegt dort, wo später der Sprunggarten war, Pfingsten im Bereich des Himbeergartens. Dann strebt das Jahr direkt auf unser Haus zu und läuft den ganzen Sommer über an diesem entlang, begleitet von meiner Mutter in weißem Kleid. Sehr zögernd verläßt es diese Linie, um dann auf einmal rapide abzufallen und danach, durch den Park hindurch, schließlich an den ersehnten Ausgangspunkt zurückzufinden. Die Zahlen von eins bis hundert, wie auch die Jahreszahlen von der letzten Jahrhundertwende an, liegen in meiner Vorstellung ebenfalls auf einem Weg im Graditzer Park, einer Kastanienallee, und zwar muß diese sich dabei einige Windungen gefallen lassen, die sie in Wirklichkeit gar nicht hat. Die meisten Geschichten und Sagen, die ich zur Kenntnis nahm, auch die biblischen Geschichten, haben ihren Ort in einem Gelände jenseits des Elbdamms, während spätere gedankliche Probleme topographisch nichts mehr mit Graditz zu tun haben.

Jetzt, während ich dieses schreibe, tritt mir die Graditzer Landschaft so plastisch vor die Seele, wie ich sie vorher vielleicht noch nie gesehen habe, und lauter kleine Begebenheiten, von denen man in irgendeiner Weise angerührt worden ist, oder auch nur Zustände, die man empfunden hat, melden sich an der Oberfläche des Bewußtseins. Ich sehe, wie die dreijährigen Halbblutstuten an einem Sommerabend in gestrecktem Galopp von der Weide zurückkehren, beim Überqueren des Dammes den ganzen Staub des Jahres aufwirbelnd und in einer Wolke ertrinkend. Als die Wolke sich gelichtet hat, hängt eine Stute in dem Zaun, der den Weg einfaßt, auf dem sie gekommen sind. Sie hat sich einen Pfahl in den Leib gerammt und ist schwer verletzt. Sie muß getötet werden. Ich sehe den Sommerstall, von

Koppeln umgeben, in denen viele wilde Obstbäume stehen, Äpfel und Birnen, deren Früchte kaum genießbar sind, aber immer wieder zum Anbeißen verlocken. Die Bäume sind mit Schnee bedeckt, und von einem unter ihnen gehen geradezu elektrisierende Töne aus. Ein Klingeln wie von kleinen Schellen. Seidenschwänze sind darauf eingefallen, vor dem Winter aus nordischen Ländern ausgewichen. Ich kenne sie aus dem Vogelschrank meines Vaters, aber nun sehe ich sie zum ersten Mal in Wirklichkeit, diese gelbbunten, lebhaften, mit einer Haube versehenen, sich ähnlich wie Stare benehmenden Nordlandgäste mit der Glockenstimme und den kleinen siegellackartigen Spitzen an den Federn. Ich folge ihnen von Baum zu Baum, bis es ihnen zu dumm wird und sie sich zum Weiterflug entschließen. Ich stehe am Rande des Parks mit meinem Tesching und warte auf Kaninchen. Die Sonne sinkt. Ihr Schein verklärt das ganze Land, die friedliche Koppel mit den Kastanienbäumen, die sich herbstlich zu färben beginnen, den Zaun, an dem ich lehne, die roten Dächer der Paddocks im Hintergrund. Eine Amsel flötet unsagbar innig. Dann und wann lockt ein Fasanenhahn aus dem Gebüsch. Mich überkommt ein Gefühl tiefer Geborgenheit. Augen und Ohren sind bis zum Überquellen voll der Gestalten und Laute, Farben und Klänge, die das Wort Heimat umgreift.

Das beherrschende Ereignis des Jahres war Weihnachten. Die Vorbereitungen dazu zogen sich über viele Wochen, ja eigentlich unterschwellig über das ganze Jahr hin. Wir Kinder machten, teils unter Anleitung, teils nach eigenen Ideen, Handarbeiten für Eltern und Lehrer, meistens mit der Laubsäge. Dabei gab es viel Aufregung und Enttäuschung, wenn die kunstvollen Gebilde im letzten Augenblick doch noch brachen, weil man ihnen zuviel zugemutet hatte. Im übrigen wurde viel geflochten, vergoldet, ausgeschnitten und geklebt. Man hatte dauernd stumpfe, angesägte, angesengte oder klebende Finger und fühlte sich glücklich im Schaffen. Gedichte wurden gelernt, die man den Eltern am Weihnachtsabend aufzusagen hatte, eine Sitte, die keinen ganz glücklich machte, auch die Eltern nicht, wie wir bemerkten. Aber man getraute sich wohl nicht, sie abzuschaffen, weil das Gedichtaufsagen nun einmal zu Weihnachten gehörte. Erst die jüngsten Geschwister Ria und Meinhard, an die nicht mehr so viel Ehrgeiz verschwendet wurde, haben später mit solchen Bräuchen radikal gebrochen.

Wenn dann der Weihnachtsabend gekommen war, versammelten sich bei beginnender Dämmerung die Dorfbewohner in der mitten ins Schloß eingebauten Kapelle zu einer Andacht, bei der viel gesungen wurde. Danach ging es zur Bescherung in die Eingangshalle. Jedes Dorfkind wurde namentlich aufgerufen und erhielt, auch in den ganz mageren Jahren des Krieges und nach dem Krieg, ein Geschenk: eine Mütze oder ein paar Handschuhe, dazu Äpfel und Nüsse. Auch von ihnen sagten viele ein Gedicht auf. Am Schluß dieser Feier stürzten sich die Kinder auf die beiden großen Tannenbäume, die mit Gebäck behängt in der Halle standen, und die übriggebliebenen Äpfel und Nüsse wurden von uns in die Menge geworfen. Danach erhielten die Hausangestellen ihre Geschenke. Von denen gab es in einem so großen Haushalt mit vielen Gästen eine für heutige Verhältnisse unvorstellbar große Zahl. Manche von ihnen leben noch und sind uns in Freundschaft verbunden geblieben.

Zuletzt, wenn im Hause Ruhe eingetreten war, kam unser privates Weihnachten dran. Mit wochenlang aufgesparter Spannung warteten wir Kinder vor der Tür zum Wohnzimmer, bis das Klingelzeichen ertönte und wir eintreten durften. Da stand dann der mit unzähligen weißen oder farbigen Kerzen besteckte Baum, davor die Krippe im Tudorstil mit den traditionellen Figuren, alles zusammen in seiner regelmäßigen Wiederkehr ein Stück Ewigkeit heraufbeschwörend. Den Baum suchte mein Vater immer besonders sorgfältig aus. Einmal war es der Wipfel einer alten Douglasfichte, die gefällt werden mußte, weil sie irgendwo im Wege stand, ein spiegelglatter, mahagonifarbener Stamm mit leicht nach unten geneigten dunklen Zweigen, die mit weichen Nadeln und zahllosen winzigen Zapfen besetzt waren. Mein Vater las die Weihnachtsgeschichte noch einmal und hielt danach die Andacht, bei der er sich jedesmal an der gleichen Stelle versprach. Es folgten unsere Gedichte, und wenn das überstanden war, wurden wir an unsere Gabentische geführt, auf denen regelmäßig mehr lag, als wir uns je zu wünschen gewagt hätten. Von da an lagen wir, ebenso wie an den folgenen Tagen, eigentlich nur noch auf dem Teppich vor dem Weihnachtsbaum und genossen unsere Geschenke, unter denen auch jedes Jahr wieder neue Spiele waren. Auch wurden, ebenso wie schon allabendlich in der Adventszeit, viele Lieder gesungen, die man natürlich im ganzen Leben niemals wieder vergißt.

Im ersten Kriegswinter, 1914, hat sich meine Mutter zu Weihnachten einmal etwas geleistet, wovon sie später nie wieder sprach und worauf sie nur mit Entsetzen reagierte, als ich sie Jahrzehnte später einmal daran erinnerte. Sie hatte uns ältesten drei Brüdern feldgraue Uniformen schneidern lassen, die wir mit verbundenen Augen anprobieren mußten, ehe wir sie zu Gesicht bekamen. Einmal haben wir sie angehabt und waren sehr stolz darauf. Denn Soldat zu sein galt für jeden Preußen als die Höhe der Gefühle. Aber dann waren sie verschwunden, und meine Mutter gestand mir, daß sie sie, als der Krieg unmenschliche Formen anzunehmen begann, heimlich in den Ofen gesteckt hätte.

Vor dem Schlafengehen betete meine Mutter jeden Abend mit uns, und dazu wurde auch immer ein Lied gesungen, „Müde bin ich, geh zur Ruh", „Breit aus die Flügel beide" oder „Harre meine Seele" und ähnliches mehr. Den nicht verstandenen Textstellen gaben wir dabei private Sinndeutungen. Mein Bruder Elard sang zum Beispiel immer: „Alle Menschen groß und klein sollen hier beim Fohlen sein."

Zu den Selbstverständlichkeiten des Tageslaufs gehörte die Hausandacht, die morgens zehn Minuten vor acht Uhr gehalten wurde. Sie fand im Eßzimmer statt. Dazu erschienen sämtliche Hausangestellten. Es wurde ein Lied aus dem Gesangbuch gesungen, und meine Mutter las eine kurze Ansprache aus dem

Andachtsbuch vor. Dann ging jeder wieder an seine Arbeit. Nur die Köchin blieb zurück, um mit meiner Mutter das Mittagessen zu besprechen. Das war, wie meine Mutter später sagte, für sie der schlimmste Augenblick des Tages, namentlich in den Jahren, in denen es nichts Vernünftiges zu essen gab. Der Kohlrübenwinter ist mir noch in lebhafter Erinnerung. Dabei war es bei uns noch nicht so schlimm, da wir eigenes Vieh hatten und von den Großeltern aus Januschau oft Lebensmittel geschickt erhielten. Aber es wurde doch alles Mögliche und Unmögliche ausprobiert, was man sonst nicht zu essen pflegte. Für alles wurde ein „Ersatz“ erfunden. Zum Beispiel wurde Vanillensauce aus Pfirsichblättern gemacht. Sie war grün und gerade deswegen so widerlich, weil sie als Vanillensauce ausgegeben wurde. Mit dem Fleisch, das nur noch „verlängert“ und in durchgedrehtem Zustand serviert wurde, war es ähnlich. Der Versuch, Teichmuscheln zu essen, scheiterte an deren gummiartiger Konsistenz, und auch durch den Wolf gedreht waren sie ungenießbar. Ein ganz großes Ereignis waren infolgedessen die Tage, wenn geschlachtet wurde. Da wurde man von dem Geruch des gekochten Fleisches magnetisch angezogen und ging nicht wieder fort, ehe man eine große Scheibe trockenes Brot mit heißem Wellfleisch und Salz darauf verzehrt hatte. Und abends gab es dann Wurstsuppe, das Wasser, in dem die Würste gekocht worden waren.

Das unbestreitbar größte Ereignis, das wir Geschwister in Graditz erlebt haben, war die Geburt unseres jüngsten Bruders Meinhard am 18. Juli 1921. Er erschien so plötzlich, daß die traditionelle Hebamme, Frau Wehnert, die uns Fünfen ans Tageslicht verholfen hatte, aus Berlin nicht mehr rechtzeitig zur Stelle sein konnte und die ortszuständige Hebamme geholt werden mußte. Meine Mutter war sehr glücklich über diese Lösung, weil sie vor der aufgeregten Frau Wehnert immer Angst gehabt hatte. Es klingt vielleicht seltsam, aber man kann sich nicht vorstellen, was für eine Strahlkraft der neue kleine Erdenbürger vom ersten Augenblick seines Lebens an auf seine Umgebung ausgeübt hat. Ich sehe ihn noch, als ob es gestern gewesen wäre, in seinem Körbchen liegen, ruhig atmend, mit seinen schwarzen Haaren, die später hellblond waren, ein Bild des Friedens und der Lebensfreude, ein Kleinod, direkt vom Himmel zu uns gekommen. Wir konnten uns gar nicht sattsehen an ihm, so als sei er etwas ganz Neues, etwas, was es unter uns noch nicht gab und das uns doch sehr gefehlt hatte. Das ganze Dorf nahm teil an unserer Freude, und jeder wollte einen Blick auf ihn werfen dürfen. Es waren Tage, in denen jeder sich veranlaßt sah, dem Kind zu Gefallen seine besten Seiten herauszukehren. Meinhard war der Mittelpunkt der Familie und ist es immer geblieben bis zu seinem Soldatentod am 20. Mai 1940.

Das Jahr 1921 brachte eine Katastrophe für die Graditzer Vollblutzucht, aus der sich auch für unser weiteres Leben entscheidende Konsequenzen ergaben. Eine aus den Nordländern eingeschleppte Seuche, die als „perniziöse Anämie" bezeichnet wurde, also eine Blutkrankheit, ergriff den Pferdebestand und hatte in der Mehrzahl der Fälle den Tod des betroffenen Tieres zur Folge. Er trat innerhalb weniger Tage unter hohem Fieber und qualvollen Begleiterscheinungen ein. Es war ein Elend, dies für uns unbegreifliche Geschehen mitansehen zu müssen. Der Übertragungsgefahr wegen durften wir natürlich bald nicht mehr in die Ställe gehen. Dennoch entsinne ich mich einiger herrlicher Pferde in ihrer Agonie, mit verdrehten Augen am Boden liegend, immer wieder aufzustehen versuchend und nicht hochkommend, darunter auch sehr wertvolle Gaststuten, wenn ich nicht irre auch Pontresina, eine der wenigen Derbysiegerinnen, die es in Deutschland gegeben hat. Auch unser Herold wurde von der Krankheit befallen und schwebte lange Zeit in Lebensgefahr. Aber er gehört zu den wenigen Pferden, die am Leben geblieben sind. Sein Tod wäre, wenn man heute zurücksieht, ein nicht auszudenkender Schlag für die deutsche Vollblutzucht gewesen. Denn seine Söhne, Enkel und Urenkel sowie deren weibliche Nachkommen beherrschen heute noch und immer wieder neu einen wesentlichen Teil des Geschehens auf unseren Rennbahnen.

Die katastrophale Anämie machte eine Evakuierung der Vollblutzucht aus Graditz notwendig, und so blieb nur die Halbblutzucht übrig, kein ausreichendes Tätigkeitsfeld für meinen sehr niedergeschlagenen Vater. Da kam im Januar 1922 die Aufforderung an ihn, nach Ostpreußen zu gehen und die Leitung von Trakehnen zu übernehmen. Es war ein schwerer Entschluß für ihn, als Mann von 53 Jahren Graditz aufzugeben, wo er sein ganzes Leben verbracht hatte und das von seinem Vater und von ihm selbst geprägt war. Aber ohne das Vollblut, von dem man nicht wußte, ob und wann es zurückkehren würde, war Graditz nur noch ein Schatten seiner selbst, und in Trakehnen lockte eine große Aufgabe. Trakehnen, die größte und wichtigste Zentrale der preußischen Pferdezucht, bedurfte der Erneuerung. Die Pferde waren zu leicht geworden und genügten den Anforderungen nicht mehr, die von seiten der Wirtschaft an sie gestellt wurden. Die Erfahrungen, die mein Vater mit der Graditzer Halbblutzucht gemacht hatte, sollten dem Ziel der Verstärkung in Trakehnen zugute kommen. So entschloß er sich denn, den Ruf nach Trakehnen anzunehmen. Was ihm diesen Entschluß erleichterte, war die Tatsache, daß unsere Familie aus Ostpreußen stammt und dort schon vor fünfhundert Jahren ansässig war. Erst mein Großvater, der jüngste von drei Brüdern, hatte sich entschlossen, seinen Landbesitz aufzugeben und den Pferden zuliebe in den Staatsdienst zu gehen. Das enge Verhältnis zu seinen Geschwistern hatte ihn aber in ständiger Verbindung zu seiner Heimat gehalten, und da er im übrigen später die Leitung der gesamten Pferdezucht in Preußen in seiner Hand hatte, verbrachte er ohnehin einen Teil seines Lebens dienstlich im Pferdeland Ostpreußen und kannte es besser als mancher, der sich ständig in den Grenzen dieser Provinz aufhielt. So kehrte mein Vater gewissermaßen in seine eigentliche Heimat zurück. Und da auch meine Mutter jenseits der Weichsel zu Hause war, empfanden wir Kinder unsere Übersiedlung nach Ostpreußen als einen schon irgendwie vorgeplanten, innerlich verpflichtenden Akt.

Ostpreußen war Grenzland, vom Reich durch den Polnischen Korridor abgetrennt. Von dorther wehte ein Wind, der das Herz bewegte, ein Geist, der Opferbereitschaft herausforderte. Es war kein neutrales Leben, das dort geführt wurde. Man wurde gebraucht. Das hatten wir Kinder schon früher immer empfunden, wenn wir im Sommer zu unseren Großeltern nach Januschau fuhren. Meistens war es eine Nachtfahrt. Aber es wurde ja früh hell, und wir setzten unseren Ehrgeiz darein, die Weichsel nicht zu verschlafen. Ihr Anblick gehört zu meinen stärksten Kindheitseindrücken. Wenn das Tempo des Zuges sich verlangsamte, so gegen vier Uhr morgens, waren wir plötzlich hellwach und steckten unsere Köpfe zwischen die Fenstervorhänge. Dann klang es wie Kettengerassel zum Zeichen, daß der Zug auf die Brücke gefahren war, und unter uns zog der wunderbare Strom breit und schicksalsschwer durch das stille Land, kleine und größere Strudel bildend, die in der Morgensonne aufleuchteten. Bald hielt der Zug auf dem jenseitigen Ufer, in Thorn, einer Stadt, deren Anblick daran gemahnte, daß Geschichte nicht nur Vergangenheit ist, sondern immer wieder zu bedrängender Gegenwart werden kann. Dafür hat man als Kind schon einen sicheren Instinkt. Und wenn man auch die eigentlichen Zusammenhänge nicht erfaßt, so fühlt man sich doch in eine Sphäre der Aktualität hineingehoben, die dem eigenen Leben ein spürbares Gewicht gibt. Von Thorn an war man dann im Weiterfahren ständig von dem Gedanken erfüllt: Es geht nach Osten. Manchmal haben wir diese Sommerreise unter recht spannenden Begleitumständen gemacht, und ich wundere mich heute über die Selbständigkeit, die uns dabei zugetraut wurde. Im Sommer 1920, als das Reisen nach Ostpreußen besonders umständlich war, fuhren wir drei ältesten Brüder die Nacht durch allein von Berlin über Stettin, Stolp, Danzig, Marienburg nach Januschau. Zur Sicherheit hatte der Älteste einen Paß bekommen, den er in einem Beutel unter dem Hemd um den Hals trug. Er hätte ihn erst mit zwölf Jahren gebraucht. Aber bei seiner relativen Größe war es zweifelhaft, ob die sehr strengen polnischen Kontrolleure ihm sein Alter glauben würden. Zu unserer großen Erleichterung ging dann aber alles glatt, und wir kamen wohlbehalten bei den Großeltern an.

In den ersten Monaten des Jahres 1922 hieß es also von Graditz Abschied nehmen. Wir liefen dort herum, als müßten die Fußsohlen alles irgendwie Haftfähige mitnehmen, und hatten doch gleichzeitig das Gefühl, als berührten sie den Boden gar nicht mehr richtig. Wir Brüder vertrugen uns in dieser Zeit besser als sonst. Wir fuhren gemeinsam mit unseren Fahrrädern umher oder zogen uns gegenseitig auf einem winzigen zweirädrigen Karren durch die Alleen und auf den Dämmen entlang nach Torgau oder in die benachbarten Dörfer. Die ständige Unruhe, die in uns war, suchte sich viele Auswege. Ich pirschte damals oft mit meinem Tesching am vereisten Elbufer entlang, in der Hoffnung, eine der herrlich bunten Wildenten zu überlisten, die überall in den mit Weidengestrüpp umgebenen stillen Buchten lagen. Aber sie hatten gute Aufpasser und waren schon längst abgestrichen, ehe ich in ihre Nähe gelangt war. Oder ich ging zu einem der vielen Wasserlöcher des alten Flußbetts, schlug mir ein Loch in die Eisdecke und wartete auf die Fische, die gelegentlich Luft schnappen kamen. Nach dem Schuß mußte man sich schnell hinwerfen und sie aus dem Eiswasser herausfischen. – Und dann kam mit seiner aufwühlenden Gewalt das Frühjahr wieder. Die Amsel begann zu flöten, die Drossel weckte mit ihrem Jubelruf alle noch im Winterschlaf liegenden Lebensgeister auf. Und gerade jetzt sollte man von hier fort! Was sollte denn aus Graditz werden ohne uns?

Aber dann fuhr die Mutter nach Trakehnen, um zu sehen, wie wir dort wohnen würden. Und als sie zurückkam, war sie voll von Neuigkeiten, wie aus einer anderen Welt. Wir begannen unsere Fühler weit nach Osten auszustrecken. Die Packer kamen, das Schloß leerte sich. Eine Auktion fand statt, auf der wir alles, was wir nicht mitnehmen konnten, verkauften. Und so saßen wir schließlich die letzten Tage wie Fremde in unseren leeren Zimmern. Schwer war der Abschied von den Menschen. Aber ganz so schlimm war er auch wieder nicht, denn – für heutige Verhältnisse unvorstellbar – es begleiteten uns fünf unserer Hausangestellten, die sich von uns nicht trennen wollten. Wir Kinder wurden für ein paar Tage bei den Großeltern in Januschau abgesetzt – eine Zeit, in der ich meine erste Schnepfe geschossen habe –, bis das Wohnhaus in Trakehnen soweit eingerichtet war, daß wir folgen konnten.

Dies geschah am 10. April. Mein ältester Bruder Heinfried war als einziger von uns schon einmal so weit im Osten gewesen. Zwei Jahre zuvor hatte er von Januschau aus eine Fahrt nach Gumbinnen mitgemacht, um etwa fünfzig Pferde abzuholen, die in der dortigen Gegend für den Januschauer Gutsbetrieb zusammengekauft worden waren. Diese Fahrt hatte mit einem besonderen Abenteuer geendet. Die Pferde wurden auf der Bahnstation Charlottenwerder ausgeladen und sollten von dort die sechs Kilometer nach Januschau getrieben werden. Einige berittene Begleiter warteten schon auf sie. Aber es kam anders als geplant. Die jungen Pferde machten sich selbständig, durchbrachen die Sperre, rissen aus und verteilten sich in der ganzen Umgegend. Es dauerte drei Tage, bis sie alle eingefangen waren. Manche waren bis in andere Landkreise entwichen, und es kamen telefonische Anrufe, wenn sie irgendwo gesichtet worden waren. Leider lag ich wieder einmal krank im Bett und konnte die Jagd auf sie nicht mitmachen. Ich hörte nur voller Neid meinen Bruder davon erzählen. Als die Pferde dann schließlich alle in die große Fohlenkoppel am Waldrand hineindirigiert worden waren, brachen sie erneut aus, und der ganze Wald mußte nach ihnen abgesucht werden. Dieses Erlebnis verband sich also für uns mit der Vorstellung von den Pferden, mit denen wir es in Trakehnen zu tun haben würden.

Trakehnen I

Wenn man die von Napoleon angelegte Reichsstraße I über Königsberg und Insterburg hinaus immer weiter nach Osten fährt, kommt man auf der Mitte zwischen Gumbinnen und Stallupönen an eine Stelle, wo sich die Straße um einige Meter aus der sonst völlig flachen Landschaft heraushebt. Von dort fällt der Blick nach Süden über ein weites, grünes, parkartig mit Bäumen bestandenes Land, das bis an den Horizont reicht. Hier haben göttliche Schöpferkraft und menschlicher Gestaltungswille gemeinsam ein Werk zustandegebracht, wie es nur selten gelingt. Es ist Trakehnen, die Heimat der edlen ostpreußischen Pferde.

Am 10. April des Jahres 1922 kamen wir gegen Abend dort an. Die Fahrt nach Osten hatte uns schon eine Menge neuer Eindrücke gebracht. Ganz offensichtlich holten wir den Winter wieder ein, der uns auf seinem Rückzug schon hinter sich gelassen hatte. An den Nordhängen und in den Vertiefungen lag noch viel Schnee. Scharf hoben sich die weit auseinanderliegenden Bauernhöfe gegen den klaren Himmel ab. Hier und da sah man Rehwild in dickem Winterhaar auf schmalen Wiesenschlenken oder an Erlenbüschen stehen. Hasen hoppelten hochläufig über die im ersten Grün schimmernde Wintersaat. Krähen strebten im Tiefflug zu ihren Nistplätzen.

Als unser Zug in Trakehnen hielt, begann es schon dunkel zu werden. Halb benommen von der Vorstellung, nun in dem berühmten Gestüt angekommen zu sein und dort bleiben zu sollen, gingen wir mit unserem Gepäck durch die Sperre. Draußen standen zwei leichte, mit Rappen bespannte Wagen, um uns abzuholen. In Graditz wurde mit Füchsen gefahren. Die Aufmachung war hier wesentlich weniger anspruchsvoll. Die Kutscher saßen längst nicht so hoch auf ihrem Bock, sondern waren lediglich durch ein Kissen erhöht. Auf dem Platz neben ihnen war man den Pferden ganz nah und fühlte sich gleich mit ihnen verbunden. Kein Zweifel, das Pferd war hier tonangebend. Und während wir die sechs Kilometer lange Strecke bis zum Gestüt in windender Fahrt zurücklegten, saugten meine Blicke sich fest an den glänzenden, vibrierenden Rücken der beiden Stuten, die sich an Gehlust gegenseitig überboten. Rechts und links der schnurgeraden Straße standen alte Bäume, und dahinter dehnten sich Wiesen und Weiden. Einmal kreuzten wir ein fließendes Gewässer, dessen Bedeutung wir noch nicht ahnten, sahen rechts in einiger Entfernung ein Vorwerk liegen, und nach einer Weile rasselte der Wagen über das Kopfsteinpflaster des Vorwerks mit dem schönen Namen Bajohrgallen. Links lag ein großer Hof mit Ställen und Scheune, dahinter erstreckte sich zu beiden Seiten der Straße das Dorf, und dann war es nicht mehr weit bis Trakehnen, das sich unter alten Eichen hinzog. Schließlich bogen wir nach rechts ab und standen gleich darauf, nachdem wir ein Tor passiert hatten, vor dem Landstallmeisterhaus, unserem neuen Zuhause. Auch hier war alles viel einfacher als in Graditz. Ein kleiner Flur, in dem eine breite Holztreppe nach oben führte, in der Mitte ein runder weißer Marmortisch, auf dem mehrere Petroleumlampen standen. Sie waren anzuzünden, wenn um neun Uhr abends das elektrische Licht ausging. Alle unsere Wohnräume lagen zu ebener Erde. Oben befanden sich nur die Gastzimmer und ein großer Saal für besondere Gelegenheiten. Wir kamen uns vor wie in einem Sommerhaus und fühlten uns sofort wohl in dieser neuen klaren Atmosphäre, in der die Eltern uns empfingen.

Der erste Tag, den wir in Trakehnen erlebten, war also der 11. April, der Geburtstag meines Vaters. Als wir uns zum Frühstück versammelten, fehlte Heinfried. Wo konnte er geblieben sein? Aber da erschien er schon ganz außer Atem und berichtete dem Vater, die Stute Forstnymphe in Bajohrgallen hätte in der letzten Nacht ein gutes Fohlen zur Welt gebracht. Er war bereits dort gewesen und hatte es in Augenschein genommen. Mein Vater mußte ein bißchen lachen, war aber im Grunde nicht überrascht. Denn er hätte es als Junge wahrscheinlich auch so gemacht. Jedenfalls hatte die Besitzergreifung der neuen Heimat offensichtlich bereits begonnen.

Nach dem Frühstück gingen wir zusammen zum Reitstall. Es lag noch Schnee auf den Dächern. Aber von den Eiszapfen, die an der Dachrinne hingen, tropfte das Wasser in eiliger Folge, und die Stare waren schon da, pfiffen und sonnten sich. Wir waren genau zur richtigen Zeit hier angekommen. Auf dem Weg zum Stall kamen wir an der Meute vorbei, die uns mit lautem Gebell empfing. Sie war in den mageren Nachkriegsjahren auf sieben Hunde zusammengeschmolzen, darunter zwei Hündinnen, die Junge erwarteten. Wir gingen einen Augenblick zu ihnen in den Zwinger, begleitet von dem Reitburschen Goetzki, der sie betreute. Das Zimmer, das er bewohnte, lag unmittelbar daneben, und wir bewunderten ihn, daß er es in dem Gestank der Hunde und des an der Luft trocknenden Pferdefleisches, das sie zu fressen bekamen, aushalten konnte.

Im Reitstall, einem sehr langen Gebäude, das man in der Mitte betrat, fühlten wir uns gleich heimisch. Es roch da genau so nach Teer und Leder, wie wir das von Graditz her gewohnt waren. Nach beiden Seiten sah man eine lange Reihe einander gegenüberliegender Boxen, zwischen denen ein breiter, mit Sand und Sägemehl bestreuter Gang einherlief. Der Vater wollte mit uns drei Ältesten ausreiten, und es wurde mit dem Sattelmeister, der uns empfing, besprochen, welche Pferde uns zugeteilt werden sollten. Da unser Bild von Trakehner Pferden bereits vorgeprägt war, hatten wir etwas Bange, wie das ausgehen würde. Die für uns ausgesuchten Pferde seien aber, so hieß es, unter Garantie ruhig und vernünftig. Allerdings waren sie bis dahin nur in der geschlossenen Reitbahn geritten worden, weil draußen in dieser Jahreszeit die Wege noch zu schlecht waren. Sie waren dann auch entsprechend übermütig, bockten nach Herzenslust und genossen ihre Freiheit. Hochauf spritzte der Dreck auf den noch nicht ganz aufgetauten Wegen. Unser Ziel war das Vorwerk Jonasthal, wo die Fuchsstuten, etwa siebzig an der Zahl, untergebracht waren. Eine zwei Kilometer lange schnurgerade Eichenallee führte von Bajohrgallen aus in westlicher Richtung dorthin. Stutmeister Adomat, der telephonischen Bescheid bekommen hatte, erwartete uns und stellte meinem Vater mit Hilfe der Gestütswärter jede Stute einzeln vor. Die meisten hatten Fohlen bei sich, andere erwarteten das ihre noch. Alle wurden einer eingehenden Musterung unterzogen. Einige von ihnen hatten unsere Zuneigung vom ersten Augenblick an, sie prägten sich uns ein und bildeten gewissermaßen die Ausgangspunkte für das allmähliche Kennenlernen des ganzen Bestandes. Zwei waren dabei, zu denen wir schon eine nähere Beziehung hatten, weil ihre Väter nicht nur in Trakehnen, sondern auch in Graditz in der Zucht gewirkt hatten. Zu der Fuchsherde gehörten die beiden Fuchshengste Pirat und Pirol, und später kamen noch Parsival und Dampfroß hinzu. Alle Fohlen hatten ebenfalls die Fuchsfarbe, denn aus der Verbindung von Fuchs mit Fuchs kann keine der anderen Farben hervorgehen – im Gegensatz zu allen anderen Farbkombinationen.

Im Zusammenhang mit Pirat und Pirol fällt mir eine Geschichte ein, die zeigt, wie unberechenbar die Vererbung von Qualitäten nicht nur bei Menschen, sondern auch bei Pferden ist: Eines Tages war eine Verwechslung passiert, über die mein Vater sich sehr geärgert hatte. Per Aspera, ein kleines, unscheinbares, fast schon zur Ausrangierung bestimmtes Stutchen war entgegen seiner Anordnung nicht mit Pirol, sondern mit Pirat gepaart worden. Das Ergebnis war eines der besten Fohlen des ganzen Jahrgangs, der Hengst Puritaner, der als Dreijähriger sogar für würdig befunden wurde, in der Elite-Herde, der er selbst entstammte, der Zucht zu dienen. Er war das einzige brauchbare Produkt, das diese Stute geliefert hat.

Am Nachmittag des gleichen Tages machten wir mit den Eltern einen Erkundungsgang nach der anderen Seite, also nach Osten und Norden. Er führte uns zu dem Vorwerk Gurdszen, wo die Rappstuten zu Hause waren. Dieser Ort ist insofern ein Pendant zu Jonasthal, als auch dorthin von Bajohrgallen aus eine Allee alter Eichen führt, nur eben in der entgegengesetzten Richtung. „Gurdszen“ war ein Wort, an dem man die zünftige ostpreußische Aussprache besonders gut üben konnte, insbesondere das G, eine weiche Mischung aus G, Ch und R. Ganz einwandfrei lernt es aber wohl nur der dort Geborene. Die in Gurdszen befindlichen Rappstuten waren, im Gegensatz zu den Füchsen, sehr schwer auseinanderzuhalten. Der kleine, schlagfertige Stutmeister Reinhold stellte sie vor, wobei er mit kritischen Bemerkungen nicht sparte. Wir Kinder fühlten uns durch seine Kodderschnauze zunächst etwas eingeschüchtert, haben uns aber bald an ihn gewöhnt und uns gern von ihm belehren lassen. Von seinen achtzig Stuten waren nur zwei mit kleinen weißen Abzeichen versehen, an denen man sie sofort erkennen konnte. Die eine namens Preußenlied, die sich besonderer Wertschätzung erfreute, weil sie ein gutes Jagdpferd gewesen war, hatte weiße Hinterfesseln, die andere eine schmale Blesse. Alle übrigen waren nur schwarz. Deswegen hat es lange gedauert, bis wir in die Geheimnisse dieser Herde eingedrungen sind. Natürlich gab es in Trakehnen auch bunte Rappen, aber die waren in der gemischtfarbigen Herde untergebracht. Hier in Gurdszen mußte man nach anderen Merkmalen suchen, um sich die einzelnen Stuten einzuprägen, und ich habe festgestellt, daß die ins Auge fallenden Abzeichen immer mehr in den Hintergrund treten, je besser man ein Pferd kennt. Die Form einer Blesse prägt sich gewiß stark ein. Ich ging in Paris einmal die Champs Elysées hinunter und warf dabei einen Blick in die große Ausstellungshalle, in der gerade die Vorbereitungen für ein Turnier getroffen wurden. Da sah ich die Trakehnerin Sentenz am gegenüberliegenden Ende der Halle über die Bande schauen, und mir fiel ein, daß sie vor vielen Jahren an einen Schweizer Turnierreiter verkauft worden war. Ohne ihre Blesse hätte ich sie auf diese Entfernung natürlich nicht erkannt. Im übrigen aber lenken die Abzeichen von der gründlichen Kenntnisnahme eines Pferdes eher ab, als daß sie dabei helfen. Bei Abzeichenlosen ist man gezwungen, sich die ganze Gestalt, ihre typischen Linien und Proportionen, ihre Gelenke, ihre Bewegungen und lauter unwägbare Dinge einzuprägen, und das hat dann zur Folge, daß der Gesamteindruck auch wirklich haften bleibt. Man kennt ein solches Pferd dann nicht nur als Einzelwesen heraus, sondern auch seine Vorfahren und gegebenenfalls seine Nachkommen bis in die zweite und dritte Generation. Dabei spielt die Farbe und die absolute Größe des Individuums meistens gar keine Rolle mehr. In der Rappherde gab es später zum Beispiel eine kleine Stute, Hausfreundin, die ich besonders schätzte, weil ich der erste Reiter war, der auf ihr gesessen hat. Da sie sehr leicht war, fürchtete ich, sie könnte wieder ausrangiert werden, wenn mehr starke Stuten herangewachsen waren. Glücklicherweise brachte sie aber eine Reihe ausgezeichneter Fohlen, von denen die Stuten ebenfalls in die Rappherde aufgenommen wurden. Obgleich sie alle ohne Abzeichen waren, kannte ich sie immer schon von weitem heraus, ohne allerdings sagen zu können, ob es die Mutter oder eine von den Töchtern sei. Das zeigte sich immer erst beim Näherkommen oder dann, wenn Mutter und Tochter nebeneinander standen. Aus der Nähe erwies sich die Verschiedenheit als so groß, daß man kaum mehr erklären konnte, worin die Ähnlichkeit eigentlich lag. Aber mit Menschen geht es uns ja genauso. Da bleibt die Familienähnlichkeit auch oft ein Geheimnis.

Was uns bei diesem ersten Besuch in der Rappherde am meisten auffiel, war die Menge der braunen Fohlen. Damit hatte es eine besondere Bewandtnis. Auf dringende Empfehlung eines sehr bekannten Pferdemannes, aber züchterischen Laien, war ein anglonormannischer Hengst mit Namen Floral nach Trakehnen geholt und der Rappherde zugeteilt worden. Man hatte wohl gehofft, daß er seine bemerkenswerte Trabaktion vererben würde, woran es damals den Rappen in ganz Ostpreußen zu einem gewissen Grade fehlte. Da er „reinbraun" war, also auch mit Rappstuten nur braun vererbte, war er schon in dieser Hinsicht eine große Enttäuschung. Weil aber auch die sonstigen Qualitäten seiner Nachkommen den Anforderungen der Landespferdezucht nicht entsprachen, wurden diese Pferde später von den ostpreußischen Züchtern abgelehnt, was natürlich einen schweren Ausfall für Trakehnen bedeutete. Zwei von ihnen sind mir dennoch in lebhafter Erinnerung geblieben, und zwar aus folgendem Grunde: Sie waren als dreijährige Hengste für gut befunden worden, wenn auch nicht in Ostpreußen, so doch anderweitig der Zucht zu dienen, und wurden an das pommersche Landgestüt Labes abgegeben. Mehrere Jahre später besichtigte mein Vater sie dort, als er mit Heinfried das Gestüt besuchte. Nachdem die beiden Hengste vorgeführt worden waren, behauptete Heinfried, sie seien vertauscht. Obwohl sie einander sehr ähnlich waren, schenkte man seiner Bemerkung keine Aufmerksamkeit. Da mein Vater jedoch den geradezu nachtwandlerisch sicheren Pferdeblick meines Bruders kannte, riet er, der Sache nachzugehen. Und siehe da, beim Einblick in die genaue Beschreibung der beiden Hengste stellte sich heraus, daß sie auf der Reise von Ostpreußen nach Labes vertauscht worden waren. Einer von ihnen mit Namen Laokoon wurde bald danach ausrangiert und hat später unter dem Namen Fels als Dressurpferd große internationale Karriere gemacht.

An einem der nächsten Tage ritten wir drei mit dem Vater wieder zu einem weiteren Vorwerk, dem nördlich von Gurdszen gelegenen Kalpakin. Dort standen die hellbraunen Stuten. Als wir über die Brücke ritten, die den Kanal überquert, begegnete uns ein Wagen, der Schulkinder zur Bahn gebracht hatte. Im Vorbeireiten sah Heinfried sich die beiden Pferde genau an. „Ist das nicht der alte Ehrgeiz?“ fragte er dann. Ehrgeiz war ein Rappe, der früher in der Graditzer Halbblutzucht gewirkt und eine Reihe guter Nachkommen hinterlassen hatte, darunter zwei Rappstuten, die wir selber geritten hatten. Mein Vater hatte nicht genau hingesehen, hielt es aber für sehr unwahrscheinlich. Denn wie sollte ein alter Hengst, nachdem er in Mitteldeutschland ausrangiert worden war, ausgerechnet nach Trakehnen gelangt sein? Das wäre ja mehr als Eulen nach Athen tragen. Mein Bruder ließ sich aber nicht beruhigen, sondern machte kehrt und fragte den Kutscher, wie seine Pferde hießen. Tatsächlich, eines davon hieß Ehrgeiz. Heinfried war empört. Es war eine große Enttäuschung für ihn, feststellen zu müssen, daß ein Pferd, das in Graditz wie ein Pascha gelebt hatte, jetzt hier als Wallach am Schulwagen verschlissen wurde.

In Kalpakin, das ebenso wie die anderen Vorwerke im Schnittpunkt mehrerer Alleen lag, besichtigten wir die hellbraunen Stuten. Sie hatten viel mehr auffallende Merkmale als die Rappen und prägten sich infolgedessen schneller ein. Sie hatten Sterne, Blessen oder weiße Fesseln, einige waren mit Stichelhaaren übersät. Unter den Fohlen gab es auffallend viele Füchse. Stutmeister Ottenberg, ein großer stattlicher Mann mit imponierendem Schnurrbart, flößte auf den ersten Blick Vertrauen ein. Man konnte ihn vieles fragen und aus seinen Antworten lernen. Ich bin später immer besonders gern in Kalpakin gewesen und habe mit Vorliebe Pferde geritten, die aus der dortigen Herde stammten. Überdies boten sich die Kalpakiner Koppelzäune wegen ihrer relativ geringen Höhe zu Übungszwecken für die Jagdpferde an, und wir sind mit jungen, ungeübten Pferden oft dorthin geritten. Deswegen komme ich, wenn ich mich in Gedanken nach Trakehnen zurückversetze, meistens in den Kalpakiner Koppeln an. Des sandigen Bodens wegen konnte man dort auch bei großer Nässe eigentlich immer galoppieren und springen.

Noch zwei weitere Stutenherden gab es, beide gemischtfarbig, die eine in Bajohrgallen, die andere in Trakehnen auf dem sogenannten Alten Hof. Sie setzten sich aus Stuten zusammen, die farblich nicht in die anderen Herden hineinpaßten. In Bajohrgallen waren die meisten dunkelbraun, dazu ein paar bunte Rappen und mehrere Schimmel, anfänglich sogar noch zwei Schecken. Der dortige Stutmeister Ottenberg war der Bruder des Kalpakiners. Aus der Nähe zu Trakehnen ergab sich, daß wir in Bajohrgallen besonders oft in die Ställe oder auf die Koppeln gingen und die Stuten uns bald vertraut waren. Hier wurden in einem Zwinger auch ein paar Rotfüchse gehalten, deren Ausscheidungen man für die Schleppjagden benötigte.

Noch leichter zu erreichen war die gemischte Herde auf dem Alten Hof. In wenigen Minuten war man dort, man konnte die Stuten zu den verschiedensten Tageszeiten besuchen, sie beobachten, wenn sie aus ihren Ställen herausgelassen wurden, um zur Tränke zu gehen oder auf die Weide geführt zu werden.

Was für ein Leben war das, wenn sie aus den geöffneten Türen herausströmten, sich im Innenhof sammelten, die Fohlen mit erhobenen Schwänzen um ihre Mütter herumgaloppierten, und schließlich alle, von zwei mit langen Peitschen ausgerüsteten Reitern in Ordnung gehalten, hinausdrängten aus dem Tor und in einem Wirbel von Staub einer nahen oder auch weiter entfernt liegenden Koppel zustrebten.

Wie oft sind wir da mit hinausgelaufen, um die Stuten und ihre Fohlen auf der Weide einzeln in Augenschein zu nehmen und uns ihre rassigen Gestalten einzuprägen. Auch hier war das Kennenlernen kein großes Problem, weil sie sehr verschieden waren und viele von ihnen lokale Berühmtheit erlangt hatten, entweder aufgrund ihrer Fohlen oder infolge eigener besonderer Leistungen bei den Trakehner Reitjagden. Da waren insbesondere die herrlichen Schimmelstuten Panna, Feuertaufe und Polona, die Braune Teetasse mit ihren Töchtern Traumkönigin und Tageskönigin, die Füchse Inquisition, Partitur und Polanka, dazu drei echte Vollblutstuten Filet Rouge, Priceless Cherry und Fiddle String – lauter unvergeßliche Namen, mit denen sich für uns bald lauter Legenden verbanden. In der Abstammung der meisten Stuten des Alten Hofs war das Vollblut vorherrschend. Deswegen waren sie vom Standpunkt der Reiterei besonders attraktiv; für die Ansprüche der Zucht hingegen, namentlich im Hinblick auf das neue Zuchtziel, reichten manche von ihnen qualitätsmäßig nicht aus und wurden deshalb zu unserem Leidwesen ausrangiert. Einige Jahre später entschloß sich mein Vater, Herden zu vertauschen und die qualitätvollste von ihnen, nämlich die Fuchsherde aus Jonasthal, auf den Alten Hof zu nehmen, wo sie allen fachkundigen Besuchern besser zugänglich war als dort.

Für uns Geschwister war das Wichtigste an Trakehnen naturgemäß die Reiterei. Denn Pferde sind nun mal in erster Linie zum Reiten da, und einen gesunden jungen Menschen, der unter Pferden lebt, ohne zu reiten, den kann man nur bedauern. Läßt er sich doch das größte Vergnügen entgehen, das Gott sich für den Menschen ausgedacht hat. Es gibt wohl kaum eine engere Verbindung zwischen Mensch und Tier als die zwischen Reiter und Pferd, kein Vertrauensverhältnis zwischen zwei Lebewesen verschiedener Art, das beide miteinander zu so wunderbaren Leistungen befähigt, wie wir sie beispielsweise auf großen Turnieren erleben, sowohl in der Dressur wie im Springen.

Wir haben zwar von Graditz her schon einige Übung im Reiten. Aber das Gelände von Trakehnen ist doch etwas Besonderes. Es verlangt eine Übersicht und ein Reaktionsvermögen, wie wir es noch nicht besitzen. Deswegen ist uns ein Lehrmeister an die Hand gegeben worden, der uns in die Kunst des Jagdreitens einführen soll, der berühmte Kerrinnes, der schon seit Jahrzehnten zum Stammpersonal des Reitstalles gehört und als sogenannter „Huntsman“ an der Spitze des Jagdfeldes zu reiten pflegt. Er ist ein Original, dessen Geschichten und immer wiederkehrende Redensarten uns allmählich in die Tradition und die Gepflogenheiten des Trakehner Reiterlebens einweihen. Er reitet mit uns quer durchs Gelände, nach Möglichkeit unter Vermeidung gebahnter Wege. Denn auf diese Weise lernen wir die vielen hundert Hindernisse, die es zu springen gibt, mit ihren Namen und besonderen Eigenheiten kennen. Da ist als wichtigstes der Reitdamm zu nennen, ungefähr im Zentrum des ganzen großen Geländes gelegen. Er zweigt von der Eichenallee, die nach Gurdszen führt, nach links ab. Ein schmaler Reitweg führt auf ihm entlang. Links hat man einen breiten und tiefen Graben, rechts einen Koppelzaun. Von der Seite des Grabens her ist er leichter zu überwinden, weil man da mit aller Energie gegen das Hindernis anreiten kann und auch muß, wenn das Pferd nicht auf dem Damm stehenbleiben soll. Von der entgegengesetzten Seite her muß dagegen vorsichtig geritten werden, damit das Pferd, wenn es hier einen Fehler macht oder zu weit springt, nicht in den Graben fällt. Im Frühjahr kommt dieser Sprung noch nicht in Frage. Erst im Herbst, wenn die Pferde ihre volle Kondition erreicht haben, kann er gewagt werden. Es sind ja fast alles dreijährige Pferde, die hier geritten werden, alle diejenigen, die wegen größerer oder kleinerer Mängel für die Zucht nicht in Frage kommen, etwa hundert in jedem Jahr. Sie werden gegen Jahresende in einer großen Auktion verkauft und finden Käufer aus aller Welt. Nur wenige sind noch als Vierjährige dabei, meist solche, die sich besonders bewährt haben und geeignet sind, den nächstfolgenden Jahrgang über die Hindernisse zu führen. Auch wir Kinder bekommen für die erste Saison, an der wir teilnehmen dürfen, jeder ein solches älteres Pferd zugeteilt, und dessen wunderbarer Sicherheit ist es zu danken, daß wir uns in dem zunächst etwas angsteinflößenden Gelände wohlzufühlen beginnen. Mir ist die kleine hellbraune, mit großer Blesse und weißen Fesseln gezeichnete Austria zugeteilt worden. Wenn sie ein Hindernis vor sich hat, ist sie vor lauter Eifer nicht mehr zu halten. Aber man kann sie ruhig ziehen lassen und muß nur aufpassen, daß man mit der Bewegung gut mitgeht und ihr bei dem Riesensatz, den sie macht, nicht ins Kreuz fällt. Das Springen macht ihr zweifellos großes Vergnügen. Meine Brüder sind mit Pferden ebenso gut dran, Heinfried mit dem Fuchs Partner, einem kleinen Gummiball, der später ein bekanntes Springpferd wird, und Georg mit der Rappstute Echse. Sie ist normalerweise etwas phlegmatisch, aber wenn es über Hindernisse geht, wird auch sie von der Jagdpassion ergriffen und fliegt wie ein Reh über Gräben und Zäune. Elard ist mit seinen neun Jahren noch nicht kräftig genug zum Jagdreiten, bereitet sich aber auf seiner Stute Jenny schon ernsthaft darauf vor. Im nächsten Jahr wird er auf dem braunen Ibikus, einem eigenwilligen Pferd, mit dem er sich besonders gut versteht, sämtliche Jagden an der Spitze des Feldes neben Kerrinnes mitreiten. Noch reicht er mit seinen Füßen nicht über den Sattel hinaus. Er versteht es aber schon gut, ein Pferd zu lenken und ihm Vertrauen einzuflößen.

Während der Schulferien brauchen wir unseren Lehrmeister Kerrinnes nicht in Anspruch zu nehmen, weil wir dann mit der Abteilung reiten können, das heißt mit einer Gruppe von vierzig bis fünfzig Reitburschen, die zweimal am Tage, um sechs und um acht Uhr dreißig, vom Sattelmeister geführt, mit den jungen Pferden des Reitstalles ins Gelände gehen. Da ist das

Vergnügen noch wesentlich größer. Man kann die einzelnen Reiter und Pferde beobachten, man sieht, wie die anderen es machen, und kann Erfahrungen mit ihnen austauschen. Erstaunlich, wie schnell die jungen, noch kaum gerittenen Pferde es lernen, sich in dem mit vielen Gräben durchzogenen Gelände zu bewegen. Auch wir Brüder erhalten für den zweiten Ritt des Tages bald Dreijährige zugeteilt, mit denen wir uns zurechtfinden müssen. Da sie genau so unroutiniert sind wie wir, geht das natürlich nicht ohne Ängste, Enttäuschungen und gelegentliche Stürze ab. Aber im Sommer sind wir soweit, daß unserer Teilnahme an den nun beginnenden Reitjagden nichts mehr im Wege steht. Es sind Schleppjagden, die hinter Hunden geritten werden. Über einen vorher festgelegten Kurs reiten zunächst zwei erfahrene Reitburschen, von denen der eine an einem Seil einen mit Fuchsjauche getränkten Schwamm hinter sich herzieht. Beim Sprung über ein Koppelrick erfordert es einiges Geschick, den Schwamm so über das Hindernis zu werfen, daß er nicht hängenbleibt und dem Reiter aus der Hand gerissen wird. Zehn Minuten später erscheint die Meute, von einem Reiter angeführt und von zwei anderen begleitet. Sobald die Witterung des Fuchses zu ihren Nasen dringt, beginnen die Hunde zu laufen und den Weg der Schleppe zu verfolgen. Ihnen folgen die drei Reiter, die zu ihrer Begleitung gehören. Dann kommt der Master, der das übrige Feld anführt und an dem niemand vorbeireiten darf. Die ersten Jagden des Jahres sind der ungeübten Pferde wegen noch kurz und die Hindernisse leicht. Da geht es zum Beispiel über die Kalpakiner Koppelzäune oder über die von Gräben eingefaßten Bajohrgaller Wälle, an denen es die jungen Pferde bald lernen, ihre noch unbeholfenen Beine richtig zu setzen und ins Gleichgewicht zu kommen. Am Ziel bekommen die Hunde zur Belohnung das in einer Ledertasche mitgeführte Fleisch, und jedem Reiter wird ein kleiner Eichenbruch überreicht, den er sich ins Knopfloch steckt.

Allmählich werden die Jagden länger und schwieriger. Auch das Tempo wird schneller, da die Hunde ebenfalls in Kondition kommen. Man kann sich nun die verschiedensten Wege aussuchen, da es auf dem ganzen, mehr als zehntausend Morgen großen Wiesen- und Weidegelände kaum eine Stelle gibt, wo man nicht galoppieren kann. Außer der Straße vom Gestüt zum Bahnhof gibt es keinen gepflasterten Weg, den man kreuzen müßte. Unter hundert Jagden braucht man nicht zwei über denselben Kurs zu reiten. Dennoch gibt es natürlich Strecken, die sich besonderer Beliebtheit erfreuen und deshalb mehrmals im Jahr in der gleichen oder der entgegengesetzten Richtung drankommen.

Trakehnen heißt: Großes Moor. Einmal war also hier eine ausgedehnte sumpfige, von Rinnsalen durchzogene Fläche. Sie wurde in der ersten Hälfte des 18. Jahrhunderts auf Veranlassung des Preußenkönigs Friedrich Wilhelm I. in fruchtbares Weideland verwandelt. Wie das vor sich ging, kann ich mir am besten klarmachen, wenn ich mich zu der etwa fünf Kilometer vom Hauptort entfernten Schleuse begebe. Hier kommt von dem östlich gelegenen Vorwerk Danzkehmen her die Pissa in etwa fünfzehn Metern Breite zwischen ihren mit Erlen bewachsenen Ufern angeflossen. Unter der Brücke, auf der ich stehe, staut sich das Wasser und fällt dann über ein Wehr mehrere Meter tief in ein Auffangbecken hinunter. Von dort führt ein schnurgerader, etwa sechs Kilometer langer Kanal das Wasser westwärts. Vor der Schleuse zweigt nach links wie nach rechts je ein Bach ab, entfernt sich, in seinem ursprünglichen Bett bleibend, immer mehr vom Hauptkanal, um sich später am Ende des Kanals mit diesem und dem von der anderen Seite kommenden Bach wieder zum Fluß zu vereinigen. Zwischen diesen beiden Wasserläufen, die das Gelände umgreifen, liegen in Querrichtung, zum Hauptkanal hin, zahlreiche größere und kleinere Gräben, in denen das Wasser abfließen oder, bei Trokkenheitsperioden, auch wieder zufließen kann, je nachdem, wie der Wasserstand mit Hilfe der Schleuse geregelt wird. Sind die Wiesen naß, läßt man den Fluß frei durchlaufen. Kommt dagegen Trockenheit, wird er angestaut, und die sonst nur dürftig rinnenden beiden Seitenarme füllen sich mit Wasser. Auf diesem Wege sind aus dem ursprünglichen Sumpf etwa dreitausend Hektar Wiesengelände geworden, zu welchem weitere dreitausend Hektar ertragreiches Ackerland gehören. Über das gesamte Areal verteilen sich zwölf Ortschaften, die alle mit Pferden besetzt sind. Nach dem Ersten Weltkrieg kamen noch vier weitere Ortschaften jenseits der Bahnstrecke dazu, die vorher als sogenanntes Remonte-Depot der Sammlung und vorübergehenden Unterbringung der vom Staat für das Militär angekauften jungen Pferde gedient hatten. Das Zentrum dieses Gebietes ist der Ort Kattenau. Auch zu ihm gehört ein ausgedehntes Wiesengelände, das von Gräben durchzogen ist und an ein Moor grenzt. Um die Ortschaften herum ist das Trakehner Gelände in Koppeln aufgeteilt, deren Umzäunungen zusammen mit den vielen großen und kleinen Gräben und den Flußläufen das ideale Reitgelände ausmachen. Jeder größere Graben und jeder Zaun hat seinen Namen und seine Geschichte, je nachdem, wo er sich befindet und was sich dort im Laufe der Jahre an besonderen Ereignissen für Reiter und Pferd abgespielt hat. Kerrinnes weiht uns in alle diese Einzelheiten ein, und wir nehmen sie begierig in uns auf, um so bald wie möglich zünftig mitreden zu können. Da gibt es den Hauptgraben, an den verschiedensten Stellen zu springen, den Tränkgraben, den Judenbach, den Schneegraben, den Entenbach, den Grabgraben – oder den Luzernezaun, den Hörsingzaun, den Lemkezaun, den Hasenwäldchenzaun und vieles mehr. Jedes Vorwerk hat natürlich seinen Wegesprung. Eine Reihe davon ist allerdings erst zu unserer Zeit entstanden, weil mein Vater viele Koppeln angelegt hat, wo vorher offene Weide war und die Pferde ständig von zwei berittenen Wärtern gehütet werden mußten. Auf der Koppel waren sie nicht so gefährdet, und man konnte sie mehr sich selbst überlassen. Für das Jagdreiten bedeuteten diese Koppeln eine wesentliche Bereicherung. In der Hochsaison kann man zum Beispiel eine Jagd von vier bis fünf Kilometern Länge in Kalpakin beginnen, die dortigen Koppelzäune springen und dann auf das nächste Vorwerk Birkenwalde zusteuern. Vor dem Ort geht es nach links über den Faulen Graben, das nördliche

Rinnsal des ursprünglichen Moors, gleich dahinter einen kleinen Wall hinauf und von diesem über einen Zaun in die Koppel, dicht am Ort über einen Zaun, der in einem breiten Graben steht. Von hier auf die nach Burgsdorfshof führende Birkenallee zu und über zwei stabile Zäune in eine weitere Koppel. Dann geht es etwas bergab auf den Molschen Winkel zu, eine tiefgelegene Wiese, die nur in trockenen Jahren passierbar ist. Über ein Koppelrick in die Wiese hinein, in ihrer Mitte ein torfschwarzer Graben, über ein weiteres Koppelrick wieder hinaus, zum zweiten Mal über den Faulen Graben und an diesem entlang auf die Schleuse zu. Unterhalb der Schleuse durch den Pissakanal mit verschiedener Wassertiefe, je nach dem Stand der Schleuse. Nicht weit dahinter durch den Tränkgraben, das südliche Rinnsal des Moores, und ein paar Schritte dahinter über ein recht hohes Rick in die Danzkehmer Koppel. Nun noch ein Zaun und mehrere kleine Gräben und schließlich aus der Koppel wieder heraus über den Danzkehmer eingebauten Zaun, das höchste von allen Trakehner Hindernissen. Oder: Wir reiten über Jonasthal in die Gegend von Jodszlauken und fangen dort an. Wir kreuzen eine Eichenallee und noch eine, beide sind durch Koppelzäune flankiert. Dann geht es auf den Jonasthaler Doppelsprung zu, der den Weg nach Guddin einschließt. Er ist, da der Weg schmal ist und die Zäune in kleinen Gräben stehen, der schwerste der Trakehner Wegesprünge. Dann wendet man sich an diesem Weg entlang nach links über einen breiten Graben, der meistens Wasser hat, auf die Rodupp zu, das kleine Flüßchen, das vorher durch den Ort Trakehnen fließt. Sie wird durchklettert, wobei manche Pferde Schwierigkeiten machen. Dahinter geht es durch eine tiefliegende Wiese über den breiten Hauptgraben. Das ist ein herrlicher Sprung für Pferde, die gerne Gräben springen. Und nochmal etwas bergan in die Gudddiner Koppel hinein und über ein weiteres, an einem kleinen Wall stehendes Koppelrick wieder hinaus. Dann kommt als letzter und schönster Sprung der Entenbach, dessen breite Wasserfläche fast im Niveau seiner Ufer dahinfließt. Man kann ihn aber nur springen, wenn das Feld auf dem jenseitigen Ufer abgeerntet ist, und ohnehin kommt er auch nur für den Herbst in Frage.

Das sind nur zwei von zahllosen Möglichkeiten, den Kurs einer Jagd zu bestimmen, und dazu zwei, die räumlich sehr weit auseinanderliegen, die eine im Nordosten, die andere im Nordwesten, sechs bis sieben Kilometer voneinander entfernt. Und dazwischen kein einziges Fleckchen, das nicht auch in den Verlauf einer Jagd mit einbezogen werden könnte. Aber wie soll man das alles beschreiben? Wird sich der Leser nach dem bisher Gesagten überhaupt ein Bild von der Trakehner Jagdreiterei machen können? Man müßte ihn mitnehmen können an so einem Herbstmorgen im September, wenn die Sonne noch tief steht und in den langen Schatten der Bäume noch die Spuren vom Reif der letzten Nacht zu sehen sind. Man müßte ihm Sattel und Trense in die Hand drücken können und ihm eins der traumhaften Pferde aus dem Stall holen lassen, die man heute nach mehr als fünfzig Jahren noch unter sich spürt, wie sie einen durch die Weite der Landschaft getragen haben. Er müßte mit hinausreiten in den immer goldener werdenden Tag. Da leuchtet es brennend rot von den Weinranken an Häusern und Ställen, rotbraun und gelb von den Eichen- und Birkenalleen. Rehe stehen in den Wiesen. Hier und da hebt ein Rebhahn seinen Kopf aus dem Stoppelfeld und lockt sich sein Volk zusammen. Leichtflügelige Greifvögel, die sich auf dem Durchzug in wärmere Länder befinden, Korn- und Wiesenweihen, schweben über den abgeernteten Flächen. Die Stare haben sich gesammelt und rauschen in Flügen zu Tausenden vorüber. Auch der Schwarzstorch ist noch da, während seine weißen Brüder längst in südlichere Gegenden gereist sind. Wiesen und Koppeln sind glatt wie ein Tisch. Alle Bäche führen reichlich Wasser. Eine Stutenherde ist auf dem Weg zur Koppel, begleitet von zwei reitenden Wärtern, die ihre Peitschen schwingen. In dem langsam zur Neige gehenden Jahr ist das Leben auf seinem Höhepunkt angekommen. Nun ist keine Zeit mehr zum Warten, alles drängt zu festlichem Tun. Mitten in der Gruppe der Ausreitenden ist man selbst ein Stück dieser feiernden Welt. In der breiten

Allee zu vieren nebeneinander trabend, schnauben die Pferde vor Eifer. Hier und da tanzt mal eins aus der Reihe in seinem Übermut. Wie gut kann man es ihm nachfühlen. Ganz vorne vor der Abteilung bewegt sich die Meute, bestehend aus zwanzig braunweißen Hunden, umschlossen von ihren Betreuern. Dort angekommen, wo die Jagd beginnen soll, wird ein Halbkreis gebildet. Alle sehen zu, wie die Schleppe gelegt wird. Die beiden Reiter werden beobachtet, wie sie die ersten Hindernisse überwinden. Unter den Teilnehmern sind einige im roten Rock. Den haben früher einmal die englischen Jagdreiter erfunden, um jemanden, der gestürzt und liegengeblieben ist, leichter wiederzufinden. Auf unserem übersichtlichen Gelände ist das nicht so nötig. Aber die rote Farbe gehört nun einmal zum Jagdreiten und belebt das Gesamtbild ungemein. Die Hunde werden langsam und unter zurückhaltenden Rufen herangeführt. Den Pferden klopft das Herz schneller. Man spürt es durch den Sattel hindurch. Dann sind die Hunde nicht mehr zu halten. Jaulend und kläffend stürzen sie sich auf die Fährte. Ihre Begleiter folgen ihnen in einigem Abstand. Nun setzt sich der Master in Bewegung. Jetzt fragt man sich, ob man vorn mitreitet oder lieber hinten bleibt in dem sich weit auseinanderziehenden Feld. Die meisten Pferde gehen lieber vorn. Aber hinten kann man besser beobachten. Und wenn man ein Pferd hat, das sehr gehlustig ist, hält man sich lieber im Hintertreffen auf, damit man nicht in Gefahr kommt, am Master vorbeizureiten. Über die ersten Hindernisse gehen die Pferdebeine noch etwas steif und ungeschickt. Aber dann wird die Bewegung immer flüssiger. Reiter und Pferd wachsen zusammen zu einem Wesen, das sich ganz dem Freudentaumel des Vorwärtsreitens hingibt. Ein paar Gräben zuerst, dann kommt ein steiler Koppelzaun, da müssen die Pferde sich etwas aufnehmen, damit sie gut vom Boden abheben können. Jetzt ein breiter Graben, auf den freuen sich Reiter und Pferd schon von weitem. Wie ein Gedanke gleitet die Wasserfläche unter ihnen hinweg. Nach dem Sprung streicht der Reiter dem Pferd lobend über den Hals. Das Pferd verlangsamt das Tempo ein wenig. Das Spiel seiner Ohren drückt Einverständnis aus. Ein anderes Paar, das sich ebenso wohl fühlt, schließt auf, und nun bleiben sie Seite an Seite. Nebeneinander zu springen ist doppeltes Vergnügen. Wenn der eine etwas zurückbleibt, läßt der andere ihn wieder herankommen. Jetzt quer über die Eichenallee, an der der Judenbach entlangfließt. Auf der anderen Seite der Allee ein Koppelrick im Graben. Auch das ist geschafft. Und nun noch der Reitdamm! Das Herz fliegt hinüber, der Rest folgt spielend nach. Ach, und nun ist das Ziel schon da! Halali! Es hätte doch so schön noch weitergehen können. Man springt aus dem Sattel, streift die Zügel herunter, führt sein Pferd glückstrahlend herum und läßt es dann grasen. Andere Reiter gesellen sich dazu. Jeder lobt sein Pferd und meint damit auch sich selbst. Die Frau des Masters, die an einem der Sprünge als Zuschauerin gestanden hat, macht die Runde und verteilt Eichenbrüche aus einem Strauß, den sie in der Hand hat. Jeder steckt sich seinen ins Knopfloch. Hier und da löst sich dabei schon ein herbstliches Blatt.

Aber nun noch einmal zurück zu unserem Anfang in Trakehnen, denn ich bin der Zeit weit vorausgeeilt. Ein paar Tage gab man uns Geschwistern Gelegenheit, uns einzugewöhnen, dann rückte die Schule wieder in den Mittelpunkt unseres Daseins. Unser strenger Hauslehrer, Herr Brunckhorst, der „teacher", von dem schon die Rede gewesen ist, hatte uns begleitet und ließ uns, im Einvernehmen mit meiner Mutter, nie einen Zweifel daran, daß wir zum Lernen und nicht zum Vergnügen auf die Welt und nach Trakehnen gekommen seien. Was den Lehrplan betraf, der dem des humanistischen Gymasiums angepaßt war, kamen wir relativ schnell voran. Denn mit drei oder vier Schülern läßt sich natürlich mehr anfangen und konzentrierter arbeiten als mit einer ganzen Klasse, namentlich wenn man, wie unser Hauslehrer, sämtliche Hauptfächer beherrscht. Eine andere Frage ist, ob es wirklich Sinn hat, so große Schritte zu machen, wie wir sie machen mußten, oder ob das nicht zu Konflikten führt. Ich habe die Schule jedenfalls immer nur als Alpdruck empfunden und hätte nichts für sie getan, wenn ich nicht ständig angetrieben worden wäre. Ich entfloh ihr, wo ich nur konnte. Dazu bot Trakehnen allerdings unerschöpfliche Möglichkeiten.

Schon in den ersten Tagen stellten sich die Kinder des Ortes ein, die mit uns etwa gleichaltrigen Söhne und Töchter der Gestütsbeamten und -angestellten, um uns in Augenschein zu nehmen. Als erste erschienen die drei Töchter Kerrinnes, voran die kecke Anna. Andere folgten, und wir fingen an, mit ihnen unsere von Graditz her gewohnten Spiele zu spielen: Schlagball und Völkerball, Versteck mit Anschlag, Räuber und Prinzessin, Krocket – für alles bot der umzäunte Park, der zu unserem Hause gehörte, ausreichend Platz. Und dann hatten wir natürlich wieder unsere Tiere, zunächst Kaninchen, bei denen wir uns später auf Angoras spezialisierten, daneben Meerschweinchen. Zu ihrer Unterbringung hatten wir genug Raum in denjenigen Stallgebäuden, die ebenso wie in Graditz dem persönlichen Bedarf des Gestütsleiters vorbehalten waren. Es befanden sich darin sechs Kühe, mehrere Schweine und an die hundert Hühner, an deren Dasein wir ebenfalls lebhaften Anteil nahmen. Besorgt wurden sie von Luise Aschmitat, einer dicken älteren Frau, Mitglied einer der Sekten, die in der dortigen Gegend vertreten waren. Eines Tages wechselte sie aus dieser Gemeinschaft in eine andere Sekte über und erklärte uns, als wir sie nach dem Grund fragten, die Posaunen hätten sie auch und den Pfarrer brauchten sie nicht zu bezahlen. Während sie einmal krank war, lernten Georg und ich das Melken und haben dann später noch oft um die Wette gemolken, jeder drei Kühe, die uns dabei sehr ans Herz gewachsen sind mit ihren bedeutungsvollen Namen. Ich könnte sie heute noch alle der Reihe nach malen, wie sie dort standen: Lomza, Düna, Wilna, Olita, Amara, Sophia, eine schöner als die andere und dazu von großer Bedeutung für unsere Ernährung. Denn unsere ersten Jahre in Trakehnen waren ja eine Zeit des Mangels und der Krisen. Die Geldentwertung vollzog sich mit fast täglicher Beschleunigung, vergleichbar etwa dem Anstieg einer geometrischen Reihe. Geld, das man heute in der Hand hielt, konnte morgen die

Hälfte seiner Kaufkraft eingebüßt haben. Deswegen mußte man bestrebt sein, es so schnell wie möglich in dauerhafte Werte umzusetzen. Im Vergleich zum Dollar, dessen Besitz der Inbegriff von Reichtum war, fiel die Mark im Laufe von zwei Jahren auf ein Tausendstel, ein Millionstel, ein Milliardstel und schließlich auf ein Billionstel ihres ursprünglichen Wertes ab. Die älteren Menschen konnten diese Entwicklung kaum begreifen und standen ihr ziemlich fassungslos gegenüber, den Kindern aber wurde sie zur Selbstverständlichkeit, und sie bewegten sich darin mit größter Unbefangenheit. Sowie man Geld hatte, wurde damit gehandelt, wobei es darauf ankam, eine Ware zu kaufen, deren offizieller Preis ein paar Tage nicht gestiegen war. Denn es konnte sein, daß sie schon am nächsten Tag für das Vierfache nicht mehr zu haben war. Dann setzte man sie wieder ab, um für den Erlös etwas anderes zu erstehen. Wenn man nicht wußte, wofür man sich entscheiden sollte, wurden Eisenwaren gekauft, Nägel und Eßbestecke, denn die behielten ihren Wert und gewährten Zeit zum Überlegen. Wir horteten damals immer eine Menge solchen Materials in unseren Schlafzimmern. Das Anfangskapital stammte aus einer intensiven Sammeltätigkeit, der wir uns, wie viele andere Kinder, mit großem Eifer hingaben. Was wurde nicht alles zusammengetragen! Knochen für die Seifenproduktion, altes Eisen, Taubnesselblüten für die Apotheke, im Sommer Ähren von den abgeernteten Feldern und dann, weitaus am ergiebigsten, im Herbst die Eicheln. Sie wurden an die Forstverwaltung in Rominten als Wildfutter verkauft oder gegen Holz eingetauscht. Der Transport dorthin war kein Problem, da täglich, Sommer und Winter hindurch, von Trakehnen und allen Vorwerken eine Menge Gespanne in die Rominter Heide fuhren, um Bau- und Brennholz zu holen. Ein Gestütsassistent hat einmal ausgerechnet, daß alle diese Gespanne zusammen im Verlauf eines Jahres eine Strecke bewältigten, die viermal um den Äquator reichte.

Wenn die Eicheln zu fallen begannen, bemächtigte sich unser und vieler andrer Kinder eine Art Sammelrausch. Jede freie Minute zwischen Schule, den Mahlzeiten, dem Reiten, den

Schularbeiten war den Eicheln gewidmet. Sie stillten gewissermaßen die Unruhe, die jeden Menschen, ob Kind oder Greis, im Herbst ergreift, wenn die Sonnenbahn sinkt, die Blätter sich färben und die Sommervögel gen Süden zu reisen beginnen. Nach den Eicheln brauchte man nicht lange zu suchen. Trakehnen war ja dicht bestanden mit Hunderten von alten und jungen Eichen, die den größten Teil der Wege innerhalb und außerhalb der Ortschaften säumten. Am meisten lohnte sich das Sammeln in den Alleen, die um die Jahrhundertwende breit und großzügig, zum Teil in Vierer-Reihen, von dem damaligen Landstallmeister von Oettingen angelegt worden waren, um den neuen schloßartigen Hengststall und die ihn umgebenden Paddocks untereinander und mit dem übrigen Gestüt zu verbinden. Alle miteinander bildeten den sogenannten Großen Stern. Diese Bäume waren noch so elastisch, daß man sie leicht schütteln konnte. Und da sie sich größtenteils gut erklettern ließen, war es oft die Sache eines Augenblicks, den Sammlern einen halben Zentner Eicheln vor die Füße zu legen. Wie ein schwerer Hagelschauer prasselten sie herunter, bei dem, der sie schüttelte, ein Gefühl tiefer Befriedigung auslösend. In einem solchen Herbst haben Georg, Elard und ich sechsundzwanzig Zentner Eicheln gesammelt, gewiß eine Art Rekord, der allerdings zur Folge hatte, daß Georg wegen der Überanstrengung vierzehn Tage im Bett bleiben mußte. Wenn er die Augen zumachte, sah er nur noch Eicheln.

Schön war auch das Ährensammeln. Man ging barfuß über die weiten Stoppelfelder, einen Beutel, den sogenannten Krepsch, wie eine Schürze vor den Leib gebunden, eine kleine Schere in der Hosentasche, mit der man die Ähren vom Stroh abschnitt und in den Beutel fallen ließ. Weizen sammelte sich natürlich am besten, da er keine Grannen hat. Wenn man eine genügende Menge davon zusammen hatte, wurden die Ähren mit Bauklötzen ausgedroschen und im Wind von den leichteren Rückständen befreit.

Meine Schwester, die, als wir von Graditz fortzogen, fünf Jahre alt war, besaß damals einen kleinen schwarzen Ziegenbock mit dem sinnigen Namen Atron, der sich, wie die meisten Ziegen, durch außerordentliches Springvermögen auszeichnete. Wir Brüder waren begeistert von seinem Mut, wenn er vom Rand einer Kiesgrube mehrere Meter weit auf einen wesentlich tiefer gelegenen Vorsprung hinuntersprang, ganz durchdrungen von der Freude an der Bewegung. In Trakehnen entwickelte er sich nun, wie das in der Natur der Sache liegt, aus einem harmlosen lebensfrohen Böckchen bald zu einem nicht mehr so harmlosen, aber mindestens ebenso lebensfrohen Ziegenbock, dessen besonderes Vergnügen es war, seine Besitzerin gegen vermeintliche Angreifer zu verteidigen. Wo sie mit ihm erschien, nahmen sofort alle übrigen Lebewesen reißaus. Und da er bald auch den allen Artgenossen eigenen penetranten Geruch zu verbreiten begann, wurde sein Dasein zu einem schwer lösbaren Problem. Am Ende entschloß sich meine Schwester, ihn uns Brüdern zu überlassen, und wir kamen auf den Gedanken, ihn den weiblichen Ziegen der näheren und ferneren Umgebung zur Verfügung zu stellen. Dieser Entschluß hatte ungeahnte Konsequenzen. Wie ein Lauffeuer sprach sich die Sache herum, und von allen Seiten strömten Ziegen jeder Größe und Farbe herbei, begleitet von ihren Eigentümern. Das Treiben wurde meinen Eltern begreiflicherweise sehr schnell zu bunt, und Atron mußte abgeschafft werden. Immerhin hatte er sich bereits derartig vervielfältigt, daß nach einiger Zeit acht Ziegenbesitzer uns insgesamt elf junge Zicklein übergaben. Da ihnen an der Milch der Muttertiere gelegen war, wollten sie die Jungen nicht behalten.

So besaßen wir nun plötzlich elf junge Ziegen, zwei weiße und neun bunte, und wir mußten uns überlegen, was wir mit ihnen machen sollten. Heinfried hielt nicht viel von Ziegen und wollte mit der Sache nichts zu tun haben. Mit seinem Schaf, das Lämmer erwartete, und seinen Kaninchen war er ohnehin ausgelastet. Wir Jüngeren waren zunächst unschlüssig, dann schafften wir vier von den bunten Zicklein auf eine mir nicht mehr erinnerliche Weise ab und die restlichen sieben, darunter die beiden weißen, wurden eingesprungen. Zu diesem Zweck bauten wir uns im Park einen Sprunggarten, so wie wir ihn für die Pferde kannten, nur mit dem Unterschied, daß er an den Seiten nicht eingezäunt zu werden brauchte. Die Ziegen, viel mehr aufs Springen eingestellt als die Pferde, hatten sehr schnell begriffen, daß sie am Ziel nur dann etwas zu fressen bekamen, wenn sie kein Hindernis ausgelassen hatten. Einzeln wurden sie vor dem ersten Hindernis gestartet und brausten dann über die fünf weiteren, die allmählich immer höher gemacht werden konnten.

Ich brach mir damals den linken Arm und mußte für drei Wochen ins Krankenhaus nach Gumbinnen, aber die Brüder schrieben mir fast täglich und orientierten mich über die Fortschritte der Ziegen sowie über plötzlich aufgetretene Schwierigkeiten. Einige dieser Briefe habe ich ihrer Kuriosität halber lange aufbewahrt, und sie sind mir erst bei Kriegsende mit allem übrigen Eigentum verlorengegangen. Als ich wieder nach Hause kam, befanden sich die Ziegen in ausgezeichneter Verfassung. Schon weit vor dem ersten Hindernis wurden sie losgelassen und gingen in voller Fahrt auf die Koppelricks und Oxer zu, die zum Teil doppelt so hoch waren wie sie selber. Mittlerweile hatte sich herausgestellt, daß keineswegs alle Ziegen das gleiche Springvermögen oder die gleiche Art zu springen hatten. Die beiden weißen waren den anderen deutlich überlegen. Sie taxierten besser, sprangen flüssiger und beendeten ihre Parcours wesentlich schneller als ihre farbigen Konkurrenten, was wir mit der Stoppuhr meines Vaters eindeutig feststellen konnten.

Allmählich mußten wir uns aber überlegen, wie es mit den Ziegen weitergehen sollte. Sie wurden größer, brauchten mehr Futter, doch wollten wir sie unter keinen Umständen abgeben, ehe ihre Leistungen in irgendeiner Weise Anerkennung gefunden hatten. Da bot sich plötzlich, wenn auch aus einem für uns sehr bedauerlichen Anlaß, eine Gelegenheit, der Ziegenära einen würdigen und eindrucksvollen Abschluß zu geben: 1922 mußten die Trakehner Herbstrennen abgesagt werden, weil in der ersten Oktoberwoche derartig viel Regen gefallen war, daß der Boden zu tief geworden war und die schweren Hindernisse, wie Reitdamm, Hauptgraben und so weiter, den Pferden nicht zugemutet werden konnten. Das war natürlich eine große Enttäuschung für uns, denn wir lebten schon das ganze Jahr auf diesen berühmten Renntag hin und hätten das erste Mal aktiv daran beteiligt sein sollen. Nach einer Weile aber trösteten wir uns mit dem Plan, zum Ersatz für das ausfallende Rennen ein Ziegenturnier in der großen Reitbahn zu veranstalten. Der Gestütsassistent ließ sich schnell dafür begeistern. Er malte uns ein herrliches Plakat mit einem Ziegenkopf darauf, das im Gestütsbüro vervielfältigt und an verschiedenen Stellen angeschlagen wurde. Aus dem Versammlungsraum des Reitburschen-Wohnhauses borgten wir uns für unsere Veranstaltung die langen Holzbänke und bauten damit an der kurzen Seite der Bahn eine Tribüne. Improvisierte Hindernisse waren schnell zusammengestellt, und während draußen der Regen weiterströmte, begann im Schutz der gemütlichen Halle unser Ziegenturnier. Besonderes Glück hatten wir insofern noch, als einige Autobesitzer, die mit ihren Angehörigen von weiterher vergebens zum Rennen gekommen waren, unseren Anschlag im Hotel Elch, dem bekannten Trakehner Gasthof, gelesen und sich kurzerhand entschlossen hatten, anstatt gleich wieder umzukehren erst das Ziegenturnier zu besuchen. Unter den sachkundigen Augen vieler Pferdeleute gingen also unsere Ziegen, von Beifallsrufen begleitet, über den Parcours, wobei wir nebenherliefen, um sie etwas zu dirigieren. Natürlich wurden auch Wetten angenommen und die Zeit gemessen. Dabei profitierten in großem Stil unsere Hausangestellten, weil sie über die unterschiedlichen Leistungen der Ziegen orientiert waren und nur auf die beiden weißen setzten, während die meisten Gäste den im Gebäude kräftigeren farbigen zuneigten. Mehrere Konkurrenzen wurden ausgetragen, und dazwischen mußten auch wir selbst mit einigen anderen Jungen ein paar Hindernisrennen bestreiten, um die Veranstaltung etwas in die Länge zu ziehen. Über eine Stunde lang unterhielten sich die Zuschauer ausgezeichnet und sprachen uns am Ende ihre vollste Anerkennung aus, insbesondere die mit dem Auto gekommenen. Wir fühlten uns sehr gehoben und hatten im übrigen eine Menge Geld eingenommen. Ich glaube, es ging in die Hunderttausend, denn wir befanden uns mitten in der Inflation. Unser Gewinn nützte uns aber nicht viel, denn meine Mutter erklärte die Art des Erwerbs für unrechtmäßig, und wir mußten die ganze Summe – nach heutiger Währung vielleicht zwanzig Mark – der Kirche spenden.

Was weiter mit den Ziegen wurde, ist mir nicht mehr erinnerlich. Behalten haben wir schließlich nur eine von den weißen. Sie bekam später zwei Junge, und dann verkauften wir sie für einige Millionen oder Milliarden an einen Bauern aus der Nachbarschaft. Nach einstündigem Handel bezahlte er ungefähr viermal soviel wie er uns anfänglich geboten hatte. Wir waren sehr stolz auf dies gute Geschäft. Aber dann packte uns das schlechte Gewissen, weil wir die Vorzüge der Ziege vielleicht doch zu sehr herausgestrichen hatten, und wir haben dem Mann später noch mehrere Handwagen voll Grünfutter für sie hingefahren.

Die Meerschweinchen, die wir züchteten, vermehrten sich in verhältnismäßig kurzer Zeit auf nahezu dreihundert. Ihr Stammvater war der rotbraune Bob, der mit der schwarz-weißen Kalpurnia eine Menge verschiedenartigst gefärbter Jungen produzierte. Hin und wieder wurden einzelne Tiere bei anderen Züchtern eingetauscht, um die Inzucht nicht zu groß werden zu lassen. Bis zu einer gewissen Grenze erhielten alle Tiere Namen, wofür die antiken Sagen und die griechische und römische Geschichte herhalten mußten. Als die Menge zu groß war, beschlossen wir, sie abzuschaffen. Etappenweise wurden sie für fünfzig Pfennig oder eine Mark das Stück an die Landwirtschaftskammer in Königsberg als Versuchstiere verkauft. Das war 1924, schon nach der Inflation. Jeder, der nach Königsberg fuhr, mußte eine Kiste mit Meerschweinchen mitnehmen und sie bei der Landwirtschaftskammer abgeben, was durchaus keine leichte Aufgabe war. Denn die Abteile der vierten Klasse waren meistens sehr voll, und die Mitreisenden mußten von der Harmlosigkeit der Tiere überzeugt werden. Zu diesem Zweck wurde gelegentlich eins oder das andere aus dem Kasten genommen und einem ängstlichen Fahrgast auf den Schoß gesetzt. Als Georg es einmal riskierte, eine solche Kiste im D-Zug mitzunehmen, in dem es keine vierte Klasse gab, ist ihm der Stammvater Bob, der auch mit von der Partie war, abhandengekommen.

Auch mit der Angora-Kaninchenzucht wurde es nun ernst. Denn die herrliche hauchdünne Wolle, die sie lieferten, machte diese Tiere zu bedeutenden Wertobjekten. Ich entsinne mich, daß die beste Wollqualität mit 90 bis 120 Mark das Pfund bezahlt wurde. Dazu mußte sie aber ganz sauber sein, und die Haare mußten eine Mindestlänge von ungefähr fünfzehn Zentimetern haben. Haltung und Pflege der Tiere erforderten eine kaum zu bewältigende Arbeit, denn wenn sie Wolle der ersten Qualität liefern sollten, mußten sie einzeln untergebracht und ihre Ställe vollkommen trocken sein. Täglich mußte man frisches Futter holen, wozu das üppig sprießende Unkraut der näheren Umgebung bald nicht mehr ausreichte. Wir mieteten deshalb einen Morgen Klee bei einem der dem Gestüt unmittelbar benachbarten Bauern und mußten für den Winter erhebliche Mengen Körnerfutter und Heu kaufen. Glücklicherweise stand uns ein kleiner Einspänner zur Verfügung, mit dem das Futter geholt werden konnte. Die Hauptarbeit aber war das Gewinnen der Wolle, das Kämmen, das mit großer Vorsicht gehandhabt werden mußte, um die sehr zarte Haut der Tiere nicht zu verletzen. Wenn die Wolle eine gewisse Länge erreicht hatte, ließ sie sich leicht auskämmen, was die wunderschönen schneeweißen Tiere sich gern gefallen ließen. Man nahm sie auf den Schoß und kämmte sie solange, bis nur noch die kurze Unterwolle übrigblieb und sie nur halb so groß aussahen wie vorher. Bei den ausgewachsenen Tieren war das dreimal im Jahr der Fall. Jedes Tier lieferte dann etwa fünfzig Gramm Wolle, ein Riesenhaufen, aus dem man schon einen ganzen Pullover stricken konnte. Das Spinnen besorgten vier ältere Frauen im Dorf für ein entsprechendes Entgelt. In dem warmen Kuhstall befand sich ein Raum, der sogar eine elektrische Birne hatte, was uns die Möglichkeit gab, auch abends zu kämmen. Während der Ferien, in denen nicht so genau aufgepaßt wurde, wann wir zu Bett gingen, haben wir immer ein besonders großes Pensum erledigt. Mit Georg, dem Hauptgeschäftsführer der Zucht, kämmte ich einmal bis Mitternacht, dann legte ich mich schlafen. Als ich am nächsten Morgen um sechs Uhr zum Reiten ging, kam er aus der Kämmstube, um mich zu begleiten. Auf meine Frage: „Kämmst du schon wieder?" antwortete er: „Nein, noch." Diese Strapazen hatten zur Folge, daß er und ich in den großen Ferien immer mehrere Kilo an Gewicht verloren, die wir in der Schulzeit wieder aufholten.

Wir ließen damals keine Gelegenheit zum Geldverdienen ungenutzt, denn es war unser größter Wunsch, ein eigenes Pferd zu besitzen, um damit an Turnieren und Rennen teilzunehmen. In jenen Jahren spielten die Reitvereine eine große Rolle, und jede Stadt – ja auch manches größere Dorf – setzte ihren Ehrgeiz darein, ihre jungen Leute im Reiten auszubilden und sie für Wettkämpfe konkurrenzfähig zu machen. Der größte Stolz des Bauern war der Sohn, der auf eigenem, vielleicht sogar selbstgezogenem Pferd als Mitglied eines anerkannten Vereins auf Turnieren auftreten und sich mit seinesgleichen messen konnte. Und nach Möglichkeit suchte jeder Verein ein solches Turnier auf eigenem Terrain zu organisieren. Wir Brüder verfolgten diese Veranstaltungen mit großer Aufmerksamkeit und wünschten uns nichts sehnlicher, als dabei aktiv mitmachen zu können. Das erste Turnier, das wir erlebten, fand 1922 in Gumbinnen statt. Auf einem leicht gewellten Terrain neben der Eisenbahnstrecke, besetzt mit Koppeln und durchflossen von der Pissa in mehreren Windungen, waren Hindernisse aufgebaut und ein Platz für die Zuschauer abgesteckt. Nach mehreren Eignungs-, Dressur- und Springprüfungen wurde ein Querfeldein-Rennen ausgetragen, das zweimal durch die etwa dreißig

Meter breite Pissa ging. Gewonnen wurde es von einem bekannten Pferdezüchter und Reiter, Herrn Rothe-Samonienen, auf seiner Trakehner Stute Eule, einem Pferd, das später eine fast kuriose Berühmtheit erlangt hat. Eule wurde nämlich nicht nur Mutter des besten deutschen Dressurpferdes Kronos, das auf der Olympiade 1936 in Berlin die Goldmedaille gewann, sondern auch noch Großmutter von Absinth, der bei der gleichen Gelegenheit die Silbermedaille erhielt.

Sehr viel anspruchsvoller war der Turnierplatz in Insterburg, eine Daueranlage, auf der jährlich mehrere Veranstaltungen stattfanden. Zum Herbstturnier, das sich über eine ganze Woche hinzog, erschienen nicht nur die ostpreußischen Reiter, sondern auch die damaligen Größen des deutschen Turniersports gaben sich dort ein Stelldichein. Prinz Friedrich Sigismund von Preußen, Herr von Langen, Herr Pulvermann, Graf Görtz, Herr von Knobelsdorff, Herr Spillner, Axel Holst – sie alle kamen mit ihren berühmten Pferden, viele davon geborene Trakehner – Morgenglanz, Schwertlied, Kampfgesell, der Hannoveraner Goliath, der Ire Weißer Hirsch –, die uns längst zu geläufigen Begriffen geworden waren. Gegen sie hatten es die ländlichen Reiter natürlich schwer. Dennoch wurden sie eines Tages – wir waren noch nicht lange in Trakehnen – von dem ostpreußischen Bauernsohn Paul Gilde auf seiner unscheinbaren Rappstute Nonne, die zu Hause auch als Wagenpferd diente, in der Hauptkonkurrenz des Turniers, dem schweren Springen um den Großen Preis von Ostpreußen, sämtlich übertrumpft. Nonne war das einzige Pferd, das fehlerlos über den Parcours ging. Das gab natürlich ein Riesenhallo, und Gilde war der gemachte Mann. Er beteiligte sich dann allerdings nicht mehr an Springkonkurrenzen, sondern verschrieb sich ganz dem Rennsport und galt lange Jahre als der beste Mann der Provinz auf diesem Gebiet.

Seit wir diesen ganzen faszinierenden Turnier- und Rennbetrieb kennengelernt hatten, träumten wir also nur noch davon, selber ein Rennpferd zu erwerben. Wir legten all unser erspartes und erarbeitetes Geld zusammen und fieberten dem Tag der

Trakehner Auktion entgegen, weil wir mit der Möglichkeit rechneten, dann ein passendes Pferd in unseren Besitz bringen zu können. Unter den hundert Pferden, die 1925 zum Verkauf angeboten wurden, war nämlich die dreijährige Stute Halskrause, die fast wie ein Vollblüter gezogen und sehr schnell war, aber einige Mängel hatte, so daß sie vermutlich nicht sonderlich begehrt sein würde. Um möglichst unauffällig zu bleiben, gaben wir selber kein Gebot ab, sondern überredeten einen Bekannten, es für uns zu tun. Und wir hatten Glück: das billigste Pferd der gesamten Auktion war Halskrause, die für ganze 450 Mark in unseren Besitz überging. Ich denke mit Vergnügen an den Augenblick, als mein Vater, der neben dem Auktionator saß und die Käufer notierte, sich umwandte und auf die Frage, wer der Käufer sei, von mir die Antwort erhielt: „Meine Wenigkeit." Da es uns tatsächlich gelungen war, unsere Pläne vor unseren Eltern geheimzuhalten, war mein Vater zunächst etwas konsterniert und sagte: „Quatsch nicht!" Dann aber fand er Spaß an der Sache und hat es sich nicht nehmen lassen, uns in unserer Eigenschaft als Rennstallbesitzer fachmännisch zu beraten.

Der Hauptfehler unsrer Halskrause war der, daß sie Krippensetzer war – eine dumme Angewohnheit, die darin besteht, daß das Pferd in den Rand der Krippe beißt und sich dabei den Magen voll Luft pumpt. Das bedeutete eine erhebliche Wertminderung und eine Herabsetzung der Leistungsfähigkeit. Es kam also darauf an, ihr eine Box einzurichten, in der sie nirgends aufbeißen konnte. Das gelang uns in unserem Kuhstall, und dort hat sie sich dann auch wirklich das Krippensetzen abgewöhnt. Sie hatte aber noch andere Tücken, und wir haben mit ihr unsere liebe Not gehabt. Zehn und mehr Hindernisse konnte sie mit Vergnügen springen, um dann vor einem lächerlichen Graben so brüsk stehenzubleiben, daß man ihr über den Hals zu fliegen drohte. Außerdem ging sie dermaßen auf die Hand, daß ich sie manchmal nur halten konnte, wenn es mir gelang, den Mittelfinger durch den Trensenring zu stecken. Bei den ersten Rennen, die wir mitmachten, hat sie uns immer Strei-

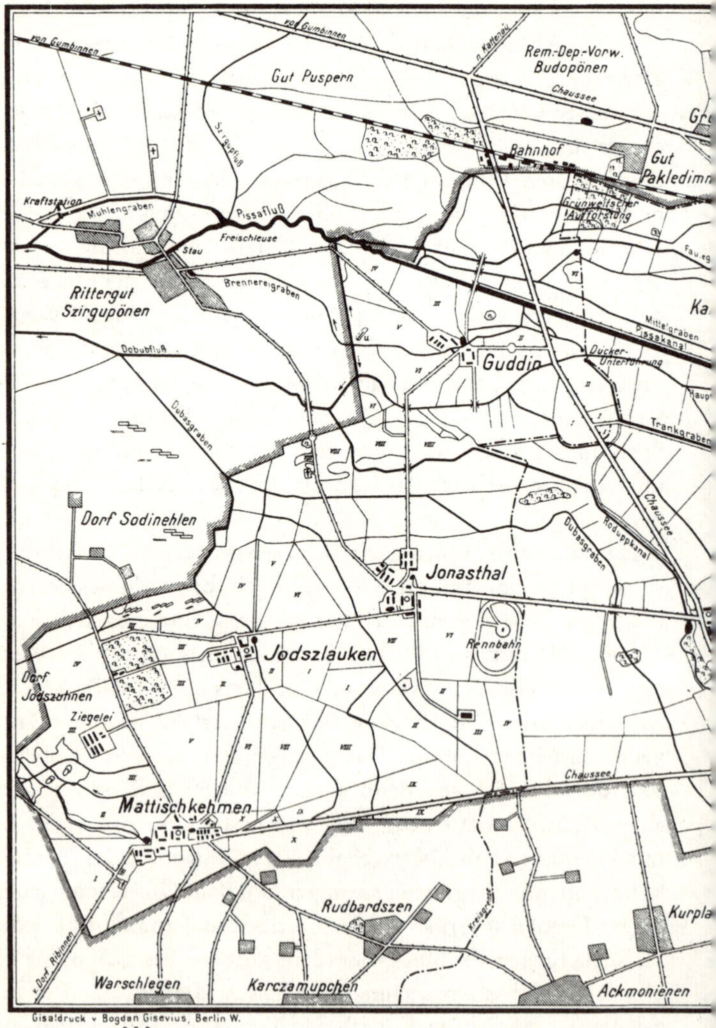

Gisaldruck v Bogdan Gisevius, Berlin W.
D.R.P.

n. Enskehmen
nach Stallupönen
Vorw.
Kl. Wanagupchen
Gut Kerrin
nach Eydtkuhnen
Kgl. Försterei
Grünhof
Kgl. Ostbahn
Gut Amalienhof
Burgsdorfshof
Birkenwalde
Paballen
Moorwiese
Schleuse
Danzkehmen
Trankgraben
Pissafluß
Gurdszen
Puplauken
Zuleitungsgraben
Dorf
Pakallnischken
Dobub
Schleuse
Gut
Taukenischken
Schillupisgraben
nach Stallupönen
Rittergut
Milluhnen
Schillupönen
TRAKEHNEN
Dorf
Trakehnen
Jodszen
Chaussee
nach Goldap
Wilken
KARTE
vom Königlichen Hauptgestüt
TRAKEHNEN
Maßstab 1: 28500.
Aufgenommen
im Jahre 1912
W. Funk
Meliorations-Bausekretär

che gespielt. Aber dann kam auch für uns der große Augenblick, und sie gewann das Hauptrennen des Insterburger Herbstturniers, den Preis von Insterburg über viertausend Meter Hindernisbahn. Diesmal wurde sie von Georg geritten, und mein Vater hatte ihm die Order gegeben, nach Möglichkeit auf einem der vorderen Plätze des Zwölferfeldes zu bleiben. Als die Pferde, die irgendwo hinter den Tribünen gestartet waren, zum Vorschein kamen, lag er aber weit an der Spitze, und die Gefahr war groß, daß die Stute wieder irgendwo stehenbleiben würde. Am Haupthindernis, dem großen Wall mit zwei Koppelricks, drängte sie immer mehr nach außen, sprang dann aber doch, wenn auch sehr schräge, und verlor dadurch ihren guten Platz. Als eine der letzten verschwand sie mit dem Feld wieder hinter den Tribünen. Als die Pferde dann erneut auftauchten, waren unsere Farben, die rote Jacke mit den schwarz-weißen Ärmeln, aber schon wieder weit an der Spitze zu sehen. Noch einmal ging es um den ganzen Turnierplatz herum, aber keinem der vielen Konkurrenten gelang es, unserer Stute den Sieg streitig zu machen. Mit fliegenden Fahnen ging sie mehrere Längen voraus durchs Ziel. Wir schwammen natürlich in Seligkeit und hatten dazu auch noch den Siegerpreis von tausend Mark und ein großes silbernes Tablett. Als mein Vater den Sieger beglückwünschte und ihn fragte, warum er eigentlich die ganze Zeit an der Spitze geritten wäre, bekam er zur Antwort: „Sie ist mir vom Start bis ins Ziel durchgegangen."

Acht Tage danach ritt Georg sie wieder in einem Rennen, diesmal in Trakehnen. Da sie das Gelände kannte und darin zu Hause war, hätte sie eigentlich wieder gewinnen müssen. Aber diesmal kehrte sie ihre Unart heraus und blieb an einem der letzten Gräben stehen. Bald danach haben wir sie für einen guten Preis verkauft, denn Elard bekam von unserem Onkel Carol Lehndorff-Steinort eine zweijährige Vollblutstute geschenkt – und zwei Pferde gleichzeitig konnten wir uns nicht leisten. Auch diese Stute mit Namen Salome hat uns viel Freude gemacht. Elard bestritt 1926, als Dreizehnjähriger, mit ihr sein erstes Rennen, ein kurzes Flachrennen in Tilsit am ersten Tag der Rennsaison. Mein Vater und meine Brüder waren dabei, ich mußte wegen einer Erkältung wieder einmal zu Hause bleiben. Als sie aus Tilsit zurückkamen, sagten sie zunächst gar nichts. Erst als meine Mutter fragte: „Na, Elardchen, wie war es denn?" antwortete er: „Ich kam so schlecht vom Start." „Und wievielter wurdest Du?" Antwort: „Erster." Um seine Stute selbst reiten zu können, mußte er, da es ein Vollblut-Rennen war, die Amateurreiter-Lizenz haben, die er auf Antrag meines Vaters auch bekam. Er war damals der jüngste deutsche Rennreiter und mit seinem Gewicht von 38 Kilo wahrscheinlich auch der leichteste.

Seinen großen Tag hatte Trakehnen, wenn das Von-der-Goltz-Querfeldeinrennen, das schwerste Hindernisrennen Deutschlands, gelaufen wurde. Das geschah am letzten September- oder ersten Oktobersonntag, also bei schon recht herbstlichem Wetter. Die Vorbereitungen begannen vierzehn Tage vorher. Zunächst wurde die Strecke festgelegt, über die das Rennen gelaufen werden sollte, in jedem Jahr ein bißchen anders. Mein Vater suchte sie aus, und wir durften Vorschläge dazu machen. Natürlich mußten die schwersten Hindernisse darin vorkommen, der Reitdamm, der Judenweg, der Hauptgraben, die Wälle, die meisten davon mehrmals und an verschiedenen Stellen.

Auch das Eschenwäldchen im Zentrum des Renngeländes mußte passiert werden. Die Sprünge wurden ausgeflaggt, rechts mit einer roten, links mit einer weißen Flagge. Die Wendeflaggen wurden nach langem Hin- und Her-Probieren gesteckt, die Gräben geräumt, die Grabenränder sorgfältig ausgemäht, die Wege an den Springstellen mit Sand beschüttet, die Koppelricks mit neuen Stangen versehen und schließlich eine provisorische Tribüne für die Zuschauer aufgebaut. Von Tag zu Tag stieg die Spannung, und man bangte jedesmal, ob das Wetter nicht einen Strich durch die Rechnung machen würde. Denn bei allzu schwerem Geläuf konnten die Rennen nicht stattfinden. Das war dann, wie in unseren ersten beiden Jahren in Trakehnen, für alle Beteiligten eine riesige Enttäuschung. Später wurde der

Termin um zwei Wochen vorverlegt, und da brauchte keine Absage befürchtet zu werden.

1924 wurde das Rennen wieder gelaufen und zu unserer Freude von einem Pferd gewonnen, das wir genau kannten und besonders schätzten. Es war der Schimmel Heimatsang, ein fünfjähriger Trakehner, Sohn des berühmten orientalischen Vollblüters Nana Sahib, der in der Trakehner Zucht als Erzeuger von Schimmelstuten eine große Rolle spielte. Alle seine Nachkommen hatten bedeutendes Galoppier- und Springvermögen und ein herrliches Temperament, auch die, die im Gebäude nicht einwandfrei waren. Für Heimatsang galt das in besonderem Maße. Er war sehr schmal und kurz, hatte eine sehr steile Kruppe und war auf beiden Vorderbeinen verstellt, was im Trabe besonders auffiel. Beim Galoppieren und Springen behinderte ihn das aber keineswegs. Als er noch ganz unfertig war und kaum richtig geradeausgehen konnte, hatte ich ihn oft geritten und war schließlich bei einer Jagd mit ihm den Entenbach gesprungen. Weil er so gute Anlagen hatte, wurde er als Dreijähriger nicht verkauft, sondern im Jagdstall behalten, und im nächsten Jahr ritt ihn Kerrinnes als Führpferd vor dem ganzen Jagdfeld. Im Herbst 1923 kaufte ihn unser Vetter Siegfried Schroetter-Wohnsdorf als Reitpferd für sich und seine Schwestern, und wir bedauerten Heimatsang deswegen sehr, denn sie alle waren nicht gerade Leichtgewichte. Zu unserer Freude sahen wir ihn dann schon 1924 als Teilnehmer am Goltz-Rennen wieder. Was er da leistete, hatten wir ihm aber trotz unserer hohen Meinung von ihm doch nicht zugetraut: Als es zum zweiten Mal über den Judenbach ging, ließ er sich, da sein Reiter nicht aufgepaßt hatte, von einem anderen Teilnehmer an der falschen Seite der Flagge vorbeidrängeln. Er mußte auf dem Weg wenden, über den Bach zurückspringen und das gleiche Hindernis zwischen den Flaggen noch einmal springen. Wir konnten von unseren Plätzen aus das Drama mit ansehen und litten Qualen. Da die übrigen Teilnehmer inzwischen weit enteilt waren, dachten wir, er werde die Sache aufgeben. Heimatsang aber war, wie uns sein Reiter nachher erzählte, derartig gehlustig, daß er ihn ruhig weiterlaufen ließ. Den anderen Teilnehmern konnte ja unterwegs auch noch allerlei passieren. Das geschah zwar nicht, aber trotzdem rückte Heimatsang dem Feld ständig näher, hatte es am letzten Sprung eingeholt und ging mit mehreren Längen Vorsprung als Sieger durchs Ziel.

Das Goltz-Rennen stand nie allein auf dem Programm, sondern wurde umrahmt von mehreren etwas kürzeren und weniger schwierigen Rennen. 1924 hatten Georg und ich gleich im ersten Rennen jeder ein Pferd zu reiten, er die ehemalige Trakehnerin Pfeilschnell von Herrn Rothe-Samonienen und ich den riesigen Schimmelwallach Longwy, der einem Nachbarn von Trakehnen gehörte, dem jovialen Herrn Schneider-Wanagupchen, der oft mit Longwy nach Trakehnen geritten kam, um an einer Jagd teilzunehmen oder in dem durch die Schleuse mitentstandenen Wellenbad zu baden. Wir führten das ganze Rennen, entfernten uns dabei immer mehr von unseren Verfolgern und konnten ganz in Ruhe unsere Beobachtungen austauschen. Nach dem letzten Sprung empfahl sich Georg und ging als leichtester Sieger durchs Ziel, während mich zu meinem Leidwesen im letzten Augenblick ein anderer Teilnehmer vom zweiten Platz verdrängte. Das war unsere erste Rennerfahrung.

1925 hatte ich in drei Rennen zu reiten, im ersten die Rappstute Pfalz, die ebenfalls Herrn Schneider gehörte und herrlich sprang, leider aber einen Atemfehler hatte. Trotzdem rechnete ich mir einige Gewinnchancen aus, nicht ahnend, daß ich mir meinen weitaus schärfsten Konkurrenten mit vieler Mühe selbst auf den Hals gelockt hatte. Nach langem Zureden hatte nämlich unser Nachbar Heinrich Maul-Ballupönen, der mit mir in Gumbinnen die gleiche Schulbank drückte, seinen Trakehner Wallach Jubellaut, mit dem er oft zum Jagdreiten herüberkam, für dieses Rennen genannt. Und als ich ziemlich siegesgewiß mit meiner Pfalz an der Spitze des Feldes dem Ziel zustrebte, rückte ganz zum Schluß Jubellaut unwiderstehlich auf und steckte die Nase vor meiner ausgepumpten Stute durchs Ziel. – Auch für das Goltz-Rennen hatte ich ein Pferd, die kleine, auf dem rechten Auge blinde Schimmelstute Elfchen von Nana Sahib, die Fräulein von Sperber, der späteren Frau von Zitzewitz-Weedern, gehörte und von ihr in Springkonkurrenzen geritten wurde. Elfchen galoppierte und sprang so wunderbar, daß die Tage, die ich sie vor dem Rennen schon zum Angewöhnen in Trakehnen hatte, eine einzige Freude waren. Sie sprang mit einem wahren Löwenmut, wobei sie den Kopf des fehlenden Auges wegen etwas schief hielt. Dadurch geriet sie manchmal etwas schräg aus der Fahrtrichtung heraus, was man ihr nicht verdenken konnte, was aber auch nicht ganz ungefährlich war. Die für das Goltz-Rennen vorgeschriebenen Gewichte waren so hoch, daß ich den alten Bleisattel meines Vaters und dazu noch eine mit Blei gefüllte Satteldecke nehmen mußte, um mein Gewicht von 53 auf 76 Kilo zu erhöhen. So viel totes Gewicht konnte für das Pferd nicht günstig sein, überdies war der Bleisattel so glatt, daß man sich im Sprunge nur mit Mühe darauf halten konnte. Aber was sollte ich machen? In dem Feld von acht Pferden befanden sich unter anderen Herr Rothe mit seinem Trakehner Luchs und Georg Heiser-Degimmen mit seiner Fuchsstute Beate, einem ausgezeichneten Pferd, das aber am Tag vor dem Rennen ein dickes Bein hatte und deshalb beinahe nicht gelaufen wäre. Die Strecke von mehr als sechstausend Metern und die schweren Hindernisse bereiteten meinem Elfchen keine Schwierigkeiten, und ich hätte den zweiten Platz hinter der leicht gewinnenden Beate sicher gehalten, wenn wir nicht beim Landen nach dem letzten Sprung, einem breiten Wall mit zwei Gräben, etwas schief angekommen wären. Elfchen ging in die Knie, und ich rutschte von meinem Bleisattel über ihren Hals hinweg ins Gras. Anschließend hatte ich noch über dreitausend Meter zu reiten, ein von meinem Vater eingeführtes Rennen für gestütseigene Dreijährige, die auf der Auktion verkauft werden sollten. Es wurden die zehn am besten dafür geeigneten ausgesucht. Mir fiel der Schimmel Kakadu zu, den ich schon öfter geritten hatte und der später ein sehr bekanntes Turnierpferd geworden ist. Es gibt ein hübsches Bild von ihm, wie er mit wehendem Schweif, durch den die Sonne hindurchscheint, über ein Koppelrick in einen Teich springt.

Jeder Reiter kennt es. Auch in diesem Rennen standen meine Chancen nicht schlecht, und ich hätte wahrscheinlich gewonnen, wenn mein Pferd nach dem letzten Sprung nicht übermächtige Heimatgefühle bekommen hätte. Verzweifelt versuchte ich, Kakadu herumzuziehen und auf das nahe Ziel hinzulenken. Mein Trost war, daß es mir nicht allein so ging. Der bekannte Reiter Hans Schmidt auf dem Fuchs Cordial wurde mein unfreiwilliger Begleiter. Kopf an Kopf würgten wir an unseren Pferden herum, er innen, ich außen, und schließlich gelang es uns, nach einem großen Bogen wenigstens durchs Ziel zu kommen. Inzwischen war aber mein dreizehnjähriger Vetter Constantin Dohna, der mehrere Jahre bei uns in Trakehnen war und unser Leben mit uns teilte, auf der geraden Linie geblieben und kam eine Länge vor uns an. Er ritt den später unter Frau Francke als Turnierpferd berühmt gewordenen Irokese. Einen Monat später ritt ich Kakadu zum letzten Mal über Trakehner Gelände. Es war die Hubertus-Jagd, die über fünf Kilometer ging und hinter dem Judenbach in einem langen Auslauf endete. Bis dahin hatte ich mein Pferd einigermaßen in der Hand. Aber dann kam von hinten mein Vetter mit Irokese an mich heran, und nun ließen wir den Pferden einfach die Zügel schießen. Im Renntempo ging es über das Koppelrick auf den Weg, zwei Sekunden später über den Bach in das Wiesengelände, und es zeigte sich einmal mehr, daß wir unvergleichliche Pferde unter uns hatten.

1926 wurde das Goltz-Rennen wieder von einem bemerkenswerten Pferd gewonnen. Eigenartigerweise war es der rechte Bruder von Heimatsang, dem Sieger von 1924. Er hieß Heimathorst und war in Trakehnen auf der sogenannten Krüppel-Auktion verkauft worden, weil er einen übertriebenen starken Bockhuf hatte und bei jedem Schritt vornüberkippte. Er konnte eigentlich nur galoppieren, und das auch nur auf weichem Boden. Niemand hätte gedacht, daß er zu irgendetwas zu gebrauchen sein würde. Der neue Besitzer, ein entschiedener Optimist, ließ ihm aber ein Eisen anfertigen, mit dem er auf der Vorderseite des Hufes auftreten konnte, und mit dem gewann er seine Rennen, darunter, wie gesagt, das schwerste Hindernisrennen Deutschlands.

Auch in den beiden folgenden Jahren endete das Goltz-Rennen überraschend. Beide Male gewann nämlich Jubellaut unter seinem jugendlichen Besitzer Heinrich Maul. Da dieser kein routinierter Rennreiter war und im Gegensatz zu seinen Konkurrenten hoch aufgerichtet im Sattel saß, nahm man das Paar 1927 nicht ernst, umso mehr, als Jubellaut seit seinem kleinen Sieg zwei Jahre zuvor an keinem Rennen mehr teilgenommen hatte. Heinrich Maul erhielt sogar von einem der Mitreiter einen freundschaftlich-hilfreichen Schubs, der ihn in den Sattel zurückbrachte, als er beim Durchqueren des Eschenwäldchens im Anfangsteil des Rennens schon fast ausgestiegen wäre. Von da an führte er das ganze Rennen und beendete es als unangefochtener Sieger, obgleich er gänzlich darauf verzichtet hatte, an den Wendepunkten wertvollen Boden zu sparen. Dasselbe wiederholte sich ein Jahr später, nur daß diesmal bessere Pferde im Rennen waren (das Rennen wurde inzwischen als Vollblutrennen ausgeschrieben). Wieder leistete Jubellaut, was ihm keiner zugetraut hatte. Unbeirrbar führend trug er seinen Reiter als leichten Sieger ins Ziel. Jubellaut wurde daraufhin ausersehen, die deutsche Zucht bei einer internationalen Kraftprobe zu vertreten. Im März des folgenden Jahres ging er nach Spanien, um dort, aus Eis und Schnee kommend, bei Gluthitze an einem über hundert Kilometer führenden Distanzritt teilzunehmen. In einer riesigen Zahl von Konkurrenten hielten die beiden sich großartig. Jubellaut unter seinem gewohnten Reiter wurde Fünfter. Aber die Anstrengung war bei dem brüsken Klimawechsel zu groß gewesen. Der treue Jubellaut ging daran zugrunde. Heinrich Maul, der übrigens ein bemerkenswerter Dichter war und im Zweiten Weltkrieg vor Riga gefallen ist, hat diesen Schlag nie verwunden. Zum Andenken an ihn seien zwei seiner Gedichte zitiert, die aus jenen Jahren stammen:

Hölderlin 1806

Da wurde alles Denken schwer und tief
und wie ein Grübeln um verlorene Träume,
und jene alte starke Stimme rief
nur selten noch in seines Schweigens Räume.

Dann lauschte er und suchte sich zu sammeln
wie einer, der aus schwerem Schlaf erwacht,
und sein ihm selber fremdgewordenes Stammeln
gab flüsternd Antwort in die weite Nacht,

daraus der Ruf ihm, halb vertraut, gekommen.
Doch als der letzte ferne Ton verweht,
da fühlt er, wie er ratlos und beklommen
in einem ungeheuren Schweigen steht,

das endlos leer und kalt und ohne Farben
bis an die letzten Horizonte rührt
und wie aus Augen, welche längst erstarben,
mit unentwegten Blicken auf ihn stiert.

Da graut ihm, denn in diesem Meer von Stille
verhallen seine Worte hoffnungslos.
Er schweigt – und langsam sinkt sein kranker Wille
noch tiefer in des ewigen Dunkels Schoß.

Stille goldene
Vormittagsstunde
Spätherbstesschweigen
im einsamen Wald.

Zwischen den dunkelen
Tannen liegen
lächelnde Lichtungen,
sonnenbeglänzt

und durch der Buchen
ragende Säulen

schimmert vom See her
leuchtendes Blau.

Nirgends ein Laut
in der weiten Runde,
selbst deine Schritte
versinken im Moos.

Leise zieht die
goldene Stunde,
leis durch das Herz
ein goldener Traum.

Ein großes Ereignis in jedem Jahr war auch der Geländeritt, der zu der Military des Insterburger Turniers gehörte. Er wurde in Trakehnen durchgeführt und ging auf einer Strecke von zwölf Kilometern über die schwersten Hindernisse des Terrains. Die Koppelricks wurden dafür zum Teil noch erhöht. Beim Geländeritt sahen wir die großen Springreiter jener Zeit im Sattel und begegneten manchem Pferd wieder, das wir selbst in Trakehnen geritten hatten. Es war ein Fest für uns, wenn sie alle kamen und sich den Parcours zeigen ließen. Wenn sie dann mit ihren Pferden über die Distanz gingen, in Abständen von einigen Minuten, ritten wir in angemessener Entfernung nebenher, um sie bei möglichst vielen Sprüngen beobachten zu können. Und uns Brüdern lachte das Herz, wenn wir sahen, wie Frau von Opel auf ihrem Graditzer Schimmel Nanuk den Hauptgraben mit Wall und dahinter die Gurdszener Lindenallee meisterte oder Axel Holst auf unserem alten Freund Thomas, einem Nana-Sahib-Sohn, den ich oft geritten hatte, den Kalpakiner Klettergraben fliegend übersprang. Von allen diesen Reitern konnte man viel lernen, und wir fühlten uns sehr geschmeichelt, wenn sie sich von uns raten ließen, welches von den jungen Pferden sie sich bei der nächsten Auktion aneignen sollten.

Oft wurden bei der Auktion Pferde verkauft, bei denen es uns leid tat, daß sie nicht zur Zucht behalten wurden. Aber das

Zuchtziel hatte sich geändert. In Trakehnen waren immer eine Reihe von Vollbluthengsten benutzt worden. Infolgedessen gab es zwar einige besonders qualitätvolle Exemplare, aber die Zucht im ganzen war für die Bedürfnisse der Zeit zu leicht geworden. Von „kleinen Katzen", wie es sie unter den Mutterstuten in Menge gab, konnte keine für die Landwirtschaft brauchbare Nachzucht erwartet werden, und auch der Bedarf an Militärpferden hatte sich nach dem Ersten Weltkrieg nicht nur wesentlich verringert, sondern auch hier verlangte man schwerere Pferde. Die Umstellung auf größeres und stärkeres Zuchtmaterial war also für Trakehnen unerläßlich. Gerade dieser Aufgabe wegen hatte man meinen Vater dorthin berufen. Denn die Erfahrungen, die er im Laufe von sechzehn Jahren mit der Graditzer Halbblutzucht gemacht hatte, ließen hoffen, daß er es auch in Trakehnen schaffen würde, das Kaliber und die Knochenstärke der Pferde zu vermehren, ohne daß ihr Charakter, ihr Temperament und ihre Mechanik dadurch wesentlich beeinträchtigt würden. Als alter erfolgreicher Rennreiter war mein Vater an sich ein Mann des Vollbluts. Und als man ihm freistellte, zwischen Altefeld und Trakehnen zu wählen, wäre er wahrscheinlich beim Vollblut geblieben, wenn ihm Altefeld als der geeignete Platz dafür erschienen wäre. Da dies jedoch nicht der Fall war, hatte er um der größeren Möglichkeiten willen, die sich ihm in Trakehnen boten, die Halbblutzucht vorgezogen. Nachdem dieser Entschluß gefaßt war, handelte er nach dem Grundsatz, daß Halbblut etwas anderes sei als Vollblut und es keinen Sinn habe, dem Vollblut auf seinem ureigensten Gebiet, dem Rennbetrieb, Konkurrenz zu machen. Gerade auf Trakehnen hätte sich solch ein Bestreben ungünstig auswirken müssen. Denn Zweck dieses Gestütes war es, einzig und allein Hengste zu produzieren, die in der Lage wären, die Qualität der auf die Bedürfnisse der Landwirtschaft ausgerichteten Pferdezucht der Provinz Ostpreußen zu verbessern. Man mußte also auf die Benutzung von Vollbluthengsten zunächst weitgehend verzichten, bis die Verstärkung das erforderliche Maß erreicht hatte und man es sich leisten konnte, auch für das Auge und für den

Sport zu züchten. Das letztere war im Laufe der Zeit zu einem Anliegen geworden, dem sich Trakehnen nicht entziehen konnte, ja das zu fördern es in besonderer Weise berufen war. Mit dem Aufstreben der Reitervereine im ganzen Land war nämlich ein neuer, dynamischer Ton in die Pferdemusik gekommen. Immer mehr Menschen begannen sich, wie schon geschildert, für die Reiterei zu interessieren, gründeten Vereine und veranstalteten reiterliche Wettbewerbe, die von der Jugend des Landes bestritten und von der Bevölkerung mit Anteilnahme verfolgt wurden. Auch das Schnellreiten über Hindernisse spielte dabei eine große Rolle. Trakehnen aber besaß das für diese Art von Reiterei ideale Gelände und war dank seines Nachwuchses an pferdeverständiger Jugend geradezu prädestiniert für das sportliche, Mut und Einsatz herausfordernde Reiten in kameradschaftlichem Wettbewerb. Der Ruf, den Trakehnen in dieser Hinsicht bereits gewonnen hatte, verpflichtete meinen Vater also zur Wahrnehmung einer weiteren Aufgabe, die seiner persönlichen Neigung zwar sehr entgegenkam, aber zu den züchterischen Notwendigkeiten in einem gewissen Gegensatz stand. Denn wo es um Schnelligkeit geht, kann man natürlich mit Pferden, die weitgehend auf Vollblutbasis gezogen sind, mehr anfangen als mit ausgesprochenem Halbblut. Mein Vater war also gezwungen, gewissermaßen ein materielles und ein ideelles Interesse gegeneinander abzuwägen und den gesunden Mittelweg zu finden. Zunächst allerdings stand die Verstärkung im Vordergrund. Denn Trakehnen hatte in den Jahren vor 1922 immer weniger brauchbare Hengste für die Landespferdezucht produziert und auch die schon vorhandenen nächsten drei Jahrgänge versprachen keine Besserung der Situation. Damit es nach diesen drei Jahren aufwärts gehen konnte, mußte also schnell Grundlegendes getan werden. Dazu aber bedurfte es einer genauen Kenntnis der ostpreußischen Pferdezucht, ihrer Möglichkeiten und ihrer Schwächen. Denn von allen Aufgaben, die einem Pferdezüchter gestellt werden, ist das Verstärken die schwierigste, wenn Typ und Leistungsfähigkeit dabei nach Möglichkeit erhalten bleiben sollen. Es gibt nämlich sehr wenig Hengste, die ihre eigenen Qualitäten mit einiger Sicherheit auf ihre Nachkommen vererben. Jeder erfahrene Züchter weiß, daß man da bittere Überraschungen erleben kann, und daß es ein besonderes Glück bedeutet, wenn man einmal einen Hengst findet, der ein paar wesentliche Eigenschaften durchschlagend weitergibt. Eine oder die andere negative Seite muß dabei in Kauf genommen werden in der Hoffnung, daß man ihr durch Korrekturen in der nächsten Generation beikommen wird. So ergänzten sich zum Beispiel die beiden Hengste Tempelhüter und Dampfroß in nahezu idealer Weise. Was den Tempelhüter-Nachkommen an Temperament, Trabaktion und Korrektheit der Vorderbeine fehlte, wurde durch Dampfroß, dem es seinerseits etwas an Linie fehlte, bei der Paarung mit Tempelhüter-Töchtern ergänzt. Der Hengst Pythagoras war ein Musterbeispiel dafür. Wenn er zwei Zentimeter größer gewesen wäre, hätte mein Vater ihn schon als Dreijährigen in Trakehnen behalten. So aber kam er zunächst in das Landgestüt Braunsberg, wo ich ihn oft im Gelände geritten habe. Der Nachfolger meines Vaters holte ihn dann nach Trakehnen zurück, wo er der überragende Vererber wurde.

Im Gegensatz zur Verstärkung der Zucht bei Erhaltung der Rasse ist das Veredeln geradezu ein Kinderspiel und läßt sich viel schneller durchführen. Denn unter den leichteren Pferden gibt es eine viel größere Auswahl an qualitätsvollen Vatertieren als bei den schwereren, namentlich, weil man auch die gesamte Vollblutzucht mitheranziehen kann. Diese jedem Pferdemann geläufigen Selbstverständlichkeiten erwähne ich hier nur, um die Ausgangssituation für die Arbeit meines Vaters in Trakehnen zu charakterisieren. Uns Kinder beschäftigte das Züchterische nur am Rande. Wir nahmen daran teil, weil wir es so gewohnt waren, und weil es unter uns als Ehrensache galt, Pferde nach Exterieur und Qualität beurteilen zu können. Unser zentrales Interesse galt der Reiterei, und Einwände gegen die Verstärkung hatten wir vor allem, weil wir dann bald nicht mehr so viele von Vollblütern abstammende Pferde zu reiten bekommen würden. Denn die von Master Magpie, Dalys und

Christian de Wet stammenden Pferde waren als Jagdpferde natürlich interessanter als die von Tempelhüter oder von Dampfroß. Es tröstete uns, daß die drei genannten Vollblüter zunächst noch im Amt blieben und später durch Hengste aus Graditz und Altefeld ersetzt wurden. Es konnte ja sein, daß einer von ihnen sich zu einem so durchschlagenden Vererber entwickeln würde, wie es der großartige Perfectionist war, den mein Großvater Anfang des Jahrhunderts in England gekauft hatte. Der war ihm schon als Jährling wegen seiner außerordentlichen Knochenstärke und absoluten Korrektheit des Körperbaus aufgefallen, und er hatte zu meinem Vater gesagt: „Einen solchen Jährling habe ich in England noch nie gesehen. Wenn er später einmal zu haben sein wird, muß man ihn für Trakehnen kaufen.“ Zu haben aber konnte er nur sein, wenn er keine großen Rennen gewinnen würde, wozu er seiner Herkunft nach durchaus berufen gewesen wäre. Seine Rennleistungen waren jedoch nicht überragend, und so konnte er als Vierjähriger zu einem erschwinglichen Preis für Trakehnen angekauft werden. Dort brach er sich bereits im dritten Jahr seines Wirkens bei einem Unfall das Becken und mußte getötet werden. Nichtsdestoweniger wurde er das bedeutendste Vaterpferd Trakehnens und damit der ganzen ostpreußischen Zucht.

Der Inbegriff eines idealen Trakehner Jagdpferdes war für uns die Schimmelstute Panna von Nana Sahib. Sie war als Dreijährige im Jagdfeld gegangen, dann aber nicht verkauft, sondern in die Stutenherde einrangiert worden. Dort bekam sie mehrere Fohlen, war aber in dem Jahr, als wir nach Trakehnen kamen, nicht tragend. Kerrinnes riet daher meinem Vater, der als Master ein sicheres Pferd brauchte, sie wieder in den Reitstall zu nehmen und selber zu reiten. Mein Vater befolgte diesen Rat, und nachdem Panna sich wieder auf das Reiten umgestellt hatte, ritt mein Vater sie bei allen Jagden der Saison. Er meinte, er hätte nie auf einem besseren Reitpferd gesessen, und er war wirklich verwöhnt. Nur einmal ist er mit Panna zu Fall gekommen, als sie nämlich den breitesten Graben Trakehnens, der durchklettert werden sollte, fliegend springen wollte und mein

Vater sie daran hinderte. Es tat ihm nachher leid, daß er sie nicht ruhig hatte springen lassen.

Von den weiteren Kindern des Nana Sahib war das international bekannteste der Fuchswallach Morgenglanz, den die in Hannover wohnende Miss Swinburne, eine sehr originelle Engländerin, in Trakehnen gekauft hatte. Unter seinem Reiter Herrn Spillner hat er viele große Erfolge auf Turnieren errungen. Da seine Mutter auch ein Schimmel war, stellte er als Fuchs eine gewisse Besonderheit dar. Er war ein lebendiger Beweis für die Tatsache, daß die rezessive Fuchsfarbe aus allen Farbkombinationen resultieren kann, es sei denn, das Vatertier wäre ein Rein-Brauner, wie der früher erwähnte Floral, oder ein „reiner" Schimmel, wie etwa der Vollbluthengst Pretal, den mein Vater gewissermaßen als Nachfolger von Nana Sahib in Paris gekauft hat.

Als Reit- und Jagdpferde sehr geschätzt waren auch die Nachkommen von Christian de Wet, einem englischen Vollblüter, der von Gallinule, dem Erzeuger der englischen Wunderstute Pretty Polly stammt. Er vererbte meistens krumme Vorderbeine und hängende Ohren, aber galoppieren und springen konnten seine Nachkommen durch die Bank. Wir sahen ihn mit besonderer Hochachtung an, weil er noch als Achtzehnjähriger über einen fast zwei Meter hohen Zaun aus seiner Koppel herausgesprungen war. Viele bekannt gewordene Leistungspferde stammten von ihm ab, an ihrer Spitze die Stute Ilse, die unter dem Namen Ilse XIII. das erfolgreichste Halbblutrennpferd ihrer Zeit in Deutschland war. Sie blieb im Hindernisrennen die ersten Jahre ungeschlagen und war noch als Zehnjährige auf den Beinen. Als älteres Pferd ging sie noch in andere Hände über und gewann auch unter dem neuen Besitzer noch zahlreiche Rennen. Dieser hatte in Trakehnen einmal ein kurioses Erlebnis, das sich schnell herumsprach. Er war aus Berlin zur Auktion gekommen und hatte sich im Hotel Elch ein Zimmer bestellt. Dort herrschte, wie immer am Vortag bedeutender Ereignisse, Hochbetrieb. Größere Mengen Alkohol waren bereits konsumiert worden. Da brachte plötzlich jemand das Gespräch auf den Mörder von Tapiau, einen damals im ganzen Lande gesuchten Mann, und alle Gäste gerieten in große Aufregung über diesen Verbrecher. Im gleichen Augenblick trat jener Herr ins Haus und sah sich im Restaurant um. Da schrie einer der Gäste: „Das ist er ja!“, worauf sich alle auf ihn stürzten und ihn festnahmen. Seine Lage war bedenklich. Schließlich gelang es ihm, mit dem Wirt zu sprechen. Der fragte ihn, ob es in Trakehnen jemanden gäbe, der ihn identifizieren könne. Er nannte meinen Vater, und der mußte dann herüberkommen, um ihn aus seiner Klemme zu befreien.

Sehr beliebte Jagdpferde waren ferner die Nachkommen von Master Magpie, einem sehr bunten Fuchs mit einem großen weißen Fleck an der Seite. Er stammte ebenfalls von Gallinule, war aber seinem Vater viel ähnlicher als der einfarbig dunkelbraune Christian de Wet. Seine Kinder waren in der Mehrzahl ebenfalls bunte Füchse und fielen dadurch besonders ins Auge. Nur hatten sie alle einen eigenartigen Fehler, der sie für die Ausbildung zu Dressurpferden untauglich machte: Ihre Kinnbacken standen so eng aneinander, daß der Hals sich nicht ausreichend biegen konnte. Master Magpies bemerkenswertestes Produkt war der Schimmelhengst Cancara, der sich in der Trakehner Zucht hauptsächlich durch seine Töchter einen Namen gemacht hat.

Das Anreiten der jungen Pferde wurde in Trakehnen ganz anders gehandhabt als in Graditz. Wie schon gesagt, wurden sie in Graditz die ersten Tage nur longiert, um etwas in Form zu kommen. Dann legte man ihnen vorsichtig den Sattel auf, und sie wurden weiter longiert, bis sie sich an ihn gewöhnt hatten. Erst danach wurden sie von den Reitern bestiegen. In Trakehnen spielte sich die Sache genau umgekehrt ab. Die jungen Pferde wurden von dem Vorwerk, auf dem sie das vorangegangene Jahr verbracht hatten, in den Reitstall geführt und bekamen, ehe sie noch recht wußten, wie ihnen geschah, den Sattel aufgelegt. Dann holte man sie wieder aus den Boxen heraus und führte sie in die große Reitbahn, wo die Reiter sofort in den

Sattel gehoben wurden. Von einem anderen Mann geführt, gingen sie nun ein paar Mal im Schritt auf dem Hufschlag herum, bis sie sich an den neuen Zustand gewöhnt hatten. So wurden sie gewissermaßen überrumpelt, ehe sie Kräfte gesammelt hatten, um sich mit Erfolg zur Wehr setzen zu können. Alles ging mit großer Ruhe und ohne Anwendung von Gewalt vor sich, und nur selten passierte dabei etwas Ernsthaftes, wogegen das Anreiten in Graditz immer eine aufregende und nicht ungefährliche Sache war.

In Trakehnen hatten die jungen Pferde, wenn sie zu Kräften gekommen waren, den Reiter längst akzeptiert. Von einem sogenannten „Einbrechen" der Pferde konnte dort also keine Rede sein.

Die noch nicht ganz dreijährigen Pferde kamen in den Reitstall, wenn die Auktionspferde ihn verlassen hatten, also im Spätherbst, und ihnen galt dann alle Sorgfalt, bis sie im Frühjahr ihrem Bestimmungsort zugeführt wurden – die jungen Stuten, die zur Zucht behalten wurden, zu den Herden, in die sie farblich hineingehörten, die jungen Hengste zur Musterung durch eine Kommission, bestehend aus dem Oberlandstallmeister und den Leitern der anderen Gestüte. Rein sachlich war der Tag, an dem diese Musterung stattfand, für das Gestüt der wichtigste des Jahres, denn da wurde entschieden, welche Hengste in die Zucht genommen wurden. Es war ja die Aufgabe von Trakehnen, Hengste für die Landespferdezucht zu produzieren. Für diesen Zweck kamen nur die allerbesten in Frage, jährlich dreißig bis fünfunddreißig an der Zahl. Das war etwa ein Viertel der pro Jahr geborenen Hengstfohlen. Mit den Stuten war es genauso. Die dreißig oder fünfunddreißig besten wurden in die Herden einrangiert, die übrigen wurden Reitpferde und später verkauft. Man kann also sagen, daß nur die weniger guten den Ruf Trakehnens als Zuchtstätte für Leistungspferde begründeten und aufrechterhielten, während die eigentliche Elite dem Publikum mehr oder weniger verborgen blieb.

Da wir Brüder uns am Anreiten der jungen Pferde beteiligten, bekamen wir auch zu dieser eigentlichen Spitzenklasse ein persönliches Verhältnis, und oft haben wir bedauert, keines von diesen Pferden für die Jagdsaison behalten zu können. Die Hengste kamen allerdings nicht gleich auf die Gestüte, sondern für ein halbes Jahr in die Prüfungsanstalt Zwion bei Georgenburg. Dort wurden sie im Gelände erprobt, und wir durften bei den Jagden, die dort geritten wurden, auch gelegentlich mitmachen.

Bei einer so intensiven Reiterei waren natürlich Stürze an der Tagesordnung, und auch unter uns Geschwistern ist keiner von Knochenbrüchen und Gehirnerschütterungen verschont geblieben. Ich stürzte einmal mit meiner Stute Valuta an einem der ersten Koppelricks einer Jagd, saß wieder auf, merkte aber, daß ich doppelt sah und mußte während des weiteren Verlaufs der Jagd ein Auge zumachen, um nicht gegen zwei Hindernisse gleichzeitig anzureiten. Bei einer anderen Gelegenheit fiel ich ebenfalls an einem der ersten Sprünge, konnte wieder aufsitzen und bin die ganze Jagd geritten, ohne später eine Erinnerung daran zu haben. Als ich den Hellbraunen Geiser, einen Sohn des Graditzers Friedensfürst, zum erstenmal ritt, fielen wir gleich zweimal hintereinander an kleinen Gräben, in die das Pferd aus Unachtsamkeit hineintrat. Dann habe ich ihn den ganzen Sommer und Herbst geritten und bin nur noch einmal durch eigenes Verschulden in einen großen Wassergraben gefallen. Mit Geiser habe ich auch eins der Trakehner Rennen gewonnen. Am letzten Hindernis, einem großen Wall, waren wir noch zu vieren. Aber dann sah ich mich plötzlich allein auf weiter Flur und konnte mein Pferd ganz gemütlich als Sieger ins Ziel laufen lassen.

Den schwersten Reitunfall in meiner Familie hatte Elard. Er stürzte 1931 bei einem Hindernisrennen in Berlin-Karlshorst und erlitt einen Schädelbasisbruch, von dem er sich nie mehr richtig erholt hat und der nach einigen Jahren seinen Tod zur Folge hatte. Ein paar Monate vor dem Unfall hatte er am Hufengymnasium in Königsberg, das er und Georg für die beiden letzten Schuljahre besuchten, sein Abitur gemacht. Von Königsberg aus waren sie manchmal in der Nacht vom Sonnabend zum Sonntag nach Karlshorst gefahren, um in einem Rennen zu reiten, und doch am Montag früh pünktlich wieder in der Schule erschienen.

Zwei Todesstürze habe ich in Trakehnen erlebt. Das erste Mal, als ein noch sehr junger Reitbursche bei einer Jagd mit dem Kopf gegen eine Koppelstange geschleudert wurde. Das andere Mal, als ein sehr bekannter und erfolgreicher Turnierreiter mit Namen Hillenberg im Goltz-Rennen mit dem Fuchswallach Vogler am Reitdamm stürzte. Das Pferd sprang über das Koppelrick zu weit und rutschte in den Graben hinein. Der Reiter fiel auf den jenseitigen Grabenrand und wurde von einem nachfolgenden Pferd in den Leib getreten. Er starb innerhalb weniger Stunden an schweren inneren Verletzungen.

Der erste von uns Brüdern, der aus dem Hause ging, war Heinfried, der 1926 in Bonn Jura zu studieren begann. Er blieb aber derjenige von uns, der, wenn er in den Ferien zu Hause war, am meisten darauf bedacht war, daß die hohe Tradition des Jagdreitens nicht unter der wachsenden Popularität Trakehnens litt. Es ging ihm zum Beispiel sehr gegen den Strich, wenn Leuten gestattet wurde, eine Jagd mitzureiten, die sportlich und reiterlich nicht ganz auf der Höhe zu sein schienen. Wurde ihnen die Teilnahme genehmigt, dann sorgte er dafür, daß unterwegs Überraschungen passierten. Sehr geeignet für solche Zwecke war die Danzkehmer Schleuse. Wenn man sie öffnete, konnte man das Wasser im Kanal für einige Zeit um etwa einen Meter steigen lassen. Und da es bei größeren Jagden oft durch den Kanal ging, ist es meinem Bruder mehrfach gelungen, einem Teil der Mitreitenden ein unvorhergesehenes Bad zu bereiten. Er rief dann den Wiesenbaumeister an, mit dem er im Bunde war, und bat ihn, zu einer bestimmten Zeit die Schleuse zu öffnen. Daß er selbst manchmal unter denen war, die ein Bad nehmen mußten, störte ihn wenig. Wenn irgendwo ein zerbrochener Koppelzaun erneuert werden mußte, begab er sich dorthin, um festzustellen, ob die neuen Stangen dick und stabil genug waren. Und wenn eine neue Koppel angelegt wurde, paßte er auf, daß die Ein- und Aussprungstellen sehr lang wurden und eine angemessene Höhe hatten.

Was die Ausbildung der Reiter und Pferde betraf, so scheute er sich nicht, immer wieder auf den zu bewahrenden Stil vergangener Zeiten hinzuweisen, den der Vorgänger meines Vaters, Graf Sponeck, eingeführt hatte. Besonderen Wert legte er darauf, daß das unvergleichlich vielseitige Gelände auch wirklich ausgenutzt wurde und nach Möglichkeit jede Jagd im Jahr über einen anderen Kurs ging. Das ließ sich, wie schon gesagt, in Trakehnen mit Leichtigkeit machen, wenn man nur seine Phantasie etwas bemühte. Es lag jedoch, wie überall, nahe, daß ausgefahrene Geleise benutzt wurden und die Vielfalt der Möglichkeiten in Vergessenheit geriet. Dem mußte ständig entgegengewirkt werden. Und da mein Vater durch seine züchterische Aufgabe so stark in Anspruch genommen war, daß er sich um das reiterliche Drum und Dran nicht kümmern konnte, waren wir meinem Bruder sehr dankbar für die Zähigkeit, mit der er in diesem Bereich dem Geist Trakehnens diente. War auch das Züchterische die Hauptsache an Trakehnen, so war doch das Reiterliche mehr als nur ein zusätzliches Geschenk. Es wirkte auf den einzelnen verpflichtend zurück und bestimmte die Atmosphäre, in der auch die Zucht und Aufzucht erst richtig gedeihen konnten. Denn der größte Reichtum Trakehnens waren seine Menschen, und die hatten, sofern sie direkt mit der Pflege und Aufzucht der Pferde befaßt waren, fast alle die gleiche reiterliche Schule durchlaufen. Sie kannten daher die Eigenheiten dieser und jener Pferdefamilie so, als ob sie mit ihr verwandt wären, und wußten, wie man sie zu behandeln hatte. So war in Trakehnen alles auf das Wohl der Pferde eingestellt – eine ideale Voraussetzung für das, was von diesem größten deutschen Gestüt erwartet wurde. Die Pferde sorgten auch dafür, daß der Gesprächsstoff nie ausging, ja, sie beherrschten unser Leben so vollständig, daß meine Mutter, die es als ihre Verpflichtung ansah, etwas für unsere Allgemeinbildung zu tun, nahezu die Waffen streckte. War es ihr in Graditz noch gelungen, wenigstens bei den Mahlzeiten keine Pferdegespräche zuzulassen, so sah sie in Trakehnen bald ein, daß solche Bemühungen nutzlos waren. Voller Hochachtung sprach sie immer von ihrer Schwiegermutter, die als Hausfrau in Graditz einmal einer ganzen Tischgesellschaft statt Suppe puren Hafer auf die Teller gefüllt hatte.

Trakehnen II

Von uns vier älteren Brüdern war ich der einzige, der vom Vater die Jagdpassion geerbt hatte. Die Brüder schossen zwar auch – zum Beispiel auf Krähen, von denen es sehr viele gab – und machten die Hasenjagden mit. Aber den Reiz, das Wild in seinem Element aufzuspüren und die Geheimnisse der Natur zu belauschen, empfanden sie nicht in gleichem Maße wie ich. Der Raum, der mir für solche Erkundungsgänge zur Verfügung stand, war in Trakehnen noch wesentlich größer als vorher in Graditz, ja nahezu unbegrenzt. Und jedesmal, wenn wir beim Reiten einen neuen Winkel des Areals von sechstausend Hektar kennengelernt hatten, lockte es mich, allein dort hinzugehen, mich irgendwo anzusetzen und zu ergründen, was die Natur dort an Spannung zu bieten hatte.

Schon am ersten Tag in Trakehnen war mir aufgefallen, daß über dem Eschenwäldchen bei Gurdszen eine schwarze Wolke hin- und herschwankte, die dauernd ihre Form veränderte. Sie konnte nur aus Krähen bestehen. Ich nehme also bei erster Gelegenheit mein Tesching aus dem Schrank und beeile mich, dorthin zu gelangen. Schon von weitem höre ich ein vielstimmiges Krächzen, das aus der Wolke zu mir dringt. Ich setze mich in Trab, überquere eine Eichenallee, springe über einen daran entlangfließenden Bach und tauche in dem Wäldchen unter, das bis an den Weg heranreicht. Ist das ein Geschrei und Geflatter! Alle Krähen, die noch in den Zweigen sitzen, fliegen auf, die Wolke verdreifacht sich. Die Krähen sind wohl erst kürzlich hierher zurückgekehrt und fangen an, ihre Nester in Ordnung zu bringen. Die Baumkronen sind voll davon. Auf einer besonders hohen und weit ausladenden Esche zähle ich sechsunddreißig Horste. Die Krähen sind pechschwarz und haben starke helle Schnäbel. Es handelt sich also um Saatkrähen.

Aber wenn ich gedacht habe, bei der großen Menge werde es ein leichtes sein, eine davon zu erlegen, so habe ich mich getäuscht. Die Vögel sind so gewitzt, daß ich überhaupt keinen Schuß anbringen kann und nur meine Beobachtungen mache. Mich interessiert die Frage, ob und wie man die Bäume erklettern könnte. Denn Kräheneier sind eine Delikatesse, und die Vögel müßten eigentlich bald anfangen zu legen. Aber ich entdecke keinen einzigen Baum, auf dem sich die Nester in erreichbarer Höhe befinden. Außerdem sind die Stämme viel zu dick, als daß man daran Halt finden könnte. Die Krähen haben sich ihre Nistplätze gut ausgesucht. Offenbar leben sie hier schon seit vielen Generationen. Die Horste sind riesig, weil jedes Jahr wieder eine neue Etage daraufgebaut wird. Es wundert mich, daß noch nichts zu ihrer Vertilgung geschehen ist. Denn Saatkrähen sind nicht gerade eine Zierde, und wenn sie auch nicht so gefährliche Räuber sind wie die Nebelkrähen, so kann man sie in dieser Menge wohl kaum als nützlich bezeichnen.

Ich sehe mich weiter in dem Eschenwäldchen um. Es ist jetzt im April noch völlig kahl und durchsichtig. Aber wenn Bäume und Unterholz belaubt sind, muß es ein beliebtes Refugium für die Rehe sein. Überall liegt Rehlosung. Auch einen befahrenen Fuchsbau entdecke ich unter einer kleinen Fichte. Am Rande des Wäldchens bleibe ich stehen und vertiefe mich in den Anblick des weiten Wiesengeländes, das eben erst aus dem Winterschlaf erwacht. Über der zum Teil noch mit Schneeresten bedeckten Fläche taumeln Kiebitze im Balzflug hin und her, ihre jauchzenden Schreie ausstoßend. Stare werden in kleinen Gruppen vom Wind herangeweht, lassen sich flüchtig nieder, trippeln umher, picken hier und da eilig etwas auf und stieben weiter, den Frühling mit sich tragend. Ich fühle, wie mein Herz für dieses noch so fremde Land zu schlagen beginnt. Auf dem Heimweg kommt mir etwas Langschnäbeliges an einem Koppelzaun entgegengeflogen, will dicht vor mir zu Boden, eräugt mich aber und schwenkt ab. Es ist eine Schnepfe – also auch die gibt es hier!

Die Krähen haben uns in den folgenden Jahren noch viel zu

schaffen gemacht. Wir entdeckten nämlich im entferntesten Winkel von Trakehnen, nahe den Vorwerken Danzkehmen und Burgsdorffshof, zwei weitere kleine Krähenwäldchen, in denen die Bäume lange nicht so hoch und so dick waren, das eine aus Birken, das andere aus Erlen bestehend. Die mittlere Dicke der Stämme entsprach ungefähr einer Telegraphenstange. Wir gingen also auf die Post, liehen uns ein paar Steigeisen aus und begannen damit die Nistbäume zu besteigen. Das war nicht so einfach, wie es anfangs schien. Unten waren die Stämme zu dick und oben zu dünn; sie gaben also dem Eisen keinen festen Halt. So war es denn ein recht spannender und anstrengender Sport, den wir uns da ausgesucht hatten. Er wurde noch dadurch erschwert, daß die Bäume nicht stillhielten, sondern im Wind hin- und herschwankten. Außerdem regnete es um diese Zeit meistens und schneite auch noch manchmal, so daß die Stämme glatt und naß waren und man ganz verklammte Finger hatte, wenn es endlich gelungen war, an ein Nest heranzukommen. Die meisten Nester waren so groß, daß man nicht über den Rand hineinsehen konnte, sondern mit der Hand darübergreifen mußte, sehr gespannt, ob die Strapaze von Erfolg gekrönt sein würde. Fanden sich drei oder vier Eier darin, dann konnte man annehmen, daß sie noch frisch waren. Waren es mehr, konnten sie bereits angebrütet sein. Sie wurden vorsichtig herausgeholt und in ein Körbchen gelegt, das an einem Bindfaden hinuntergelassen wurde. Dann wurde das Nest hinuntergestoßen, damit man an die weiteren auf dem gleichen Baum befindlichen Gelege herankam. Manchmal war es möglich, durch Schaukelbewegung auch die Nester des Nachbarbaumes zu erreichen oder auf diesen umzusteigen. Jedenfalls haben wir mehr als einmal eine Beute von dreißig oder vierzig Eiern nach Hause gebracht und mit meinem Vater, der sie sehr schätzte, zum Abendbrot verzehrt. Sie schmecken genau wie Kiebitzeier und sehen, graugrün gesprenkelt, auch so ähnlich aus. Da wir uns wegen des langen Anmarsches diese Eskapaden nur in den Ferien leisten konnten, war es für uns günstig, wenn Ostern spät lag. Das gleiche galt für Pfingsten, denn im Juni wurden die jungen Krähen flügge, verließen ihre Nester und setzten sich reihenweise auf die inzwischen belaubten Zweige. Dort konnten sie nicht verhindern, daß man sie mit dem Tesching herunterholte – ein Sport, der seine Besonderheiten hatte. Jeder Schütze mußte einen Aufsammler haben, der sich, sobald die Krähe in die mannshohen Brennesseln gefallen war, auf diese Stelle stürzte. Wenn man sie auch nur für einen Moment aus den Augen ließ, fand man die Beute nicht mehr. Für den Schützen selbst war die Sache aber nicht weniger anstrengend, weil er den ganzen Tag seinen Kopf in den Nacken zurücklegen mußte. Am Abend eines solchen Tages, an dem wir bis zu zweitausend Kugeln verschossen und fünf- bis siebenhundert Krähen erbeuteten, hängten wir den Kopf über eine Sessellehne, bis er wieder richtig saß und die Verkrampfung des Halses nachließ. Tags darauf ging es dann weiter, nun auch im Gurdszener Eschenwäldchen. Die Krähen wurden im Eiskeller gelagert und bei der nächsten Gelegenheit nach Königsberg transportiert. Diesen Transport besorgten meistens, nicht ganz freiwillig, Gäste, die von dort mit dem Auto über das Wochenende gekommen waren. Um nicht als Spielverderber zu gelten, mußten sie es sich gefallen lassen, daß ihnen bei der Abfahrt mehrere Säcke voll Krähen in den Wagen geladen wurden. In Königsberg gab es nämlich ein Lebensmittelgeschäft, wo man sie uns für zwanzig Pfennig das Stück abkaufte. Unter der Bezeichnung „Sarkauer Täubchen“ lagen sie dann, abgezogen und ausgenommen, im Schaufenster. Der Name stammte von dem Fischerdorf Sarkau auf der Kurischen Nehrung, wo in jedem Winter zahllose Krähen auf dem Eis mit Fischnetzen gefangen wurden. Getötet wurden sie dort durch einen Biß in die Schädeldecke, weswegen die Fischer, die das besorgten, „Krajebieter“ genannt wurden.

Mein Vater, der keine Ahnung hatte, daß wir die Krähen verkauften, war sehr erstaunt, als er eines Morgens, kurz vor der fraglichen Zeit, von dem Königsberger Lebensmittelhändler die Mitteilung erhielt: „Wir haben Interesse an 500 Krähen.“ Er zeigte uns das Schreiben mit den Worten: „Wißt ihr, was das bedeuten soll?" „Ja, natürlich", war die Antwort, „das ist für uns."

Eine Stelle des Reviers, die mich immer magnetisch anzog, war der sogenannte Bullenberg, keineswegs ein Berg – so etwas gab es in Trakehnen nicht –, sondern ein kleines, sehr dichtes Waldstück, eine Remise, mitten in den Wiesen gelegen, die das Flüßchen Rodupp durchzog. Dort waren fast immer Rehe zu sehen, die ich zwar noch nicht bejagen durfte, die mich aber glühend interessierten. Außerdem befand sich da ein Fuchsbau, den offenbar gleichzeitig der Dachs benutzte. Eichelhäher und Wildtauben strebten dorthin, und wenn man lange genug stillsaß, konnte man interessante Beobachtungen machen. Die Rehe faszinierten mich am meisten, denn Trakehnen war berühmt für seine starken Böcke, und ich setzte allen Ehrgeiz darein, sie ganz aus der Nähe zu sehen und meinem Vater ihre Gehörne beschreiben zu können. In den ersten beiden Jahren war damit kein großer Staat zu machen. Die Gehörne fielen in keiner Weise aus dem Rahmen des Mittelmaßes, und mein Vater konnte sich nicht entschließen, auch nur einen von den Böcken zu bejagen. 1924 aber wurde es mit einem Schlag anders. Schon im frühen Frühjahr, als das Rehwild noch keine Deckung hatte, konnte man hier und da stark entwickelte Gehörne erkennen, und mit Spannung wurde die Zeit des Fegens erwartet. Nicht daß mein Vater darauf ausgewesen wäre, sich so bald schon einen solchen Kopfschmuck an die Wand zu hängen. Im Gegenteil, er war in dieser Hinsicht sehr zurückhaltend und entschlossen, nur dann zu schießen, wenn es sich um ein wirklich kapitales Gehörn handelte, von dem man nicht annehmen konnte, daß es im Jahr darauf noch besser würde. Bis es endlich soweit war, verging noch ein weiteres Jahr. Da gab es dann den ersten Kapitalen im Bereich des besagten Bullenberges. Das Gehörn war sehr hoch, und mein Vater war der Ansicht, daß es im nächsten Jahr vielleicht noch stärker in den Stangen werden könnte. Aber nun hatte ich den Dusel, diesen Bock eines frühen Morgens, bald nach Sonnenaufgang, aus allernächster Nähe zu sehen. Ich saß im taunassen Gras versteckt, als plötzlich eine Ricke anfing zu schrecken. Offenbar hatte sie etwas Verdächtiges bemerkt. Denn plötzlich sah ich eine Bewegung vor mir im hohen Gras und traute meinen Augen nicht, als der Bock hoch erhobenen Hauptes im Stechschritt auf mich zukam. Jede Einzelheit seines kapitalen Gehörns präsentierte sich mir in aller Schärfe: die sehr hohen, regelmäßigen, starken, leicht nach hinten geknickten Stangen, die gute Perlung, die tadellosen Enden – das war schon ein Gehörn, wie man es nicht alle Tage zu sehen bekam. Und in der Tat gelang es mir, meinen Vater zum Schuß auf den ersten Trakehner Kapitalen zu überreden.

Im Spätsommer des gleichen Jahres zog es mich immer wieder in eine westliche, etwas entlegenere Ecke des Reviers, in die Gegend des Vorwerks Jodszlauken. Dort befand sich ein Bruch mit dichtem Weidengestrüpp, durch dessen Mitte die Grenze lief. Die jenseitige Hälfte gehörte zu dem Gut Sodinehlen. Ich hatte das Gefühl, als erwarte mich hier eine Überraschung. Und wirklich, eines Abends, als ich an einem abgeernteten Feld entlangpirschte, mit den Augen einer Steppenweihe folgend, wurde auf der Wiese am Bruchrand plötzlich ein starkes Reh flüchtig, das einen Wald weißer Enden auf dem Kopf trug. Mit zwei, drei Sätzen war es im Bruch untergetaucht. Donnerwetter, dachte ich, das muß ich aber gleich dem Vater melden. Der befand sich gerade für mehrere Tage auf einer Dienstreise. Ich rief ihn an und berichtete, was ich gesehen hatte. „Wenn der Bock so nahe an der Grenze steht", sagte er, „dann kannst du ihn schießen, ehe ihn ein anderer holt." Also setzte ich mich die folgenden Abende dort an. Zunächst passierte gar nichts. Aber dann hörten wir, daß der Nachbar auf der anderen Seite des Bruchs einen Ausstellungsbock geschossen hätte. Natürlich nahm ich an, es sei der von mir gesichtete. Denn zwei Kapitale in ein und demselben Bruch, das war doch allzu unwahrscheinlich. Aber die Beschreibung, die ich meinem Vater gegeben hatte, war grundverschieden von der Schilderung, die man uns von dem Nachbarbock machte. Und so begab sich mein Vater nach seiner Rückkehr an jedem verfügbaren Abend in jene Gegend, um auf den Bock zu pirschen. Ich hatte bereits ein ganz schlechtes Gewissen und fürchtete, einem Phantom zum Opfer gefallen zu sein, als er eines Abends mit ihm ankam, einem alten, voll ausgereiften Bock mit klassisch schönem Gehörn. Siebenundzwanzig Zentimeter hohe, fast symmetrische Stangen mit guter Perlung und hervorragenden Rosen, sechzehn Zentimeter Auslage, elf Zentimeter lange, ganz helle Kampfsprossen – auch ein Ausstellungsbock, eine herrliche Trophäe, die mir, weil ich mich nicht getäuscht hatte, mehr Freude machte, als wenn ich sie selber erbeutet hätte.

Und noch ein dritter Bock ist erwähnenswert, den mein Vater im darauffolgenden Jahr streckte. Ich sah ihn jeden Morgen vom Schulwagen aus, in dem ich mit zwanzig anderen Kindern zur Bahn fuhr, um den Zug nach Gumbinnen zu erreichen. Mindestens fünfhundert Meter entfernt ragte sein schwarzes Gehörn aus dem hohen Gras, und ich konnte der Stellung dieses Gehörns entnehmen, ob der Bock wach war oder ob er schlief. Im ersten Fall ragte das Gehörn des sitzenden Bockes aufrecht und fast drohend über die Grasspitzen hinweg, im zweiten sah man es ganz vornübergeneigt. Der Bock ließ mir keine Ruhe. An einem Sonntagmorgen robbte ich im taunassen Gras hinter einem kleinen Erdwall bis in die Nähe der Stelle, an welcher er immer zu sehen war. Und richtig! Da saß er, keine zwanzig Schritte entfernt, auf einer kleinen Erhöhung neben einem Baum und döste vor sich hin. Das kapitale Gehörn war weit nach vorne geneigt. Was für ein Anblick, sehr starke Rosen, wunderbare Perlung, ideale Enden – möglicherweise schon etwas zurückgesetzt. Auf jeden Fall ein alter Bock, der sich schon vielfach vererbt hatte. Lange lag ich im Gras ohne mich zu rühren, denn ich wollte die ungewöhnliche Situation so gründlich wie möglich auskosten. Dann versuchte ich mich davonzuschleichen. Aber da schreckte eine Ricke, der Bock wurde hoch und verschwand mit ein paar Fluchten im Haferfeld. Meinem Vater sagte ich nicht, daß ich dem Bock so nahe gewesen war, nur daß er ihn sich unbedingt ansehen müsse, weil er mindestens in die Klasse der beiden anderen gehöre. Eines Abends war es dann soweit. Und als später die drei Gehörne nebeneinander an der Wand hingen, waren sie bei aller Verschiedenheit von so gleicher Qualität, daß man nicht sagen konnte, welchem von ihnen der Vorrang gebührte.

Im Herbst war die Hühnerjagd in manchen Jahren sehr ergiebig. Zu später Jahreszeit, wenn die Felder abgeerntet waren, spielte sie sich manchmal folgendermaßen ab: Meine Schwester kutschierte mich mit dem Einspänner an eine Stelle, wo ich beim Reiten Rebhühner gesehen hatte. In den Abendstunden konnte man dort das weithinschallende Locken des Hahnes, das unverkennbare „Kirr-ritt" hören, oder man sah mit dem Fernglas seinen dunklen Kopf irgendwo aus dem Stoppelfeld herausstecken. Dann näherte ich mich dieser Stelle vorsichtig, legte meine Spanielhündin Senta ab und schlug einen weiten Halbkreis, bis ich die Hühner genau zwischen mir und dem Hund hatte. Nun winkte ich dem Hund, der mich aufmerksam beobachtet hatte, und er lief, wenn sie noch da waren, mitten in die Hühner hinein. Die stoben mir dann über den Kopf hinweg, und wenn ich Glück hatte, konnte ich eins oder zwei davon herunterholen. Diese Art der Jagd machte mehr Vergnügen als die mühsame Suche in den riesigen Kartoffelschlägen.

Senta gehörte eigentlich meinem Bruder Georg. Wir hatten sie als acht Wochen altes Tierchen von unserem Nachbarn Herrn Ebbinghaus-Amalienhof bekommen und liebten sie sehr. Auch hat sie erheblichen Anteil an der Aufbesserung unserer Kasse gehabt, denn ihre Jungen wurden uns von den Pferdeleuten, die alljährlich zur Auktion kamen, teuer abgekauft. Ihre ersten Jungen bekam sie, etwas früher als erwartet, unter meinem Schreibtisch, wo sie zu schlafen pflegte. Wir wollten ihr für diesen Zweck ein besonderes Lager zurechtmachen. Aber als sie eines Morgens um fünf Uhr mit den Vorderpfoten auf mein Bett kam, um mich zu wecken, war es schon passiert. Stolz wedelnd führte sie mich zu ihrem Ziegenfell, auf dem fünf winzige schwarz-braun-weiße Junge lagen.

Ein weiteres Tier, das mich manchmal auf meinen Pirschgängen begleitete, war ein zahmes Reh, das beim Mähen verletzt und von uns mit der Flasche aufgezogen worden war. Es war ein Böckchen und so anhänglich, daß es sich nur schwer davon abhalten ließ, in die Zimmer zu kommen. Leider wurde es, wie das bei zahm aufgezogenen Wildtieren oft der Fall ist, gegen Fremde bald aggressiv. Und da es bereits im ersten Jahr ein ansehnliches Sechsergehörn schob, war die Begegnung mit ihm nicht ganz ungefährlich. Besonders zuwider waren ihm fremde Hunde. Vor seinen Attacken flohen sie mit eingeklemmtem Schwanz aus dem Garten. Auch störte es die Mädchen, die mit meiner Schwester im Garten spielten. So mußten wir uns entschließen, das Tierchen im Wald an einer weit entlegenen Stelle auf freien Fuß zu setzen.

Da Trakehnen nicht nur für Pferdeleute einer der größten Anziehungspunkte des Landes war, hatten wir eigentlich dauernd Besuch. Viele kamen von weither und wurden von meinen Eltern auf jeden Fall zu einer Mahlzeit empfangen, oft aber auch für einen oder mehrere Tage. Am Tage der Auktion wurden hundert und mehr Menschen bei uns im Hause abgefüttert. Meine Mutter war dann ganz in ihrem Element, und wir schätzten es sehr, daß wir bei dieser Gelegenheit vielen Menschen begegneten, die wir nur vom Hörensagen oder vom Ansehen kannten und die sich nun von uns beraten ließen, weil wir ja die zu verkaufenden Pferde genau kannten und sie gern Menschen empfahlen, von denen wir wußten, daß sie etwas aus ihnen machen würden. Oft hatten wir auch Gäste durch das Gestüt zu führen, wobei natürlich die Zuchthengste, die Hauptbeschäler, am meisten interessierten. Sie wurden, wenn die Deckzeit vorbei war, also Ende Mai, von den Vorwerken geholt und im Hauptgestüt untergebracht. Hier lebten sie in Paddocks, kleinen bungalowartigen Häusern, in denen jeder eine geräumige Box mit einer großen Koppel für sich hatte. Das Ganze war umgeben und gegen die Außenwelt abgeschirmt durch dichte Tannenhecken, die einen geradezu feierlichen Eindruck machten. Hier ließen sich die Hengste, wenn sie auf der Koppel waren, gern besichtigen. Einige von ihnen präsentierten sich dabei besonders eindrucksvoll. Dampfroß zum Beispiel, ein gedrungener Fuchs, stand immer da wie eine Bildsäule, den Araberkopf hoch erhoben, den Blick in die Ferne gerichtet. Und wenn man ihm ein Zeichen gab, umrundete er seine Koppel mit seiner wunderbar schwebenden Trabaktion. Er war der ausgesprochene Liebling der Besucher, ebenso wie der alte Orientale Nana Sahib, mit seinem weißen, von zahllosen schwarzen Punkten durchsetzten Fell, seinen großen Augen, seinen leichten Bewegungen und seinem herrlichen Temperament eine unvergeßliche Pferdepersönlichkeit. Das Entzücken der Laienwelt war ihnen sicher. Wir dagegen schätzten solche von Pferdeverstand ungetrübten Gefühlsausbrüche weniger – ja wir genierten uns für unsere Gäste vor den Stalleuten. Viel lieber führten wir erfahrene Pferdeleute, die zwar mit Lobeshymnen zurückhaltend waren, mit denen man sich aber umso gründlicher und sachlicher über die einzelnen Hengste und ihre Nachzucht unterhalten konnte.

Mit ganz prominenten Besuchern passierten manchmal unvorhergesehene Dinge. Einmal traf es den Oberkommandierenden des Hunderttausend-Mann-Heeres, der damaligen Reichswehr, Generaloberst Heye. Er erschien mit einem Gefolge von mehreren Offizieren bei uns im Hause, und wir wurden der Reihe nach vorgestellt. Meinhard, damals vier Jahre alt, sah ihn von oben bis unten an und sagte dann zur unverhohlenen Freude des Gefolges: „Bist Du der Osterhase?“ Wir besaßen nämlich ein Kinderbilderbuch „Sprechende Tiere“, in dem ein Hase abgebildet ist, der, in Uniform mit breiten Generalsstreifen an der Hosennaht und einem Säbel an der Seite, ein Kohlfeld bewacht.

Die unbeschwerteste Zeit des Jahres waren die Sommerferien. Da wurden wir kaum kontrolliert, konnten aufstehen und zu Bett gehen, wann wir wollten, und mußten nur zu den Mahlzeiten pünktlich erscheinen. In den ersten Tagen besuchten wir manchmal unsere gleichaltrigen Vettern und Kusinen Dohna in

Waldburg und Lehndorff in Preyl, beides in der Nähe von Königsberg gelegen. Nach Waldburg nahmen wir meistens irgendwelche Tiere mit, Kaninchen oder Meerschweinchen zum Austausch für unsere Zuchten. Königsberg war damals noch Kopfbahnhof, und wir mußten dort umsteigen in den Zug nach Seepothen, wo wir mit dem Wagen abgeholt wurden. Dabei glückte es uns fast jedesmal, einen Zug zu erreichen, der nach dem Fahrplan eine Minute früher von Königsberg abfuhr, als der unsere ankam. Es war zwar manchmal nicht leicht, mit dem Kasten voller Tiere und unserem anderen Gepäck aus dem langsam einfahrenden Zug in den langsam ausfahrenden auf dem Nachbargeleise umzusteigen, aber wir sparten damit zwei Stunden Wartezeit ein, und uns war jede Minute teuer. In Waldburg und Preyl blieben wir je zwei Tage, dann zog es uns mit Macht wieder nach Trakehnen. An beiden Orten hatten wir es sehr gut. Und da ich später die Hochzeiten der Kusinen dort miterlebt habe, sind sie mir in festlicher Erinnerung geblieben. Wir konnten dort reiten, auf Jagd gehen, mit Pferden herumfahren und unsere Spiele spielen – für alles war reichlich Platz und Verständnis.

Waldburg mit seinem urgemütlichen Haus und dem riesigen, dendrologisch sehenswerten Park lag nicht weit vom Frischen Haff entfernt. Man konnte in den Dünen galoppieren und weit ins Haff hineinreiten. Nur vor den Drahtzäunen, die dort gespannt waren, mußte man auf der Hut sein, damit das Pferd nicht unversehens dagegenrannte und sich überschlug. Auch konnte es geschehen, daß man mitten in einen Flug Wildgänse oder Schwäne hineingeriet, die hinter der Düne am Ufer saßen. Das gab dann ein wildes Geflatter, und es verging eine Weile, bis die schweren Vögel sich in die Luft erhoben hatten. Zu einer späteren Jahreszeit konnte man in einem großen Bruch auf Bekassinen jagen, und auf den Stoppelfeldern fielen am späten Abend die Wildenten ein. Von solchen Unternehmungen kehrte man immer erst bei völliger Dunkelheit zurück. Die Waldburger Eltern, Onkel Eberhard und Tante Renata, waren die Güte selbst und ließen uns alle Freiheit.

In Preyl mußten wir mehr auf Draht sein. Hier standen Reiterei und Rennsport ganz im Mittelpunkt des Daseins. Früh morgens wurden wir von Onkel Manfred gelegentlich nach Königsberg mitgenommen, um das Training der dort stationierten Rennpferde mitzumachen. Mit zwei schnellen Traberstuten vor dem Wagen ging es in Windeseile nach Carolinenhof, wo sich die Rennbahn und Trainingszentrale von Königsberg befand. Um sechs Uhr war man bereits dort. Hart am Rande der Innenstadt, im Rücken der alten Befestigungswälle, dehnte sich, ganz im Grünen, der Rennplatz, auf dem von Mitte Mai bis Ende September fast an jedem Sonntag Flach- und Hindernisrennen ausgetragen wurden. In unmittelbarer Nähe befanden sich die Ställe der verschiedenen Besitzer und Trainer. Einige waren uns bekannt, viel wichtiger aber waren uns natürlich ihre Pferde, deren Namen uns aus den Rennberichten geläufig waren und die wir zum Teil auch vom Ansehen kannten, weil wir die Königsberger Rennen von Trakehnen aus gelegentlich besuchen durften. Einer der größten Ställe war der meines Onkels, eines vielseitig begabten Reiters. Er gehörte zu den bekanntesten Dressurreitern seiner Zeit und ritt außerdem seine eigenen Pferde in Rennen. Von ihnen sind mir die Vollblüter Kormoran, Fata Morgana, Flavier und Deutscher Michel sowie der Halbblüter Christschmuck in besonderer Erinnerung.

An solch einem Morgen in Carolinenhof durften wir mit ausreiten und gelegentlich auch einen Rennbahngalopp absolvieren. Dabei begegneten uns die Lots der anderen Ställe, an denen man grüßend vorbeiritt und dabei schnell einen prüfenden Blick auf die Pferde warf, die auf einen zukamen, in der Hoffnung, eines oder das andere herauszukennen. Da gab es den berühmten Trojaner, einen Trakehner, der fast nie geschlagen wurde, die Stute Pisa, ebenfalls eine Trakehnerin, die Vollblüter Nuntius, Fontafee und viele andere, die sich uns eingeprägt hatten und denen nun ganz „privat" zu begegnen ein großes Erlebnis war. Nachdem man zweimal ausgeritten war und hinterher sein Pferd abgerieben, gewaschen und besorgt hatte, war man reif für ein gutes Frühstück und freute sich auf das frische Brötchen, das man für ein paar Pfennige im Rennbahnlokal bekommen konnte. Wenn es sehr heiß war, konnte man noch einen kleinen Abstecher zum Schloßteich machen und in der Konditorei Schwermer so früh schon ein Eis zu sich nehmen.

Wenn nicht nach Königsberg gefahren wurde, begann der Tag in Preyl mit einem Dauerlauf in Nachthemd und Badehose, der ein- oder mehrmals um den Park herumführte und von dem man verschwitzt zurückkehrte. Nach dem Frühstück wurde auch hier geritten, was ziemlich aufregend war, weil immer mehrere Hengste daran beteiligt waren. Die machten ein großes Geschrei, gingen aufeinander los, stiegen, bissen, keilten aus und mußten mit Gewalt auseinandergebracht werden. Am besten ritt man gleich in gestrecktem Galopp von der Stalltür weg in die vorher verabredete Richtung und blieb dann auf dem Wege so weit voneinander entfernt, daß nichts passieren konnte. Wenn sie sich erst beruhigt hatten, war das Reiten auf den Hengsten ein besonderes Vergnügen.

Im Park gab es, ebenso wie in Trakehnen, eine Privat-Rennbahn, die wir miteinander angelegt hatten, um darauf unsere Hindernisrennen zu Fuß auszutragen. Hier waren wir einen Teil des Tages beschäftigt, weil wir die Bahn nach und nach weiter ausbauen wollten. Gräben wurden ausgehoben, Wälle angelegt und stabile Koppelricks aufgebaut. Nachmittags ruderten wir auf dem mehrere Kilometer langen See, auf den man vom Haus nur hinuntersah. Gegenüber, am jenseitigen Ufer, lag der Ort Wargen, ein beliebtes Ausflugsziel der Königsberger, mit einem großen Gasthaus, aus dem gelegentlich Musik und Lärm herüberschallte. Daneben befand sich die Kirche, zu der Preyl gehörte.

Die schönste Zeit, die ich in Preyl verlebt habe, war eine Woche, in der wir Tanzstunden hatten. Tante Nita hatte eine Tanzlehrerin aus Königsberg engagiert, die einer Gruppe von neun Vettern und Kusinen zwischen sechzehn und dreizehn Jahren – Friederike Dohna, Marion Dönhoff, Karin Lehndorff und Vera Eulenburg, Ebo und Constantin Dohna, Heini Lehndorff, Lothar Dohna-Willkühnen und ich – die damaligen Gesellschaftstänze beibringen sollte, Walzer, Foxtrott, English Walse und Tango. Es wurde fast den ganzen Tag getanzt. Die unbeholfenen Glieder lockerten sich, und ein neues Lebensgefühl brachte Herz und Kreislauf gewaltig in Bewegung. Die Nächte ließen nicht viel Zeit zum Schlafen; wir wollten alle gern erwachsen sein. Als die Woche vorbei war, blieb ich noch zwei Tage in Preyl und ging mit meinem Vetter Heini auf Jagd. Einmal kehrten wir erst bei Dunkelheit zurück, ohne etwas geschossen zu haben. Als wir an den langgestreckten See kamen, der eigentlich ein Teich war, aus dem die Stadt Königsberg einen Teil ihres Wasserbedarfs deckte, leuchteten aus den Fenstern des Versammlungsraumes in Wargen die Lichter weit über das Wasser hin. Heini behauptete, dort fände gerade eine Kommunisten-Versammlung statt, und wir gaben aus unseren Schrotflinten jeder zwei Schüsse ab, woraufhin wir befriedigt nach Hause gingen. Etwas später erschien Onkel Manfred zum Abendessen und berichtete von einer Kirchenratssitzung, an der er in Wargen teilgenommen hatte. Heini und ich sahen uns verständnisvoll an.

Als ich ein anderes Mal in Preyl war, mußte Heini, damals fünfzehn Jahre alt, bei einem Treffen des Jung-Stahlhelms, genannt Werwolf, mitwirken, das in Metgethen, einem Vorort von Königsberg, stattfand. Er sollte dort sogar eine Ansprache halten. Ich assistierte ihm bei den Vorbereitungen zu der Veranstaltung, und wir mußten vor Beginn noch einmal nach Königsberg radeln, um verschiedenes zu besorgen. Dabei begann Heini über Kopfschmerzen zu klagen. Ich hatte zufällig eine Tablette Adalin in der Hosentasche und gab sie ihm, weil ich wußte, wie gut sie bei Zahnschmerzen wirkte. Auf dem Rückweg vergingen zwar die Kopfschmerzen, statt dessen stellte sich aber ein unbezwingbares Schlafbedürfnis ein, das sein erstes, dazu noch patriotisch bestimmtes Auftreten zunichte machte. Seine Mutter, die mit großen Erwartungen erschienen war, hat mir das viele Jahre nicht verziehen.

Nach unseren sommerlichen Besuchen in Waldburg und

Preyl kamen die meisten von den Vettern und Kusinen mit uns nach Trakehnen. Dort waren wir dann für längere Zeit täglich bis zu zwanzig Personen bei Tisch. Meine Mutter liebte solche Invasionen sehr und war gut darauf vorbereitet. Sie hatte sich einmal für mehrere Tage in eine Käserei begeben, um Käse machen zu lernen. Und wenn wir morgens um acht Uhr nach dem ersten Ausritt sehr hungrig zum Frühstück erschienen, gab es Bratkartoffeln und für jeden ein großes rechteckiges Stück Käse. Ich nehme an, daß die Magermilch, die wir von unseren Kühen in reichlicher Menge hatten, auf diese Weise am sinnvollsten verwertet wurde. Nach dem Frühstück wurde ein zweites Mal ausgeritten, auf anderen Pferden, und wenn wir davon zurückkehrten, kam gewöhnlich ein toter Punkt. Normalerweise hätte man sich dann eine Stunde hingelegt. Aber das ging gegen die Ehre. Also begab man sich statt dessen in den an den Park angrenzenden Obst- und Gemüsegarten, um sich alles Eßbare, was es dort gab, in reichlicher Menge einzuverleiben. Am Nachmittag liefen wir zu Fuß unsere Rennen auf der Hindernisbahn, die wir auch hier im Park angelegt hatten, oder wir streiften durch das Gestüt, besuchten die Hauptbeschäler in ihren Paddocks oder die Stutenherden auf der Koppel, oder wir stiegen auf den Kornspeicher, ein fünfstöckiges Gebäude im Zentrum des Ortes, das alle anderen Häuser weit überragte und auf dem Dach einen kleinen Aussichtsturm hatte. Von dort aus bot sich ein großartiger Rundblick über das ganze Gestüt mit seinen Vorwerken, die untereinander durch Alleen wie mit grünen Seilen verbunden waren. Man sah hinunter auf den Alten Hof, auf die Schmiede, die Post, das Rentamt, die verschiedenen Büros und die Wohnungen der Gestütsbeamten mit ihren Gärten, auf das Hotel Elch, die Apotheke, die Schule, auf das Flüßchen Rodupp, das sich durch das Gestüt schlängelte und größtenteils unter hohen Bäumen versteckt dahinfloß. Dahinter erblickte man das Landstallmeisterhaus mit einem kleinen Turm auf dem Dach, daneben die Gebäude des Neuen Hofes mit dem Reitstall und der großen geschlossenen Reitbahn. Nach der entgegengesetzten Seite, also nach Norden zu, den Hauptbeschälerstall mit seinen Eichenalleen, das repräsentativste Gebäude des ganzen Gestütes.

Gegen Abend spielten wir gewöhnlich unsere Spiele im Park, die sich bei gutem Wetter oft bis in die Nächte hinein ausdehnten. Am liebsten hatten wir das Räuber-und-Prinzeß-Spiel, an dem sich oft auch erwachsene Gäste beteiligten. Die Prinzessinnen, die ausgelost wurden, gingen spazieren, wurden geraubt und irgendwo untergebracht, wo sie bewacht werden konnten. Dazu bot sich ein kleines Häuschen an, das Graf Sponeck für seine Kinder zum Spielen gebaut hatte. Hier galt es, die Prinzessinnen zu erlösen, das heißt, man mußte sie mit der Hand berühren, bevor man selber von einem der Räuber gepackt wurde. Es ging also darum, sich Tricks auszudenken, um die Räuber abzulenken. Ich sehe noch meine Mutter vor mir, wie es ihr auf geradezu geniale Weise gelang, als einzig übriggebliebene Prinzessin alle anderen zu befreien. Sie hatte sich ein Tuch um den Kopf gebunden, einen Sack über die Schulter und eine Harke in die Hand genommen, war in gebeugter Haltung auf die beiden als Bewacher fungierenden Gäste zugegangen und wurde, da es schon ziemlich dunkel war, von ihnen für eine verspätete Gartenarbeiterin gehalten. Oft dehnten sich unsere Spiele auch über die Grenzen des Parks aus und endigten dann in Streifzügen durch das Gestüt, wobei die ortsunkundigen Gäste sich manchmal verliefen. Einmal mußte einer von ihnen das Flüßchen durchwaten, weil er im Dunkeln die Brücke nicht finden konnte.

Mein Bruder Georg sah als Fünfzehn- und Sechzehnjähriger meiner Mutter sehr ähnlich, was sich allerdings erst zeigte, wenn er ihre Kleider anzog und einen Hut aufsetzte. Dann konnte es hinreißende Verwechslungsszenen geben, die ihren Höhepunkt erreichten, wenn meine Mutter, gewissermaßen als ihr zweites Ich, selber in Erscheinung trat. Als die Vettern und Kusinen, die den Zauber noch nicht kannten, in den Ferien bei uns waren, saß er eines Morgens nach dem Reiten auf dem Platz meiner Mutter am Frühstückstisch und begrüßte jeden, der hereinkam, so wie sie es sonst tat, sorgte dafür, daß jeder sein Essen bekam und griff immer wieder nach dem Strickzeug, das neben ihm lag. Was uns am meisten amüsierte, war, daß ihm seine rissige, von der schweren Stallarbeit gezeichnete Pranke bereitwillig geküßt wurde. Nach längerer Zeit begann irgendwo am Ende des Tisches ein Kichern, das sich langsam fortsetzte und seinen Höhepunkt erreichte, als zwei von den Vettern als Nachzügler erschienen. Jeder erhielt einen ostentativen Kuß und dazu die Pranke hingehalten, wobei atemlose Stille einsetzte, weil man sonst nicht gerade zärtlich miteinander umging. Die beiden merkten wohl, daß etwas nicht stimmte, setzten sich auf ihre Plätze und sahen verlegen an sich hinunter, nicht ahnend, womit sie das nun einsetzende wiehernde Gelächter verursacht haben könnten. Das Rätsel löste sich für sie erst, als meine Mutter ins Zimmer trat. Nicht immer war sie orientiert über das, was gespielt wurde. Einmal erschienen zwei junge Leute, die für ein paar Tage zum Jagdreiten bei uns wohnten, ganz verlegen zum Frühstück und entschuldigten sich bei meiner Mutter, daß sie morgens beim Wecken so verschlafen gewesen wären. Sie wußte nicht, was das zu bedeuten hatte, und bat um Aufklärung. Ja, sie wäre doch um halb sechs ins Zimmer gekommen, hätte die Fenster aufgerissen, an den Bettdecken gezogen und gefragt, ob sie denn den ganzen Tag verschlafen wollten. Und ehe sie sich gefaßt hätten, wäre sie schon wieder draußen gewesen. Dieser Geschichte wegen, die sich, mit Ausschmückungen versehen, bald überall verbreitet hatte, durfte die Maskerade nicht mehr ohne Wissen meiner Mutter stattfinden.

Südlich von Trakehnen lag die Rominter Heide, ein zweihundertfünfzig Quadratkilometer großes geschlossenes Waldgebiet, bekannt als Hofjagdrevier des letzten Kaisers. Dort gab es die stärksten Hirsche Deutschlands. Mit Gästen fuhren wir manchmal dorthin, um das Jagdschloß zu besehen und an Spätsommer- und Herbsttagen den Brunftschrei der Hirsche zu hören. Es war eine Wagenfahrt von zwei Stunden, die uns durch kahles Land und eine Reihe von Bauerndörfern ans Ziel brachte. Wo der Wald begann, lag zur rechten Hand der Marinowo-See, ein idyllisches Gewässer, in das auf Pfählen ein kleines hölzernes Gasthaus hineingebaut war. Wenn der Ausflugsbetrieb nicht zu groß war, machten wir hier Station, ruderten auf dem See und aßen unser mitgebrachtes Brot zu dem Kaffee, den wir uns im Gasthaus bestellten. Dann ging es weiter durch den herrlichen Wald nach Rominten. Dort waren alle Häuser im norwegischen Stil erbaut, auch das Jagdschloß, dessen Bestandteile der Kaiser aus Norwegen hatte kommen lassen, um sie in Rominten zusammenzusetzen. Es war ein großes einfaches Holzhaus ohne besonderen Schmuck, erbaut auf einer landschaftlich besonders reizvollen Anhöhe, von der ein Steilhang zu dem Flüßchen Rominte abfällt. Dem Eingang gegenüber befand sich, hoch aufragend, das Standbild eines starken Hirsches. Auch im Inneren war das Jagdschloß einfach gehalten. Der einzige Schmuck bestand in den vielen Bildern des Hofmalers Friese, besondere Hirsche darstellend, die der Kaiser erlegt hatte und deren Geweihe naturgetreu nachgebildet waren. Uns interessierte am meisten der Schreibtisch des Kaisers, vor dem er auf einem Sattel zu sitzen pflegte – aus Gesundheitsgründen, wie ich später erfuhr.

Wenn wir uns in Rominten angesagt hatten, konnte es sein, daß wir in Begleitung eines Försters in die Nähe eines Brunftplatzes fahren durften. Dort wurden wir auf einem langen Pirschsteig zu einer Kanzel geführt, die am Rande einer größeren Kahlfläche stand. Es gab eine große Zahl solcher Möglichkeiten. Mit Beginn der Dunkelheit wurde es spannend. Denn hier und da hörte man Hirsche schreien, und es konnte sein, daß sich auch auf der freien Fläche, die man vor sich hatte, etwas von dem Brunftgeschehen abspielen würde. Immer wieder nahm man das Fernglas vor die Augen, um das Erscheinen des Wildes rechtzeitig zu bemerken. Und wie hingezaubert stand da plötzlich ein weibliches Stück Rotwild auf der Lichtung, gefolgt von seinem Kalb, und zog langsam den Hang hinunter. Nun warf es auf, äugte zurück. Hinter ihm wurde es auf einmal lebendig, ein ganzes Rudel Wild drängte nach, gefolgt von einem starken Hirsch, der zunächst am Waldrand verhoffte. Dann schlug er krachend mit seinem Geweih ins Geäst und stürzte sich mit knurrendem Laut auf einen Beihirsch, der dem Rudel zu nahe kam. Wiederum erschien er auf der Bildfläche, blieb stehen, hob das Haupt, bis sein Geweih die Keulen berührte, und stieß seinen urigen Brunftruf aus, als wollte er damit das ganze Land in Schrecken versetzen. Es war ein großartiges Erleben, das niemand vergessen kann, dem es einmal vergönnt worden ist.

Nach der Abdankung des Kaisers blieb Rominten Staatsrevier. Die Hirsche wurden von Ministern und ausländischen Staatsgästen gejagt, die nicht alle von Hause aus Jäger waren. Die vier Rominter Forstmeister waren voll von Geschichten, die sie mit diesen Gästen erlebten. Zur Zeit des Hitler-Regimes war das nicht anders. Nur mußten sich die Forstbeamten da sehr in acht nehmen mit dem, was sie erzählten, weil sie von einem Augenblick zum anderen ihre Stellung verlieren konnten. Die Hirsche spielten eine Riesenrolle und durften nur von denen geschossen werden, die dazu berufen wurden. Es war fast ein Verbrechen, wenn jemand einen falschen Hirsch schoß. Das ist natürlich mehrfach vorgekommen. Einmal – glücklicherweise noch vor der Hitlerzeit – wurde der Forstmeister Wallmann aus dem Revier Nassawen, den wir gut kannten, von einem solchen Mißgeschick betroffen. Sein Sohn Henning, Klassenkamerad von mir und ebenfalls Fahrschüler, fuhr jeden Nachmittag mit seinem Fahrrad von der Bahnstation nach Hause zum Forstamt. Eines Tages sieht er auf dem Feld, außerhalb des Gatters – Rominten war in toto eingegattert –, einen Hirsch stehen. Er beschleunigt das Tempo, um seinen Vater zu verständigen. Und weil das Herausspringen aus dem Gatter nicht im Sinne des Erfinders ist, gibt der Vater ihm den Auftrag, den Hirsch zu schießen. Henning läßt sich das nicht zweimal sagen, nimmt die Büchse, fährt zurück – wahrhaftig, da steht der Hirsch noch und tut sich am Getreide eines Bauern gütlich. Henning nimmt die Büchse, schießt, der Hirsch liegt! Aber was für ein Hirsch ist das! Von der Sorte gibt es nicht viele. Und wie sich herausstellt, ist es der stärkste Hirsch des ganzen Reviers, einer der besten, die je dort zur Strecke gebracht wurden. Nur der oberste Jagdherr hätte ihn schießen dürfen. Das war nun eine höchst fatale Angelegenheit für den Vater. Im stillen aber freuten sich alle. Denn man gönnte dies Waidmannsheil dem Sohn des Forstmeisters natürlich mehr als irgendeiner anonymen Größe aus Berlin.

Wenn die Trakehner Rennen unter Dach und Fach gebracht waren, begann bei den Pferdesportleuten die Spannung nachzulassen. Nur bei denen blieb sie noch erhalten, die ihre Pferde für das große Rennen in Pardubitz in der Tschechoslowakei genannt hatten, das schwerste und längste Hindernisrennen des europäischen Kontinents. Es ist oft von ostpreußischen Reitern gewonnen worden, auch von solchen, die vorher in Trakehnen geritten waren. Deswegen begleiteten auch wir sie mit unseren Gedanken und bangten mit ihnen, ob sie wohl ihre Pferde aus dieser Schlacht heil wieder nach Hause brächten. Im übrigen aber begann man sich auf den Winter einzurichten. Man ertrug es mit Gleichmut, daß die Tage schnell kürzer wurden, die Bäume ihr Laub verloren, die Nachtfröste sich häuften und der Regen sich schon gelegentlich in Schnee verwandelte. Umso mehr genoß man die goldenen Tage, die immer wieder eingestreut sein konnten, wie ein unverdientes zusätzliches Geschenk. Was haben wir im Oktober noch für herrliche Jagden geritten! Nicht mehr in aller Herrgottsfrühe, sondern wenn die Sonne schon höher stand und die Frühnebel ihren Strahlen gewichen waren. Die Pferde waren jetzt auf der Höhe ihrer Leistungsfähigkeit, und man konnte ihnen Geländestrecken zumuten, die bis dahin noch nicht gewagt worden waren. Sie lagen mehr an der Peripherie des Jagdgeländes und schienen nur darauf zu warten, daß man endlich einmal auch ihnen einen Besuch abstattete. Die Pferde hatten sich zu Persönlichkeiten entwikkelt, deren Besonderheiten man genau kennengelernt und denen man sich in seiner Reitweise angepaßt hatte. Sie waren einem ans Herz gewachsen, und man war darauf aus, noch möglichst viel mit ihnen zu erleben, ehe sie in alle Winde verkauft wurden. In den ersten Novembertagen war noch als letzte die Hubertusjagd fällig. Da lag in den Gräben oft schon Schnee, und die Pferde machten besonders große Sätze darüber hinweg. Hinterher wurden, da es keine Blätter mehr gab, Tannenbrüche verteilt. Meistens waren viele Gäste im Roten Rock dabei, und wir vier Brüder hatten unsere roten Pullover mit weißem Kragen an, die meine Mutter uns gestrickt hatte. Gästen, die drei oder mehr Jagden mitgeritten und sich dabei sachgemäß verhalten hatten, konnte der „Trakehner Knopf“ verliehen werden – ein Vorrecht, das meine Mutter von ihrer Vorgängerin Gräfin Sponeck übernommen hatte. Er wurde am Rockaufschlag getragen. Darauf abgebildet war eine Elchschaufel, der Trakehner Brand, mit dem alle in Trakehnen geborenen Pferde auf der rechten Hinterbacke gezeichnet wurden.

Der November war im allgemeinen ein dunkler Monat. Aber im Gestüt begann sich neues Leben zu regen. In den Stutenherden wurden die ersten Fohlen geboren, mit Spannung erwartet, weil sie ja die Hoffnung Trakehnens verkörperten. Wir nahmen die erste Gelegenheit wahr, sie uns anzusehen und nach Möglichkeit auch im Gedächtnis zu behalten. Mit meinem Vater saßen wir an den Abenden jetzt oft zusammen, jeder mit einem Gestütbuch bewaffnet, und suchten Namen für die im vorletzten Jahr geborenen, demnächst zweijährigen Pferde aus. Sobald einem ein passendes Wort einfiel, wurde nachgesehen, ob es den Namen schon einmal gegeben hatte. Wenn nicht, konnte es sein, daß mein sehr wählerischer Vater ihn akzeptierte. Grundsätzlich mußten alle Pferde Namen mit den gleichen Anfangsbuchstaben haben wie ihre Mütter. Da aber die Buchstaben H und P allmählich überhandnahmen, begannen wir schließlich, von H auf G und von P auf O umzuschalten. Meine Mutter machte vom Nebenzimmer aus oft Vorschläge, die aber meistens abgelehnt wurden. Hier waren wir Pferdeleute „unter uns“.

Ansonsten kam, wie schon in Graditz so auch in Trakehnen, an den Winterabenden das Familienleben zu besonderer Geltung. Die verschiedensten Rate- und Schreibspiele wurden getätigt, und einer versuchte den anderen an Originalität der Definition von Begriffen zu überbieten. Wörter mit verschiedenen Bedeutungen wurden gesucht und zum Raten aufgegeben, ausgefallene Begriffe und Probleme mußten durch Fragen ermittelt werden, wobei nur mit Ja oder mit Nein geantwortet werden durfte. Die Buchstaben eines Wortes wurden von oben nach unten geschrieben und in einem gewissen Abstand noch einmal von unten nach oben. Die Zwischenräume mußten mit möglichst ungewöhnlichen Wörtern ausgefüllt und diese interpretiert werden, wobei es immer viel Spaß gab, aber auch manche heftige Auseinandersetzung. Wenn Gäste da waren, wurden meistens Spiele gemacht, bei denen es auf Schnelligkeit ankam, wie die Kartenspiele „Schnipp-Schnapp" und „Rasender Teufel". Auf Schnelligkeit kam es auch bei einem anderen Spiel an, das wir mit Gästen am liebsten spielten, nämlich Greifen im ganzen Haus. Daß es uns überhaupt erlaubt wurde, erscheint mir heute fast unbegreiflich. Denn der Krach, den wir dabei vollführten, ging zweifellos über das Maß dessen hinaus, was der heutige Mensch sich gefallen lassen würde, soweit er seinen Einfluß geltend machen kann. Das relativ leicht gebaute Haus mit seinen Holztreppen am Anfang und am Ende der Korridore, die es der Länge nach durchliefen, dröhnte unter unseren Schritten, auch wenn wir weisungsgemäß auf dicken Strümpfen liefen. Wenn wir allein waren und die jüngeren Geschwister im Bett lagen, spielten Heinfried und ich im Zimmer meines Vaters oft mit meiner Mutter und unserem Hauslehrer Skat, während mein Vater noch zu schreiben hatte. Zum Schluß spielte er selber noch ein paar Runden mit, was wir besonders schätzten, denn das Spiel wurde durch seine Teilnahme erheblich aufgewertet.

Der Dezember brachte dann wieder die Adventszeit mit ihren Heimlichkeiten in der Vorbereitung auf das Weihnachtsfest. Allerdings konnte es nicht mehr in dem Stil gefeiert werden wie in Graditz, wo wir von klein auf mit allen Familien des Ortes verwachsen waren. Auch war die wirtschaftliche Lage nicht so, daß man sich viele Geschenke leisten konnte. In einem der ersten Jahre haben wir zu Weihnachten eine Menge Bürsten und Besen fabriziert. Wir sägten uns die dazu erforderlichen Brettchen zurecht, bohrten Löcher hinein und requirierten inoffiziell Pferdehaar aus den unserer Meinung nach viel zu langen Schweifen der Mutterstuten. Die verschiedenen Farben gaben uns die Möglichkeit, Muster oder Initialen mit einzuarbeiten.

Im übrigen waren wir natürlich selbständiger geworden und machten für die Weihnachtsferien unsere eigenen Pläne. Bei mir waren sie mit Jagd verbunden, denn es begann ja nun die Zeit der großen Hasenjagden, an denen wir teilnehmen durften, zunächst als Treiber, später als Schützen, und das nicht nur zu Hause, sondern auch bei Verwandten, die uns dazu einluden. Das Land war jetzt meistens mit Schnee bedeckt, aber nicht immer so hoch, daß man mit Schlitten fahren konnte. Durch die kahlen Zweige der Alleebäume konnte man meilenweit in die Ferne sehen, und es lockte einen hinaus in die Winterlandschaft. An einem solchen Tage konnte man die Pferde ganz vergessen und nur noch an die Hasen denken, die man sonst kaum beachtete, die aber da waren und denen man an Jagdtagen in großer Zahl begegnete. Da es sich um die kürzesten Tage des Jahres handelte, mußte schon im ersten Morgendämmer aufgebrochen werden, wenn man vor Einbruch der Dunkelheit mit dem vorgenommenen Pensum fertig sein wollte. Begonnen wurde mit einer großen Streife, die den ganzen Vormittag in Anspruch nahm. Sie begann sechs Kilometer entfernt hinter dem Vorwerk Mattischkehmen und führte bis nach Trakehnen zurück. In einer Breite von etwa zwei Kilometern ging es die meiste Zeit über Sturzacker. Beteiligt waren daran einhundertzwanzig Treiber und zehn Schützen, eine lange Reihe, die man fast von jeder Stelle aus übersehen konnte. Die Treiber, meist jüngere Leute aus dem Gestüt, genossen den freien Tag und waren in bester Stimmung. Die Schützen waren zum größten Teil Verwandte meiner Eltern, darunter regelmäßig der Bruder meines Vaters, der ebenfalls Landstallmeister war. Er schoß fast immer die meisten Hasen, nicht nur, weil er ein sehr guter Schütze war, sondern weil er es auch so einzurichten verstand, daß er jedesmal dort in die Linie eingereiht wurde, wo die meisten Hasen kamen. Nach dem Jagdfrühstück, zu dem man nach der Strapaze des Vormittags einen gesegneten Appetit mitbrachte, wurden östlich von Trakehnen noch zwei Kesseltreiben veranstaltet. Auf dieser Jagd wurden in jedem Jahr zweihundert bis zweihundertfünfzig Hasen und ein oder mehrere Füchse geschossen. Zwei weitere Jagden, eine für die Trakehner Beamten und eine in Kattenau, die meist mit jüngeren Schützen durchgeführt wurde, erbrachten zusammen noch einmal die gleiche Summe. Dabei blieb noch ein großer Teil des Terrains unbejagt.

Die ganz große Kälte kam meistens erst in den letzten Januar- oder ersten Februartagen. Da gab es Wochen, in denen sich die Temperatur zwischen zwanzig und dreißig Grad minus hielt und gelegentlich noch um weitere zehn Grad absank. Da stockte einem der Atem, wenn man morgens aus dem Haus trat und die Kälte wie ein Tier mit tausend Krallen über einen herfiel. In solchen Tagen war es ein schwerer Entschluß, das warme Haus zu verlassen und zum Schulwagen zu laufen oder – was schon einem heroischen Unterfangen gleichkam – morgens um sechs Uhr zum Reiten zu gehen. Um diese Zeit waren die dreijährigen Hengste an der Reihe. Sie wurden, der Schneeglätte wegen, vom Stall in die benachbarte Reitbahn geführt und dort erst bestiegen. Dann ging es, auf das Kommando des Sattelmeisters, zum „Aufwärmen“ im Trabe eine Weile rechts und eine Weile links herum, bis die natürlich ungeheizte Reitbahn einer großen Waschküche glich, in der man Pferde und Reiter nur noch undeutlich erkennen konnte. Schließlich wurde auf zwei Zirkeln geritten und zum Galopp übergegangen, wobei die übermütigen jungen Hengste dafür sorgten, daß auch ihre Reiter die Kälte vergaßen, weil diese genug damit zu tun hatten, sich im Sattel zu halten. Wenn man nach einem solchen Ritt, der bis zu einer Stunde dauerte, vom Pferd stieg, hatte man ganz kurze Beine und das erfreuliche Gefühl, etwas Wirkliches geleistet zu haben.

Trakehnen hatte keine eigene Kirche, sondern gehörte zur Kirchengemeinde Enzuhnen, einem drei Kilometer südlich von Trakehnen gelegenen Bauerndorf. An einem Sonntag bald nach unserer Ankunft ging meine Mutter mit uns ältesten drei Brüdern dorthin, zum Gottesdienst und um uns hinterher dem Pfarrer vorzustellen, den sie inzwischen schon kennengelernt hatte. Er war ein großer, stattlicher, patriarchalisch wirkender Mann, mit dem meine Mutter sich sofort über die Predigt unterhielt. Seine kleine, zarte, sehr baltisch sprechende Frau erwartete gerade ihr zweites Kind und schien sich über unseren Besuch sehr zu freuen. Auf unserem Rückweg begleitete sie uns noch ein ganzes Stück, bis meine Mutter ihr riet, umzukehren. Das Kind, das dann auch bald geboren wurde, war die Tochter Gisela, die später in sehr turbulenter Zeit bei mir in Insterburg im Krankenhaus als Schwester gearbeitet hat und der ich bis heute freundschaftlich verbunden bin. In der Folgezeit ergaben sich rege Beziehungen zum Pfarrhaus, denn meine Mutter wurde oft zu Rate gezogen und konnte in manchen persönlichen und sachlichen Schwierigkeiten entscheidend helfen. Mit der Predigt war sie nicht immer einverstanden und sagte dem Pfarrer das auch, was er sich offenbar gern gefallen ließ. Einmal hatte er sich ihrer Meinung nach mit den Abkündigungen zu lange aufgehalten und dabei mehrmals wiederholt, daß die Bibelstunde in Trakehnen wie immer am Mittwoch um acht Uhr stattfinde. Sie schrieb ihm einen Brief in Versen, der mit den Worten schloß: „Von der ganzen Predigt war sitzengeblieben, daß die Bibelstunde am Dienstag um sieben." Woraufhin er prompt anrief, um ihren Irrtum richtigzustellen.

Als Primaner wurde ich mit Georg zusammen in Enzuhnen konfirmiert, muß aber zu meiner Schande gestehen, daß ich an den inhaltlichen Teil des Konfirmandenunterrichts kaum eine Erinnerung habe. Da wir meistens lange warten mußten, bis der Pfarrer Zeit für uns hatte, stellte ich den Wecker auf seinem Schreibtisch immer so ein, daß er während des Unterrichts klingelte, damit wenigstens etwas passierte, was an die Zeit gemahnte. Den Kutscher, der uns mit dem kleinen Einspänner abholte, hatten wir aus dem gleichen Grunde instruiert, auf dem holprigen Pflaster vor dem Pfarrhaus hin und wieder eine Runde zu drehen. Die Konfirmation selbst war sehr feierlich mit all den bewegten Eltern, Großeltern und Paten. Man genoß es, zum erstenmal im Leben Mittelpunkt zu sein. Mein Konfirmationsspruch lautete: „Wer im Geringsten treu ist, der ist auch im Großen treu. Und wer im Geringsten unrecht ist, der ist auch im Großen unrecht." Daß die zweite Hälfte dieses Spruches dick unterstrichen war, ist mir mein ganzes Leben sitzengeblieben.

Während der drei Jahre 1925–1928, die ich in Gumbinnen aufs Gymnasium ging, fuhren wir täglich mit dem Schulwagen, einem Vehikel, das zwanzig Trakehner Kinder morgens zum Bahnhof brachte und am Nachmittag wieder abholte. Die meisten fuhren mit der Bahn nach Gumbinnen, wo die Jungen die Friedrichs-Schule und die Mädchen die Cäcilien-Schule besuchten. Einige fuhren auch in entgegengesetzter Richtung zur Kreisstadt Stallupönen. Die Fahrten mit dem Schulwagen werden sich allen, die daran beteiligt waren, tief ins Gedächtnis geprägt haben und soweit sie noch leben, werden sie manchmal sogar noch davon träumen. Morgens kurz vor sieben Uhr stand das mit zwei älteren stabilen Pferden bespannte Fahrzeug unter der großen Eiche zwischen der Post und dem Hotel Elch und wartete auf die von allen Seiten mehr oder weniger verschlafen herannahenden Schüler, Kinder des Oberamtmanns, der beiden Tierärzte, des Gestütsarchitekten, des Rendanten, des Postmeisters, des Hotelinhabers, der beiden Volksschullehrer, des Speicherverwalters und anderer zum Gestüt gehöriger Familien. Der Kutscher Schlichtenberger mit seinem großen Schnauzbart trieb die Säumigen zur Eile an. Im Winter und bei Regenwetter ging die Fahrt in einem allseitig geschlossenen Glaskasten vor sich, in den man von hinten einstieg. Einige Glasscheiben waren allerdings schon zerbrochen und durch Sperrholzplatten ersetzt worden. An den Außenseiten und in der Mitte waren schmale Sitzbänke angebracht, auf denen man eng nebeneinander Platz nahm. Im Winter war der Boden dick mit Stroh ausgelegt.

Da konnte man es auch bei grimmiger Kälte bis zu vierzig Grad einigermaßen aushalten. Im Sommer sah der Schulwagen ganz anders aus. Seinen Dienst versah eine der großen Brettdroschken, die bei Besichtigungsfahren für die Besucher des Gestüts benutzt wurden. Vorn und hinten über den Achsen befanden sich je zwei hohe Bänke, die mit dem Rücken gegeneinander standen. Auf jeder dieser Bänke hatten zwei bis drei Schüler Platz. Beide Achsen waren durch ein sehr stabiles Mittelstück verbunden, das ebenfalls aus zwei mit dem Rücken gegeneinander gerichteten Bänken bestand. Auf jeder dieser langen Bänke konnten fünf Personen nebeneinander sitzen. Mit diesem Wagen ließen sich einschließlich des Kutschers bequem zwanzig Menschen befördern. Die Fahrt mit ihm war wesentlich erfreulicher als in dem großen geschlossenen Kasten, denn man konnte unterwegs die ganze Gegend überblicken. Ich machte im stillen meine jagdlichen Beobachtungen, für die die anderen Mitfahrer kein Interesse hatten. An einem sehr kalten Wintertag geschah es einmal, daß wir den Zug verpaßten. Wir waren rechtzeitig auf dem Bahnhof angekommen, blieben aber wie üblich der Wärme wegen im Wagen sitzen, auf das Signal vertrauend, das der Kutscher gab, wenn der Zug einlief. Dieses blieb jedoch aus, weil der Mann, den wir vom Inneren des Wagens aus nicht sehen konnten, ausgestiegen war, um sich im Bahnhofsgebäude aufzuwärmen. Der im tiefen Schnee sehr leise fahrende Zug blieb unbemerkt und fuhr uns vor der Nase weg – unfaßlich für uns, daß der Stationsvorsteher ihn ohne uns hatte abfahren lassen. Da der nächste Zug erst drei Stunden später fuhr und ich es mir als Primaner nicht leisten konnte, nur zu den letzten Unterrichtsstunden zu erscheinen, machte ich mich mit einem Mitschüler auf den Fußweg nach Gumbinnen. Wir gingen fast die ganze Strecke auf den Schienen entlang, meistens im Laufschritt, und kamen gerade noch zur dritten Stunde zurecht, was von den Lehrern als ungewohntes Zeichen von Lerneifer quittiert wurde.

Auch das Ende des Schulwagens ist mir in Erinnerung. Ich war damals zwar nicht mehr zu Hause, sondern studierte in

Genf. Aber meine Schwester teilte mir alles Wissenswerte brieflich mit. Und eines Tages schrieb sie: „Als wir gestern von einer Fahrt zurückkamen, sahen wir in der Nähe der Pissabrücke Schlichtenberger mit zwei Pferden neben einem großen Glashaufen auf der Straße stehen. Er behauptete, es wäre der alte Schulwagen, mit dem er einen Baum gestreift hätte."

Gumbinnen lag annähernd zwanzig Kilometer von Trakehnen entfernt, war Kreisstadt für einen Teil des Gestüts und gleichzeitig Regierungssitz. Außer der Bahnstrecke gab es normalerweise zwei Wege dorthin, einmal die Chaussee am Bahnhof vorbei auf die große Durchgangsstraße, oder, wenn die Wege gut waren, über Land. Die zweite Möglichkeit war etwas kürzer und wesentlich abwechslungsreicher. Man kam dabei durch mehrere Ortschaften, darunter auch das Gut Szirgupönen, das einem Herrn von Simpson gehörte, dem Bruder des Mannes, der später den bekannten Familienroman „Die Barrings" geschrieben hat. Auf dem Wege zum Gutshof fuhr man an einem langen Sprunggarten entlang, den der Besitzer für das Training seiner Rennpferde angelegt hatte. Wir waren sehr gespannt, diesen offenbar höchst passionierten Mann kennenzulernen. Leider hat er aber seinen schönen Besitz bald verloren, weil er neben den Pferden auch noch andere verständliche Passionen hatte, die in jener kargen Zeit zu kostspielig waren.

Der Fahrschüler, dessen Interessen ländlich orientiert sind und der von einer Stadt nicht viel mehr sieht als die Schule, bewahrt verständlicherweise nur wenig im Gedächtnis, was von allgemeinem Interesse wäre. Das humanistische Gymnasium an der Friedrichs-Schule war streng und begegnete den geistigen Strömungen jener Jahre mit gesunder Skepsis. Ich habe mich dort immer etwas fehl am Platze gefühlt, weil meine Klassenkameraden älter und in jeder Beziehung reifer waren als ich. Mein Klassenlehrer war Oberstudienrat Johne, der Deutsch und Religion unterrichtete und auf die ganze Schule einen dominierenden Einfluß ausübte. Seinem Urteil zufolge blieb ich in der Unterprima sitzen. Trotzdem war der Deutsch-Unterricht bei ihm das einzige, was mich an der Schule interessierte – damals hätte ich allerdings nicht einmal das zugegeben. Meine Aufsätze wurden durchgehend mit „Gerade ausreichend" zensiert. Aber durch intensives Auswendiglernen, das mir viel Spaß machte, konnte ich meine Note in Deutsch einigermaßen auf der Kippe halten. In freundlicher Erinnerung habe ich den Griechisch-Unterricht bei Studienrat Rasche, der offenbar Verständnis für meine dem Niveau der Klasse nicht angemessenen Flegeljahre hatte. Bei ihm habe ich einmal einen Vortrag über Alcibiades als den bemerkenswertesten Pferdemann seiner Zeit gehalten und mich sogar insgeheim für Sophokles begeistern lassen, wofür ich ihm heute noch dankbar bin. Im übrigen habe ich, solange ich die Schulbank drückte, meine Lehrer mehr oder weniger als Feinde angesehen und mich mit ihnen nur in seltenen Augenblicken solidarisch gefühlt. Das geschah beispielsweise, wenn der gefürchtete Vertreter des Provinzialschulkollegiums, Dr. Latrille, aus Königsberg zur Visitation erschien und die Lehrer in unserer Gegenwart herunterputzte. Am Tage nach einem solchen Besuch malte einmal mein Klassenkamerad Heinrich Maul mit bunter Kreide eine Gruppe Affen auf die Wandtafel und schrieb darunter: „Mandrille". Das war selbst für den gestrengen Herrn Johne, als er in die Klasse kam, ein kleiner Trost, und er konnte sich ein Schmunzeln nicht verkneifen, ehe er den Befehl gab, die Tafel abzuwischen.

Herrn Johne habe ich später einmal in Marienburg besucht, wo er inzwischen Direktor geworden war. Die Hitlerzeit hatte schon begonnen, und er hatte gerade die Hälfte seiner Abiturienten durchs Examen rasseln lassen, weil sie nicht genügend Interesse an seinem Unterricht gezeigt hatten. Ich mußte ihm wegen seiner Kühnheit meine Anerkennung aussprechen. Es dauerte dann auch nicht mehr lange, bis er – gewissermaßen zur Strafe – an eine Mädchenschule nach Schleswig-Holstein versetzt wurde. Direktor Czwalina, ein sehr kleiner, schwer kriegsbeschädigter, im besten Sinne vaterländisch gesinnter Mann, der sich bei allen einer selbstverständlichen Hochachtung erfreute, unterrichtete uns in Mathematik. Sein Lehrbuch war der Kambly-Thaer, an dessen Bearbeitung und Neuherausgabe er maßgeblich beteiligt war. In einer der Abiturzeitungen erhielt er deshalb den Vers: „Der Direx, ein gelehrtes Haus, verbessert Kambly-Thaer. Jedoch viel helfen will es nicht, er ist noch immer schwer."

Nach Schulschluß blieb uns Fahrschülern immer noch längere Zeit, bis der Zug ging. Sie reichte aber nicht aus, um von Gumbinnen eingehender Notiz zu nehmen. Ein paar Veranstaltungen künstlerischer Art im Schützenhaus habe ich miterlebt. Einmal waren es die Donkosaken, damals noch jung und auf der Höhe ihres Könnens, zu Stürmen der Begeisterung hinreißend. Und dann eine Aufführung von Hebbels „Nibelungen" durch das Tilsiter Grenzland-Theater, die als Veranstaltung für Schüler gedacht war und deshalb einer besonders scharfen Kritik standhalten mußte. Dieser Anforderung waren schon die Kulissen nicht gewachsen. Die Mauern von Burgund gerieten bei jedem Luftzug ins Wanken, so daß die Heldinnen und Helden sich nur sehr vorsichtig zwischen ihnen bewegen konnten. Als dann die Szene kam, in der Ute und Kriemhild aus dem Fenster zusehen, wie die Ritter sich im Steinwurf messen, ertönte plötzlich hinter der Bühne ein ungeheures Gepolter, als ob mit Blecheimern geworfen würde. Und als die etwas verdutzte Kriemhild, sich selbst das Lachen nur mühsam verbeißend, in den Ruf ausbrach: „Der Stein ist in den Rhein gefallen", da war es mit der Fassung der Pennäler vorbei. Sie applaudierten johlend, und die Damen auf der Bühne winkten wohlwollend zurück.

Richtig genossen habe ich Gumbinnen erst in den Tagen, in denen das Abitur gefeiert wurde. Da liefen wir im Smoking, der wie ein Panzer mit Alberten besteckt war, in der Stadt herum und ließen uns gratulieren. Alberten, das waren Nadeln mit einer Miniatur des Herzogs Albrecht von Hohenzollern, der im Jahre 1544 die Königsberger Universität gegründet hatte. Die Nadeln waren aus Blech oder auch aus Silber, und jeder ostpreußische Abiturient bekam sie von seinen Angehörigen und Freunden angesteckt. Allabendlich waren wir im Hause eines Mitabiturienten zu Gast, und anschließend wurde die Stadt unsicher gemacht. Der überlebensgroße Elch, der an der Pissabrücke stand, wurde bestiegen. An den Lampen, die über der Promenade hingen, wurden Klimmzüge gemacht, bis die Rohre einknickten und das Gas ausströmte. Am Sportplatz wurde einigen Mädchen, die dort wohnten, mit der Trompete ein Ständchen gebracht. Der anrückenden Polizei entzog man sich durch Ausnutzung der Drahtzäune, die den Sportplatz umgaben, sowie durch mehrfache Überquerung des noch zugefrorenen Flusses. Im Café Hohenzollern, dem „Hohen C", das wir als Schüler nicht hatten betreten dürfen, schlug einer meiner Kameraden derartig mit der Faust auf den Tisch, daß die Marmorplatte in Stücke ging. Leider hat das Feiern aber eine Grenze, und so waren wir, vom vielen Pauken ohnehin übernächtigt, nach wenigen Tagen so erledigt, daß wir die feierliche Entlassung aus der Schule nur noch wie im Traum miterlebten. Bei mir hat es viele Jahre gedauert, ehe ich wieder einmal einen Blick in die Schule gewagt habe, und da erst habe ich mir das großartige Gemälde vom Empfang der vertriebenen Salzburger durch den Soldatenkönig Friedrich Wilhelm I., das die ganze Sichtfront der Aula bedeckte, mit Erstaunen und innerer Anteilnahme angesehen.

Als eine der markantesten Gestalten Gumbinnens ist mir der Bettler in Erinnerung, der jahraus, jahrein vor dem Bahnhof saß und die Orgel drehte. Er hieß Buttler und wir nannten ihn, Schillers „Wallenstein" zufolge, Herr Oberst. Heinfried gab ihm meistens sein Frühstücksbrot, das ihm in der Schule nicht schmeckte, obgleich es mit mütterlicher Phantasie so verlokkend wie möglich gestaltet wurde. Und auch sonst legten wir dem Bettler hier und da ein paar Pfennige in seine Mütze. Anläßlich der Hochzeit seiner Tochter mietete er sich dann zum allgemeinen Erstaunen der Gumbinner die beiden Pferdedroschken, die vor dem Bahnhof auf Gäste warteten.

Alle Bauern und Landwirte des Kreises Gumbinnen waren zugleich auch Pferdezüchter, teils für den eigenen Bedarf, teils um des zusätzlichen Verdienstes willen. Die meisten Bauern verkauften ihre Fohlen schon im Geburtsjahr, sobald sie von der Mutter abgesetzt werden konnten. Der diesbezügliche Handel wurde ihnen durch Vermittler erleichtert, die ihnen die Interessenten auf den Hof brachten. Diese Vermittler spielten in der ganzen Provinz eine große Rolle. Sie kannten alle in ihrem Wirkungskreis geborenen Fohlen ebenso gut, wie sie den Pferdeverstand ihrer Käufer einzuschätzen wußten. Den besten Pferdekennern wurden nur die besten Fohlen gezeigt, für die weniger guten Tiere mußten andere Käufer herhalten. Ein gutes Hengstfohlen kostete damals sechshundert Mark. Mein Onkel Kalnein aus Kilgis, der für sich und seinen Schwager, den ehemaligen Oberpräsidenten von Batocki, im Kreis Gumbinnen Fohlen zu kaufen pflegte, bediente sich dabei eines Vermittlers mit Namen Laabs. Um ganz sicher zu gehen, nahm er aber, wenn er eine Besichtigungsfahrt machte, meinen Vater mit. Auch ich durfte einmal an einem schulfreien Tag mit von der Partie sein. Wir sahen eine Reihe guter Fohlen und auch ein paar weniger gute bei den verschiedenen Bauern. Mein Onkel sicherte sich einige davon, andere wurden abgelehnt. Herr Laabs sagte dann jedesmal: „Aber fohr dem Batocke wird er doch wohl reichen." Als fünf Fohlen gekauft waren, reichte die Zeit nicht mehr für eine weitere Besichtigung. So erhielt ich denn den ehrenvollen Auftrag, an einem der nächsten Nachmittage noch das sechste Fohlen zu besorgen. Nach Schulschluß begab ich mich mit Herrn Laabs zu mehreren Bauern, und der Kauf eines Fohlens – ich sehe es noch vor mir – wurde mit einigem Bangen, aber schließlich doch zur Zufriedenheit des Käufers getätigt.

Von den Veranstaltungen, die wir in Gumbinnen besuchten, ist mir noch der Zirkus Schneider mit seinen hundert Löwen in lebhafter Erinnerung. Kapitän Schneider war der erste Dompteur, der mit einem Löwen im Flugzeug gereist war, und zwar zu einer Dressurvorstellung nach London. Er war ein kleiner, untersetzter, überaus kräftiger Mann mit strahlendem Lächeln, das seine mit Brillanten besetzten Zähne großartig zur Geltung brachte. Meine Mutter lud ihn ein, nach Trakehnen zu kommen und sich das Gestüt anzusehn, woraufhin er zum leichten Entsetzen meines Vaters samt seiner Frau und deren Schwester mit Mann bei uns zum Essen erschien. Alle hatten Brillanten auf den Zähnen und ganz zerkratzte Arme – das Werk der jungen Löwen, die sie aufzuziehen hatten. Wir waren fasziniert von der Atmosphäre, die sie mitbrachten, und auch mein Vater hatte sich mit dem Kapitän bald in ein Gespräch über Zuchtfragen vertieft.

Ein andermal war die Attraktion der Dichter Börries von Münchhausen, der auf seiner Ostpreußen-Tournee nach Gumbinnen kam und in unserer Aula Gedichte vortrug. Auch er kam anschließend nach Trakehnen und blieb einige Tage bei uns. Seinem Namen verpflichtet, gab er lauter amüsante Geschichten zum besten, die sich zum Teil wirklich ereignet hatten, zum Teil seiner Phantasie entsprungen waren. Wenn meine Mutter durchblicken ließ, daß wir nicht einmal die Hälfte von dem, was er uns erzählte, glaubten, fand er das ganz lächerlich. An Selbstbewußtsein fehlte es ihm offenbar nicht. Als das Gespräch einmal auf den alten Feldmarschall von Hindenburg kam und meine Mutter sagte, es wäre ihm so sehr unangenehm, wenn Damen ihm die Hand küßten, entgegnete Münchhausen: „Aber ich bitte Sie, das passiert mir doch jeden Tag." Sehr empfänglich war er für komische Geschichten. Aber es war nicht ganz ungefährlich, sie ihm zu erzählen, denn er nahm sie in seine Reisebeschreibungen auf, die er nach solchen Tourneen veröffentlichte, wobei er die Personen willkürlich veränderte.

Nach meinem Abitur wäre ich am liebsten erst einmal ein halbes Jahr in Trakehnen geblieben, um alles, was es dort gab, ganz ohne Druck von irgendeiner Seite genießen zu können. Aber für mich war ein Auslandsstudium beschlossen worden, und so habe ich Trakehnen von 1928 an nur noch in den Semesterferien für mich gehabt. Die allerdings waren bis zum Rande gefüllt mit Pferden und Jagd und allem, was kein Ort auf der Welt einem heranwachsenden Menschen in der gleichen Weise zu bieten vermocht hätte wie Trakehnen.

Im Sommer 1931 geschah etwas für unsere ganze Familie sehr Einschneidendes: Mein Vater wurde von seiner vorgesetzten Dienststelle in Berlin aus Trakehnen abberufen und nach Braunsberg versetzt. Schon seit längerer Zeit hatten wir den Eindruck gehabt, man neide ihm seine Stellung, die es ihm erlaubte, in großer Selbständigkeit zu wirken und seinen Einfluß auf Zucht und Züchter Ostpreußens entsprechend geltend zu machen. Er war gewissermaßen autark auf seinem Gebiet und ließ sich nicht viel hineinreden. Und es gab Menschen, denen das nicht gefiel. Da man aber keine sachliche Handhabe gegen ihn hatte, machte man sich die allgemein bekannte Spontaneität meiner Mutter zunutze und provozierte sie anläßlich eines Dienstbesuchs in unserem Hause in auffälliger Weise. Als ich wenige Tage später zu den Ferien nach Hause kam, sagte Georg, der das Gespräch miterlebt hatte, diesmal habe das, was meine Mutter entgegnet hätte, wohl für eine Kündigung gereicht. Meine Mutter glaubte nur die Ehre des Hauses vertreten zu haben und war tief betroffen von dem, was sie angerichtet hatte. Die ostpreußischen Züchter wollten sich aber die aus rein persönlichen Gründen erfolgte Ablösung meines Vaters nicht gefallen lassen und setzten folgendes Schreiben an den preußischen Landwirtschaftsminister auf:

„Die Sektion für Pferdezucht des Landwirtschaftlichen Zentral-Vereins in Insterburg ist heute zu einer außerordentlichen, von einflußreichen Züchtern auch anderer Bezirke sowie von den Vorsitzenden der Renn- und Reitervereine besuchten Versammlung zusammengetreten, um zu der Abberufung des Landstallmeisters Grafen Siegfried Lehndorff Stellung zu nehmen. Die Leistungen des Landstallmeisters Grafen Siegfried Lehndorff als Züchter und Leiter Preußischer Hauptgestüte werden über Deutschlands Grenzen hinaus anerkannt und bewundert. Graf Lehndorff ist mit der älteste der leitenden Gestütsbeamten Preußens. Er hat eine harte Schule durchlaufen und sich auf allen Posten hervorragend bewährt. Trakehnen ist, wie wir vielfach gesehen haben, in mustergültiger Ordnung. Von dieser Tatsache haben sich auch die Abgeordneten des

Landtages überzeugt. Das Hauptgestüt Trakehnen und unsere Landespferdezucht sind ganz eng miteinander verbunden. Wir wissen, was wir der besonnenen und zielbewußten Züchterarbeit des Grafen Lehndorff verdanken. Er hat den Weltruf unserer Zucht befestigt, er hat die Trakehner Rennen auf eine mustergültige Höhe gebracht. Wir empfinden daher die Versetzung des Grafen Lehndorff als einen gegen die bodenständige Pferdezucht gerichteten Schlag. Graf Lehndorff, in schwerer Krisenzeit auf Wunsch der Züchter nach Trakehnen berufen, offenbarte seine züchterische Begabung darin, daß er folgerichtig, von Stufe zu Stufe aufbauend, an die Züchterarbeit seiner Vorgänger anknüpfte. Die Erfolge sind für jeden sichtbar: Beschäler und Mutterstuten werden von Jahrgang zu Jahrgang besser, die Nachfrage nach Trakehner Hengsten wird im Lande immer reger. Die Ergebnisse der Trakehner Versteigerungen beweisen schlagend, welche Wertschätzung die von Landstallmeister Graf Lehndorff gezüchteten und gearbeiteten Leistungspferde genießen.

Unserer heutigen Entschließung liegen parteipolitische Erwägungen völlig fern. Es handelt sich auch heute nicht für uns um eine einzelne Person, sondern um den Grundsatz, daß ein Zuchtleiter auf so wichtigem Posten niemals ohne schwerwiegende sachliche Gründe und gegen den Willen der Züchter plötzlich abberufen werden darf. Die Nachricht von der Versetzung des Trakehner Landstallmeisters hat Bestürzung unter den Züchtern hervorgerufen.

Wir alle empfinden es als große Härte, daß der eingearbeitete Landstallmeister ganz kurz vor der Feier für das 200jährige Bestehen des Hauptgestüts Trakehnen hier fortgenommen und auf einem züchterisch weniger wichtigen Posten verwendet werden soll.

In den Zeiten inneren Zwistes in der ostpreußischen Zucht war Landstallmeister Graf Lehndorff die ausgleichende Persönlichkeit. Er hat bald nach seinem Dienstantritt in Trakehnen den Vorsitz unserer Sektion für Pferdezucht übernommen. Er hat sich dabei rasch das volle Vertrauen, hohe Achtung und

Liebe aller Züchter erworben. Er war auf unseren Schauen der ausschlaggebende Richter und überall suchte man seinen aus unendlich reicher Lebenserfahrung schöpfenden Rat. In der Frage, daß die Versetzung des Grafen Lehndorff unter allen Umständen hätte vermieden werden müssen, herrscht völlige Einmütigkeit bei allen, die mit unserer Zucht zu tun haben.

Seit langem hegten wir die Absicht, an den Herrn Minister zur gegebenen Stunde heranzutreten mit der Bitte, Graf Lehndorff über die Dienstaltersgrenze hinaus in Trakehnen zu belassen, da ja die Aufgaben in diesem Gestüt so eigenartig sind und nur mit tiefen Erfahrungen gelöst werden können. Landstallmeister Graf Lehndorff ist der in ‚geschlossenen Ahnenreihen' denkende weitschauende Züchter, den wir nicht entbehren können. Unsere heutige Versammlung ist einstimmig zu der Entscheidung gelangt, daß wir den Minister mit allem Ernst und voller Dringlichkeit bitten, die Versetzung des Landstallmeisters Graf Lehndorff aus Trakehnen rückgängig zu machen.

Der stellvertretende Vorsitzende
der Sektion für Pferdezucht
Schlenther"

Mein Vater stand damals im 63. Lebensjahr. Gleichzeitig mit der Versetzung nach Braunsberg hatte man ihm zu verstehen gegeben, man werde ihm sein Gehalt bis zum Ende der Dienstzeit weiterzahlen, wenn er auf Braunsberg verzichte. Darauf ließ er sich aber nicht ein, sondern ging für seine letzten drei Dienstjahre auf das Landgestüt in Braunsberg, nicht weit von Königsberg, wo er es nur mit Hengsten zu tun hatte. Auch dort hat es glückliche Stunden gegeben, und wir durften uns zum Reiten in der Bahn und im Gelände die besten Hengste aussuchen. Der von mir bevorzugte Dampfroß-Sohn Pythagoras ist später in seinem Heimatgestüt Trakehnen zu einer Berühmtheit geworden.

Meine stärksten Eindrücke von Trakehnen stammen aus den Tagen des Abschieds im Frühherbst 1931. Die Eltern und die jüngeren Geschwister waren schon abgereist, unser Haus war geräumt. Ich war allein zurückgeblieben, um noch eine Reihe von Formalitäten zu erledigen. Es war eine kurze Zeit des Interregnums, denn der Nachfolger meines Vaters mußte sich erst eingewöhnen. Ich wohnte als Gast bei dem Sattelmeister Kiaulehn, der seine Wohnung über dem Reitstall hatte, ritt wie gewohnt zweimal täglich mit der Abteilung ins Gelände und nahm die Gelegenheit wahr, mit meinem letzten Pferd, dem braunen Wallach Geiser, noch einmal all die unvergeßlichen Hindernisse zu springen. Am Nachmittag ging ich auf Jagd, schoß ein paar Rebhühner für den Mittagstisch und nahm noch einmal mit ganzer Bewußtheit in mich auf, was neun Jahre lang das Element gewesen war, in dem mein Leben sich entfalten durfte: Die Weite der Wiesen und Felder, ihre Farben und Dünste, die roten Dächer der Vorwerke an den Schnittpunkten der Alleen, die Rufe der Vögel, das Schnauben und Wiehern der Pferde auf den Koppeln und schließlich dies unnennbare Ausgeliefertsein an ein überzeitliches Schicksal, das die Menschen des Ostens prägt und bindet.

Januschau

Solange wir in Graditz lebten, fuhr meine Mutter mit uns Geschwistern in jedem Sommer für vier bis sechs Wochen nach Januschau zu ihren Eltern. Von Graditz ging die Reise meistens über Cottbus, Bentschen, Posen und Thorn nach Deutsch Eylau, wo wir abgeholt wurden, manchmal aber auch über Berlin, Küstrin, Schneidemühl und Marienburg nach Rosenberg, der Kreisstadt von Januschau. Wir Kinder erwarteten die Fahrt jedesmal mit großer Spannung, denn Januschau war unser zweites Zuhause.

In Deutsch Eylau warteten auf uns zwei Wagen, ein geschlossener Landauer und die sogenannte Paudel, in die man von hinten einstieg, weil sie in der Längsrichtung zwei einander gegenüberliegende Sitzreihen hatte. Sie beförderte das Gepäck und diejenigen von uns, die eine Fahrt im geschlossenen Wagen als unsportlich ablehnten. Bespannt waren beide Wagen mit je zwei Schecken, den großen und den kleinen, die wir ihres lustigen Fells wegen besonders schätzten. Mein Großvater Oldenburg hatte eine Vorliebe für Schecken und kaufte sie gern als Wagenpferde. Die beiden kleineren, einen braunweißen Wallach und eine schwarzweiße Stute, hatte er einem Zirkus abgekauft. Sie waren von großer Leistungsfähigkeit und haben ihren strapaziösen Beruf als Kutschpferde lange Jahre durchgehalten. Die Fahrt dauerte eineinhalb Stunden. Sie führte zunächst auf holprigem Pflaster durch die ganze langgezogene Stadt, am Geserichsee vorbei und dann in nördlicher Richtung durch den Wald, der zu Schönberg gehörte. Wenn man aus dem Wald wieder herauskam, sah man nach einer Weile zur linken Hand die Türme des Schlosses Schönberg aus den Baumwipfeln herausragen. Waren die Wege einigermaßen trocken, dann bog man dort von der großen Straße nach rechts ab, fuhr noch einmal durch ein längeres Waldstück, die „Grabionne", und dann durch Felder auf hügeligen, mit Pfützen durchsetzten Wegen noch etliche Kilometer, bis endlich das erwünschte Ziel in der Ferne auftauchte. Innerlich darauf vorbereitet waren wir schon durch den Geruch der Wagen und der Kutscher sowie durch die Pfefferkuchen – Thorner Katharinchen –, die meine Großmutter uns jedesmal entgegenschickte.

Ganz zum Schluß beschleunigten die Pferde das Tempo noch einmal, die Wagen fuhren am Dorf entlang, durch das Parktor und rasselten nach etwa hundert Metern auf das bläuliche Kopfsteinpflaster der Vorfahrt. Wir sprangen vom Wagen, umarmten die Großmutter, die schon in der Haustür stand, und liefen dann gleich in den Pferdestall, um unsere Ponies zu begrüßen, die beiden Panjepferde Renz und Möwe, zwei Schimmel, die mein Großvater aus dem Krieg mitgebracht hatte. Sie hatten für die kommenden Wochen einiges von uns zu erwarten. Dann ging es zurück ins Haus und in unsere Zimmer, die uns, angefangen vom Knarren der Dielen, dem Quietschen der Türen und dem Geruch der Betten und Schubladen, bis ins letzte vertraut waren. Wir fühlten uns hier genau so zu Hause wie in Graditz, obgleich alles ganz anders war.

Schon das Haus erweckte eher den Eindruck von etwas Gewachsenem als von etwas Gebautem. Wir konnten uns nicht vorstellen, daß es einmal eine Zeit gegeben hatte, in der es noch nicht da stand. Das lag nicht allein daran, daß es dicht bewachsen war – vorn mit Efeu und hinten mit wildem Wein –, sondern die Räume waren so aneinander- und ineinandergefügt wie Leib und Glieder eines lebendigen Wesens. Es gab darin nichts Gleichförmiges, nichts Neutrales, nichts nur Zweckmäßiges, keinen durchgehenden Flur, kein unpersönliches Treppenhaus, sondern jeder Winkel schien mit Leben erfüllt und strahlte Behaglichkeit aus. Überall hatte man die Gewißheit, im lieben Januschau zu sein, dem Ort, der vom Geist der Großeltern geprägt war.

Das hohe zweistöckige Haus mit seinem Frontispiece und seinen beiden vorgebauten Seitenflügeln betrat man zu ebener

Erde über eine flache Steinstufe. Eine Doppeltür führte in die Eingangshalle, an deren Wänden Jagdtrophäen hingen. Auf der rechten Seite führte eine breite Holztreppe nach oben, die einmal im rechten Winkel abknickte. Ihr breites Geländer, das auf bauchigen Pfeilern ruhte, lud zum Herunterrutschen ein, was nicht nur von uns Kindern praktiziert wurde, sondern auch von manchem erwachsenen Gast. Auf dem Tisch in der Halle lagen unter anderem die gewaltigen, mit vielendiger Krone versehenen Abwurfstangen des stärksten Hirsches der Gegend, der nie geschossen worden ist. Geradeaus führte eine hohe Tür in den größten Raum des Hauses, den Gartensaal. Hier standen in der Mitte ein riesiger rechteckiger Mahagonitisch mit klobigem Fuß, auf dem eine große Blumenvase in Schalenform, das Gästebuch, Aschenbecher, Zigarrenabschneider, Brieföffner und ähnliches zu finden waren, und um ihn herum in weitem Abstand bequeme Polstersessel auf einem großen Teppich. Von der Decke hingen zwei venezianische Kronleuchter herab. Links vom Eingang befand sich der Kamin, in den Ecken zwei hohe runde Kachelöfen in Blau und Weiß, an den Seitenwänden standen alte Danziger Schränke in dunklen Farben, eine Standuhr, weitere Sitzgelegenheiten und ein Bechstein-Flügel; darüber hingen mehrere lebensgroße Familienporträts. Zwei große, von Vorhängen umrahmte Fenster lenkten den Blick in den Park, und zwischen beiden führte eine Glastür auf die verdeckte Veranda. Nach rechts und links war der Gartensaal durch zwei hohe, stets offenstehende Doppeltüren mit den Nebenräumen, zwei kleineren Wohnzimmern, breit verbunden. Hieran schlossen sich die Arbeitszimmer meiner Großeltern. Linksseits der Eingangshalle befand sich das Eßzimmer mit drei Fenstern zur Vorfahrt hin und vier verschiedenen Zugängen, einem Ausziehtisch für zwanzig Personen, entsprechend vielen eichenen Stühlen, mit holzverkleideten Wänden, einem riesigen eichenen Buffet an der einen Schmalwand und gegenüber einem Kamin, über dem der Hausspruch an die Wand geschrieben war:

Mit dem Schwerte sei dem Feind gewehrt,
Mit dem Pflug der Erde Frucht gemehrt.
Frei im Walde grüne seine Lust,
Schlichte Ehre wohn' in treuer Brust.
Das Geschwätz der Städte soll er fliehn,
Ohne Not vom eignen Herd nicht ziehn.
So erblüht sein wachsendes Geschlecht,
Das ist Adels alte Sitt' und Recht.

Dieser Raum ist mir im Laufe der Jahre, die ich Januschau erlebt habe, der liebste geworden. Ich sehe mich dort sitzen in den verschiedenen Stadien meines Heranwachsens, als kleinen Jungen neben meinen Geschwistern, als Halbwüchsigen unter vielen Gästen bei festlichen Gelegenheiten und schließlich als Erwachsenen zu den verschiedensten Zeiten des Jahres, wenn das Haus voller Besucher war, oder auch mit meinen Großeltern allein am Tisch.

Als Kinder wohnten wir im ersten Stock in mehreren Zimmern, deren Fenster zum Park hinaussahen. Von dort blickte man über eine aus Blumenbeeten, rundgeschnittenen Büschen und gepflegten Wegen bestehende Anlage hinweg auf eine tieferliegende Wiese, die auf drei Seiten von Wald umschlossen war. In der Mitte dieses Waldstreifens, der einen bogenförmigen Hügel bedeckte, gab es einen Durchblick, über dem die Baumkronen einen Torbogen bildeten. In unmittelbarer Nähe des Hauses lag unser Spielplatz mit Schaukel und Wippe im Schatten einer alten, ganz schief stehenden Buche, die mit ihrem Blätterdach einen weiten Raum überspannte. Daneben befand sich der Tennisplatz, der nicht mehr benutzt wurde, seit meine Mutter und ihre beiden Schwestern verheiratet waren.

Wenn wir am Morgen nach unserer Ankunft aus dem Hause gingen, standen da meistens schon unsere gleichaltrigen Freunde aus dem Dorf, Söhne des Inspektors, des Gärtners, des Schäfers, des Schmiedemeisters, der eingesessenen Landarbeiter, um mit uns zu spielen. Diese Spiele erstreckten sich über einen von Jahr zu Jahr immer größeren Radius und schließlich über den ganzen Park sowie über die Stallgebäude und Koppeln. Sie bestanden in Versteck, Wagenrennen mit Handwagen die Hänge hinunter und Soldatenspielen, für die wir in einiger Entfernung voneinander Schützengräben aushoben und mit einer Leitung aus Drainageröhren untereinander verbanden, um mit dem Feind telephonieren zu können. Was mich betrifft, so mußte ich meistens schon am zweiten Tage unseres Aufenthaltes in Januschau für mehrere Tage mit Fieber, Husten und Atembeschwerden ins Bett. Aber auch in diesem Zustand hatte Januschau seine Reize, deren ich mich gern erinnere. Meine Großmutter setzte sich zu mir ans Bett, und alle waren freundlich gesonnen, bis ich wieder auf Deck kam. Wie in Graditz spielten auch bei den Großeltern die Hauptrolle wieder unsere Tiere, in erster Linie die beiden schon erwähnten Ponies. Wir konnten sie reiten oder vor den Wagen spannen, wie wir wollten. Mein Bruder Heinfried ritt meistens den temperamentvollen Renz, während ich die ruhigere Möwe vorzog. Als Sechsjähriger ritt ich sie mit dem sogenannten Pams, einem roten Plüschsattel, auf dem man einigermaßen fest saß. Die dazugehörigen Bügel hatten nach vorn einen halben Lederschuh, der das Durchrutschen des Fußes verhindern sollte. Trotzdem bin ich gerade darin einmal hängengeblieben, als wir durch den Wald ritten und Möwe wegen einer Hirschlaus, die unter ihren Schwanz geraten war, wie eine Irre zu keilen anfing. Ich wollte abspringen, um sie von ihrer Pein zu befreien, blieb aber im Bügel hängen und sie keilte unaufhörlich an meinem Kopf vorbei, bis schließlich der Bügelriemen aus dem Schloß rutschte und ich frei war. Möwe rannte in solchen Fällen stracks nach Hause, und man selbst konnte sehen, wie man wieder heimkam. Manchmal kam mir der Stalljunge auf einem anderen Pferd entgegengeritten und hatte Möwe an der Hand.

Ebenso wie das Reiten war auch das Fahren mit den Ponies mit einigen Zwischenfällen verbunden. Hatte man sie zweispännig vor ihrem Wagen, konnte nicht viel passieren, auch wenn sie auf dem Heimweg sehr eilig wurden. Anders war es, wenn man sie einspännig fuhr. Dazu gab es einen kleinen schmalen Korbwagen, Ziegenwagen genannt, der vorn und hinten je einen Sitz hatte und sehr leicht umkippte. Dies passierte, wenn die Pfütze, durch die man fuhr, tiefer war als gedacht, oder wenn das Pferd plötzlich nach der Seite wegbrach, worin die Ponies einige Routine hatten. Am meisten Mühe hat uns aber ein anderes kleines Pferd gemacht, ein junger Schimmelhengst, den mein Großvater einem seiner Patenkinder zugedacht hatte und den Heinfried und ich als Kinderpferd anlernen sollten. Er war so dünnleibig, daß kein Geschirr und kein Sattel auf ihm festsaßen, und so gelenkig, daß er es fertigbrachte, einem beim Reiten in die meistens nackten Beine zu beißen. Einmal machten Heinfried und ich mit ihm eine Fahrt im Korbwagen. Zuerst saßen wir beide nebeneinander auf dem Vordersitz, um das Pferd besser halten zu können, falls es durchgehen sollte. Wir fuhren ganz gemütlich durch den Wald, bis wir an eine große Pfütze kamen. Hier machte der Hengst einen Satz nach vorn und blieb im Wasser stehen. Der Wagen kippte hinten hoch und wir fielen vornüber in die Pfütze. Ehe wir uns aufrappeln konnten, zog das Pferd den leeren Wagen über uns hinweg und fing dann an zu grasen. Nun beschlossen wir, der besseren Gewichtsverteilung wegen, beide Sitze zu besetzen, und Heinfried übernahm die Leine. Da alles glatt ging, machten wir auf dem drei Kilometer entfernten Nebengut Brausen halt und luden dort einen großen Korb Pflaumen zum Mitnehmen auf. Zurück ging die Fahrt ohne Zwischenfall, und wir glaubten schon, unseren Schimmel für einen Freund halten zu dürfen, als es ihm kurz vor dem Januschauer Park gefiel, vor einem am Weg liegenden Findling zu scheuen und nach rechts durch den Straßengraben zu preschen. Heinfried fiel nach vorn herunter, lag noch eine ganze Strecke weit quer über der Gabel, rutschte schließlich nach unten durch, und ich fuhr mit dem Wagen über ihn hinweg. Eine Weile konnte ich das hin- und hertorkelnde Gefährt noch durch Balance-Akte auf den Rädern halten, bis ich dann doch die Pflaumen im Stich ließ und in einem Augenblick absprang, als es gegen einen Baum zu schleudern drohte. Ich ließ den Wagen sausen und lief zurück, um nach meinem überfahrenen Bruder

Gestüt Graditz, Luftbild

Hoftor in Graditz (beide Fotos: Werner Menzendorf, Berlin)

Georg Graf Lehndorff
Oberlandstallmeister
4. 12. 1833–29. 4. 1914

Maria Gräfin Lehndorff
geb. von Oldenburg
9. 7. 1886–25. 1. 1945

Siegfried Graf Lehndorff
11. 4. 1869–6. 4. 1956

Drei Brüder Lehndorff auf dem Pferd 1913

Graditz: Hengst Herold, Derbysieger 1920

Meinhard Lehndorff
18. 7. 1921–20. 5. 1940

Vier Brüder Lehndorff bei einem Reiterfest in der Reitschule Düppel bei Berlin (Foto: Werner Menzendorf, Berlin)
Von links nach rechts: Heinfried, 28. 12. 1908–25. 1. 1945; Hans (Verfasser); Georg, 13. 8. 1911–14. 1. 1943; Elard, 4. 2. 1913–29. 6. 1940

Trakehnen, Landstallmeisterhaus (Foto: Ruth Hallensleben, Köln)

Ausritt zur Jagd

Rappstuten-Herde (beide Fotos: Werner Menzendorf, Berlin)

Hengst Hyperion vor seinem Paddock

Elard von Oldenburg-Januschau
Kammerherr
20. 3. 1855–15. 8. 1937

Agnes von Oldenburg
geb. Gräfin Kanitz
8. 5. 1863–14. 8. 1940

Gutshaus Januschau

Pauline Gräfin Lehndorff
geb. Gräfin Schlippenbach
30. 11. 1805–5. 1. 1871

Carl Ludwig Graf Lehndorff
17. 9. 1770–7. 2. 1854

Gutshaus Steinort

zu sehen, fand ihn aber nicht. Schließlich entdeckte ich ihn ziemlich verdröhnt auf dem Nachhauseweg durch den Park. Es war ihm glücklicherweise nichts Ernsthaftes passiert. Im Stall wurden wir ausgelacht, weil wir mit diesem harmlosen kleinen Tierchen nicht zurechtgekommen waren. Ein Menschenalter später lernte ich den Patensohn kennen, der mit diesem Pferd beglückt worden war. Meine erste Frage an ihn war, ob er sich noch an den kleinen Schimmelhengst – weiter kam ich nicht, denn da unterbrach er mich schon und beschrieb mir, auf welche Weise dieses wilde Tier ihn beinah zur Strecke gebracht hatte. Für mich war das eine zwar etwas verspätete, aber immer noch vollgültige Genugtuung.

Möwe hat eine ganze Reihe von Fohlen gebracht. Die Väter dazu waren zwei sehr edel gezogene orientalische Hengste, die meinem Großvater nacheinander als Reitpferde dienten. Wir erlebten meistens die Zeit, in der das Fohlen abgesetzt wurde. Es kam dann mit den anderen Fohlen nach Brausen. Möwe wußte genau, wo es zu finden war, und man mußte, wenn man zu ihr in den Stall ging, sehr aufpassen, daß sie einem nicht aus der Tür witschte und in gestrecktem Galopp zu ihrem Fohlen enteilte. Wenn ihr das glückte, fand man beide beieinander in der Koppel, in die sie nach Durchbrechen des Zaunes gelangt war. Ein großer Spaß, wenn auch manchmal etwas beängstigend, war es, beim Reiten dem Großvater zu begegnen. Dann gab es jedesmal ein Rennen auf Biegen und Brechen, bei dem unsere Pferde ihrem Übermut durch Bocken und Auskeilen Luft machten. Dabei landeten wir mehr als einmal im Gras oder Stoppelfeld. Wenn wir uns dann umsahen, war der Großvater längst am Horizont verschwunden, weil er anderes zu tun hatte als uns aufzulesen.

Das entfernteste Ziel, das wir damals mit unseren Pferden anstrebten, war Schönberg, das Schloß auf dem Wege nach Deutsch Eylau. Wenn wir die Feldwege hinter uns gelassen hatten und in die Grabionne einbogen, wurde uns in Erwartung des Zieles schon immer ganz feierlich zumute. Dann kreuzte der Weg die große Straße, man kam wieder aus dem Wald heraus und hatte das letzte Wegstück, eine Allee aus abenteuerlich geformten alten Kiefern, vor sich. Nun sah man schon die Zinnen des Schlosses über den Baumkronen. An ein paar Dorfhäusern vorbei bis an das mit alten Bäumen bestandene Ufer eines langgestreckten Sees. Dann bog der Weg nach rechts ab und führte leicht bergan auf das Tor des Schlosses zu. Nie wieder ist man für das Fluidum von Bauwerken so unmittelbar empfänglich wie als Kind. Man kann es nur Ehrfurcht nennen, was uns bewegte, wenn wir in unserer ganzen Winzigkeit auf unseren Ponies auf das Portal zusteuerten, das in halber Höhe der riesigen Backsteinfront über eine aufwärtsstrebende Steinbrücke zu erreichen war. Beim Einreiten in das finstere Burgtor fühlte man sich um Jahrhunderte zurückversetzt in die Zeit der Ordensritter, deren Geist hier ganz gegenwärtig war. Innen stand man in einem allseitig umbauten, von alten Linden überschatteten Hof, etwa acht Meter über dem eigentlichen Erdniveau. Die Wohnräume, in die man zu ebener Erde eintrat, ließen ganz vergessen, daß man sich in einer Ritterburg befand. Sie waren allerdings auch erst in einer sehr viel späteren Zeit hineingebaut worden. In ihnen lebte die Familie Finckenstein, mit der wir verwandt waren. Hausfrau war die imposante, sehr baltisch sprechende Tante Irene, ihr Mann der eher zarte, sehr freundliche Onkel Conrad. Ich erinnere mich seiner, wie er in einem kleinen runden vorgebauten Turmzimmer saß, von dem man einen großartigen Blick über die Landschaft, insbesondere über den weit nach Deutsch Eylau hin reichenden buchtenreichen Haussee hatte. Auch die Söhne des Hauses gehörten schon zur Generation vor uns und flößten uns wegen ihrer Körpergröße etwas Furcht ein. Was uns nach Schönberg zog, war die jüngste Tochter Mausi, damals noch unverheiratet. Sie wußte, was uns Spaß machte, und hatte dazu ein Aussehen und eine Sprache, die auf Kinder besonders vertrauenerweckend wirkten. Wenn sie lachte, waren ihre Augen nur noch wie ein schmaler Strich, und ihre Stimme hatte einen Tonfall, der uns vergessen ließ, daß sie zu den Erwachsenen zählte. Immer wieder ließen wir uns von ihr das Schloß zeigen, wobei wir uns besonders lange an der

Klappe aufhielten, durch welche die Gefangenen in den Turm hinuntergelassen worden waren. Ich hatte dort stets das Gefühl, als müßte ich den Gedanken trainieren, selber da hinuntergelassen zu werden. Aber umso mehr entsetzte ich mich bei einer solchen Vorstellung. Der Pferdestall, der mit seinen Spitzbogenfenstern eher nach einer Kapelle aussah, zog uns wegen seiner eigenartigen Lage jedesmal besonders an. Auch das Storchennest auf einem der Türme fehlte nicht.

Auf der Schloßbrücke holte sich Georg seinen ersten Schlüsselbeinbruch. Sein Pony scheute, rutschte auf dem Pflaster aus und fiel mit ihm hin. Er mußte einen Tag in Schönberg bleiben, und ich ritt allein nach Januschau zurück. Als er am nächsten Tage abgeholt wurde, erzählte er, Tante Irene hätte uns alle zu einem Küchenkonzert eingeladen, das am nächsten Sonntag stattfinden würde. Meine Großmutter war etwas skeptisch, er schwor aber, daß es sich so verhielte, und wir waren natürlich sehr gespannt auf dieses Vergnügen. Sicherheitshalber rief meine Großmutter jedoch in Schönberg an und erfuhr zu unserer Enttäuschung, daß es sich nicht um ein Küchenkonzert, sondern um ein Kirchenkonzert handelte. Da im Anschluß daran ein Wohltätigkeitsbazar stattfinden sollte, fuhren wir aber doch hin, und ich gewann bei der Verlosung einen lebenden Hahn; das heißt, ich hatte mein Los verloren, und als schließlich der Hahn übrigblieb, erklärte ich, mein Los hätte die entsprechende Nummer gehabt. Nun mußte allerdings noch abgewartet werden, ob sich jemand mit dem richtigen Los meldete. Da das nicht geschah, konnte ich den Hahn am nächsten Tage abholen. Ich ritt hin und brachte ihn im Rucksack nach Hause. Und da wir nicht wußten, was wir mit ihm machen sollten, mußte die Großmutter ihn mir abkaufen.

Meine Großeltern waren nach ihrem Äußeren, ihrem Charakter, ihrem Temperament und ihrer Wesensart völlig verschiedene, ja geradezu entgegengesetzte Naturen. Der Großvater korpulent, lebenssprühend, emotional, schnell reagierend, schlagfertig, immer zu Späßen aufgelegt, sehr mitteilsam und kontaktfreudig, stets bewegt von den Ereignissen des Tages in Politik und Wirtschaft. Als Reichstagsabgeordneter der Partei der Konservativen 1902–1912, als Präsident der Westpreußischen Landwirtschaftskammer, als bekannter Redner, als Freund vieler einflußreicher Leute lebte er in einer Sphäre, die schon uns Kindern einen Begriff davon gab, welches Maß an Verantwortung für seine Mitmenschen und für den Staat ein ererbter Besitz, eine preußische Erziehung und ein heller Verstand auf die Schultern eines Menschen legen konnten. Bis in sein hohes Alter war er ständig unterwegs, meistens zwischen Januschau und Berlin, oft bei unmöglichen Verkehrsverhältnissen. Noch als Achtzigjähriger mußte er einmal fast die ganze Nacht im überfüllten Zug auf dem Gang stehen, bis jemand ihn erkannte und ihm seinen Platz gab.

In Berlin wohnte er im Hotel „Russischer Hof" am Bahnhof Friedrichstraße. Da er meistens die Nacht durch fuhr und früh morgens ankam, ging er gleich in die Badewanne und dann ins Bett, aber nicht um zu schlafen, sondern um bis zur Mittagszeit Menschen zu empfangen, mit denen er sich verabredet hatte, Politiker, Wirtschaftler, Minister, private Bittsteller – Leuten aller Art konnte man dort zwischen Tür und Angel begegnen, wenn man, wie ich es in meiner Berliner Studentenzeit oft getan habe, schnell einmal hineinschaute, um ihn zu begrüßen. Wenn meine Großmutter mitgekommen war, saß sie im Vorzimmer und regelte den Besucherverkehr. Man konnte dann sehr gemütlich bei ihr Kaffee trinken.

Im Winter lebten die Großeltern, um näher an Berlin zu sein, zwei bis drei Monate in Lichterfelde bei Eberswalde, einem kleinen Gut, das der Großvater für diese Aufenthalte gekauft hatte. Dort hatten sie ein altes, urgemütliches burgartiges Haus mit mehr als meterdicken Wänden, das der als Baumeister aus Italien nach Preußen eingewanderte erste Vertreter der Familie Lynar zur Zeit eines der ersten Kurfürsten von Brandenburg für einen Grafen Sparr gebaut hatte, der dort eine Geliebte beherbergte. Die Treppe zum ersten Stock war erst später an- beziehungsweise eingebaut worden. Denn um die Dame gegen Eindringlinge zu sichern oder auch um sie an eigenen Eskapaden zu hindern, hatte man das Haus ursprünglich ohne Treppe gebaut. Wer hinauf wollte, mußte in einen Korb steigen und sich hochziehen lassen. In Lichterfelde habe ich zweimal vier oder fünf Wochen verbracht, die mir unvergeßlich geblieben sind. Einmal als fünf- oder sechsjähriges Kind, während meine Geschwister Keuchhusten hatten und ich vor Ansteckung bewahrt bleiben sollte, und einmal als Achtzehnjähriger, nachdem mich in Paris, wo ich studierte, der Scharlach erwischt hatte.

Auch in Januschau blieb mein Großvater in seinen letzten Lebensjahren morgens meistens so lange im Bett, bis der Gutsinspektor und andere Leute aus dem Ort oder von auswärts mit ihren Wünschen und Sorgen bei ihm gewesen waren. Wer schmutzige Stiefel anhatte, zog sie vor der Tür aus und kam auf Socken herein. Wer etwas pexiert hatte, wurde gelegentlich mit einer Ohrfeige bedacht, zu deren Empfang er sich hinunterbeugen mußte. Diese Methode war allen lieber als eine Geld- oder Freiheitsstrafe oder womöglich eine Kündigung. Die Sache war damit erledigt. Wenn der letzte gegangen war, stand der Großvater auf und ritt oder fuhr durch die Felder und nach Brausen. Trotz seiner Schwere ritt er gern schnelle Pferde, wie die beiden schon erwähnten orientalischen Hengste, den Schimmel Tutrakhan und den Fuchs Boxanat. Von Jugend auf und besonders während seiner achtjährigen Soldatenzeit, die er als die schönste seines Lebens bezeichnete, hatte er immer viel mit Pferden zu tun gehabt. Er war kein ausgesprochener Pferdefachmann, verstand aber, seine Pferde interessant zu machen und sie dann zu guten Preisen zu verkaufen. So ist es ihm gelungen, seine Offizierszeit ohne größere Schulden durchzustehen, was damals selten war, wenn man dem Leben in jeder Weise zugewandt war und sich nichts entgehen ließ. Einmal hatte er das Pech, sich am Tage vor einer Parade, an der auch sein Regiment, die II. Garde-Ulanen, beteiligt war, das linke Wadenbein zu brechen. Seine Teilnahme war in Frage gestellt. Er ließ sich aber das Bein fest bandagieren und machte die Parade mit, ohne aufzufallen. Das sprach sich herum, und da der damalige

Kriegsminister von Kameke ein sicheres Reitpferd suchte, wurde der Großvater gefragt, ob er nicht seinen Rappen verkaufen wolle. Er willigte sofort ein, denn man bot ihm einen Preis, den er sonst nie erhalten hätte. Der Kriegsminister kaufte also den Rappen und ritt ihn in Berlin und auch auf seinem Landsitz. Dort begegneten ihm einmal auf einem Ausritt drei junge Offiziere. Wegen seines unscheinbaren Äußeren hielten sie ihn für einen kleinen Landwirt und wunderten sich über das stattliche Pferd, das er ritt. Sie hielten ihn an und fragten ihn in leutseligem Ton, ob er das Pferd nicht verkaufen wolle. Nein, das wolle er nicht. „Ja, aber Sie können doch eine Menge Geld damit verdienen. Traben Sie doch mal ein Stückchen." Der Kriegsminister trabte den Leutnants etwas vor. „Donnerwetter, warum wollen Sie denn hier auf dem Lande, wo es keiner sieht, so ein Pferd behalten? Das ist doch viel zu schade. Wer sind Sie denn überhaupt?" „Nun, wenn Sie es genau wissen wollen: ich bin der Kriegsminister." Woraufhin das Dreigestirn schleunigst das Weite suchte.

Das Pferd war aber nicht die einzige Beziehung meines Großvaters zum Hause Kameke. Als nämlich sein Freund und Regimentskamerad von der Marwitz die Tochter des Kriegsministers heiratete, war er zugegen und hatte im Auftrage seines Regiments auch eine kurze Ansprache zu halten. Nachdem nun seine Vorredner den Kriegsminister sehr herausgestrichen und den Bräutigam ziemlich vernachlässigt hatten, fühlte er sich veranlaßt, ein Gegengewicht zu schaffen, und sagte: „Als die Verlobung des Kameraden von der Marwitz mit der Tochter des Kriegsministers im Regiment bekannt wurde, gab es da nur eine Meinung, und die hieß: Was hat der alte Kameke für ein Glück!"

Ein anderes Pferd meines Großvaters wurde dadurch bekannt, daß er es in einem Zirkus ritt. Allabendlich kam er in die Arena galoppiert und sprang über ein hohes Hindernis, das dort aufgebaut war. Auch dieses Pferd konnte er für einen hohen Preis verkaufen. Als alter Mann ritt er in Januschau eine sehr stabile ermländische Scheckstute – ein Bild, das jedem Kind im

Kreise Rosenberg geläufig war. Sie hatte einen besonders breiten flachen Rücken, und mein jüngster Bruder war der Meinung, der Großvater hätte sie plattgesessen.

Sein Fahren war abenteuerlich, zum mindesten für den, der ihn dabei begleiten durfte. Mancher Gast, den er dazu einlud, hatte nach dem ersten Mal genug. Der Wirtschaftswagen mit den kleinen Schecken davor hatte nur vorn zwei Sitzplätze und hinter der Lehne einen kleinen Notsitz für den Kutscher, falls ein solcher mitgenommen wurde. Er war infolgedessen sehr leicht und geländegängig, was er auch sein mußte angesichts dessen, was ihm zugemutet wurde. Auf Wegen wurde nur zu Anfang gefahren. Dann aber ging es ohne Vorwarnung durch den Straßengraben nach rechts oder links auf das Feld oder zwischen mannshohes Gestrüpp, im Trab oder im Galopp über ein Kartoffelfeld, nach Möglichkeit quer zu den Reihen. Die Pferde wunderten sich über nichts mehr und gingen, wohin er sie lenkte. Die Mitfahrer standen oft Ängste aus und klammerten sich an den Wagen, um nicht herauszufallen.

Nach dem Ersten Weltkrieg wurden einmal amerikanische Maultiere für die Landwirtschaft angeboten. Mein Großvater bestellte ein ganzes Dutzend für Januschau. Als sie bei dem Pferdehändler Isackson in Deutsch Eylau ankamen, waren wir gerade in Januschau. Heinfried und ich durften den Großvater zur Besichtigung begleiten. Ein paar riesige Tiere waren darunter, eins davon ein Schimmel. Sie wurden am nächsten Tag nach Januschau gebracht und mußten, kaum waren sie da, auch schon ausprobiert werden. Mein Großvater ließ sie sich paarweise vor den Wagen spannen, neben ihm nahm Onkel Carl Kanitz, der Bruder meiner Großmutter, Platz und hinten auf dem Notsitz, eng nebeneinander, mein Bruder und ich. Das erste Paar, dabei der große Schimmel, ging ganz vernünftig geradeaus und zeigte eine flotte, pferdemäßige Aktion. Das zweite Paar aber schrammte vom Fleck weg in eine nicht gewünschte Richtung, nämlich an der Rückseite des Schweinestalles und der Brennerei entlang, wo mehrere Abflußrinnen zum Misthaufen führten. Der Wagen machte bei jeder Rinne einen Riesensatz, wir flogen von unserem Notsitz in die Höhe, und ich schlug mit dem Oberkiefer derart auf die Rücklehne des Vordersitzes, daß mir Hören und Sehen verging. Nach Beendigung der Fahrt wurde ich meines geschwollenen Gesichts wegen beurlaubt, während Heinfried noch an sämtlichen anderen Versuchen teilnahm. Sie gingen alle gut aus, und ich entsinne mich, daß meine Tante Stein, die Schwester meiner Mutter, noch am gleichen Abend mit den beiden Durchgängern vom Bahnhof in Deutsch Eylau abgeholt wurde.

Nach dem Mittagessen, das immer überaus reichlich war („Freßt, Kinder, freßt!" ermahnte uns der Großvater, und der alte Diener Nante stieß uns beim Herumreichen der Schüsseln mit dem Ellbogen in die Flanke, um uns zu ermuntern, mehr zu nehmen), setzte der Großvater sich an seinen Schreibtisch und schrieb zwei bis drei Stunden seine Briefe. Sie waren, ob privater oder dienstlich-geschäftlicher Natur, ob an Freunde oder an Gegner, immer mit dem Herzen geschrieben und mit Humor durchsetzt. Ihm stand das Wort in beneidenswerter Weise zu Gebote. Einer seiner politischen Gegner meinte einmal, auf ihn passe das Bibelwort: Wenn Gott einen Menschen liebhat, macht er auch seine Feinde mit ihm zufrieden.

Solange ich ihn erlebt habe, bestand ein wesentlicher Teil seiner Tätigkeit darin, andere Menschen zu beraten und ihnen wieder auf die Beine zu helfen, letzteres oft genug, indem er ihnen Schulden bezahlte. Als Fünfzehnjähriger saß ich einmal in seinem Arbeitszimmer, während er schrieb. Plötzlich reichte er mir einen vier Seiten langen Brief herüber, den er gerade geschrieben hatte, und sagte: „Lies das doch mal durch." Ich war verblüfft, und während er weiterschrieb, las ich den Brief, der an einen preußischen Minister gerichtet war, sehr aufmerksam, ohne noch genau zu wissen, was er von mir wollte. Nach einer Weile fragte er, ob alles so in Ordnung sei, und ich nannte ihm mit einigem Herzklopfen zwei Stellen, von denen ich meinte, daß sie etwas anders ausgedrückt werden müßten. Er nahm den Brief, sah sich die beiden Stellen an, sagte: „Du hast recht" und schrieb den ganzen Brief noch einmal. Dieses Erlebnis hat einen tiefen Eindruck in mir hinterlassen, und ich glaube, für mich war es der Anfang einer Beziehung, die weit über das Verhältnis Großvater – Enkel hinausreichte. Ich habe von da an immer genau darauf geachtet, was er sagte und wie er sich verhielt. Denn ich hatte das sichere Gefühl, daß er einen Maßstab in sich trug, mit dem man das Leben meistern konnte. Und diesem Hinhören verdanke ich Einblicke in das Wesen dieses Mannes, die mir unvergeßlich sind.

Einmal erzählte er mir von meinem Großvater Lehndorff und dessen älterem Bruder Heinrich, dem Flügeladjutanten Kaiser Wilhelms I., die er beide gut gekannt hatte: „Weißt du, dein Großvater und der Onkel Heinrich, das waren Leute, vor denen man nur den Hut ziehen konnte. Sie haben mir beide gesagt, sie wüßten nicht, was sie in ihrem Leben falsch gemacht hätten, und wenn sie noch einmal auf die Welt kämen, würden sie alles wieder genauso machen. Das ist doch eine großartige Bilanz. Von mir kann ich nur sagen: Ich würde alles anders machen." Und er war sehr überrascht, als ich herausplatzte: „Gott sei Dank, daß du das sagst! Das andere ist ja schrecklich!" (Dazu ist heute zu sagen, daß die Äußerung der beiden Genannten aus einer Zeit lange vor dem Ersten Weltkrieg stammte, als die Welt noch „in Ordnung" war.)

Meine Großmutter war, wie gesagt, von ganz anderer Wesensart. Sie war die personifizierte Skepsis, und alles Pathetische ging ihr gegen den Strich. Wenn die Wogen des Gefühls ihr zu hoch schlugen, sah sie sich zu kurzen, trockenen Bemerkungen veranlaßt, die eine unmittelbare Ernüchterung zur Folge hatten. In den zwanziger Jahren erlebte ich in Januschau einmal den Besuch des Grafen Siegfried Eulenburg-Wicken, Ritter des Ordens Pour le Mérite, den mein Großvater besonders schätzte. Er war der letzte Kommandeur des I. Garderegiments zu Fuß im Ersten Weltkrieg und bekannt unter dem Spitznamen „der Geist von Potsdam". Nach dem Kriege war er eine Weile als landwirtschaftlicher Eleve in Januschau tätig gewesen, um sich auf die Bewirtschaftung seines eigenen Besitzes vorzubereiten. In dieser Zeit hatten meine Großeltern ihn natürlich sehr verwöhnt, und seine fachliche Ausbildung hatte in der Hauptsache darin bestanden, daß mein Großvater mit ihm über die Felder fuhr und sich mit ihm über alles mögliche unterhielt. Nun hatte er sich erstmalig wieder zu einem Besuch in Januschau angesagt, und der Großvater hatte die Absicht, die beiden Tage etwas festlich zu gestalten. Wie zu erwarten, kam es dabei auch zu patriotisch emotionalen Höhepunkten. Als der Gast dann wieder wegfuhr, schrieb er ins Gästebuch ein paar bewegte Worte und darunter „Semper talis", den Wahlspruch des I. Garderegiments. Meine Großmutter, die die Umstände, die seinetwegen gemacht worden waren, etwas übertrieben fand, fragte mich: „Sage mal, was heißt eigentlich semper talis? Wie würde man das auf deutsch sagen?" Ich antwortete: „Also semper heißt immer und talis heißt der Gleiche." „Ach so", bemerkte sie abschließend, „also nischt Neues."

Sehr typisch für sie war auch eine andere Reaktion, die ich miterlebte, als der Großvater schon achtzig Jahre alt war. Eines Tages fragte ich ihn, ob er eigentlich noch ritte, und bekam zur Antwort: „Ach nein, ich habe das jetzt aufgegeben. Die Scheckstute stolpert neuerdings so, und ein anderes Pferd schaffe ich mir nicht mehr an." Ich wunderte mich über diese Auskunft, denn die Scheckstute war zwar ein sehr schweres Pferd, aber sie hatte geradezu schwebende Gänge, und ich konnte mir nicht erklären, weswegen sie stolpern sollte. Mein erster Gang war also in den Stall, und als ich mir die Stute herausholte, sah ich, daß ihre Hufe die Form von Schnabelschuhen hatten. Auf allen vier Füßen waren die Eisen um mehrere Zentimeter nach oben gewölbt. Auf meine Frage, wie lange sie nicht in der Schmiede gewesen sei, meinte der Kutscher, das könnten zwei oder drei Jahre sein, sie hätte ja bisher nie ein Eisen verloren. Ich meldete dem Großvater den Befund, und nach dem Essen sagte er: „So, jetzt wollen wir uns mal die Scheckstute ansehen." Meine Großmutter kam mit. Das Pferd wurde herausgeholt und kam, wie auf rohen Eiern gehend, auf dem Stallgang auf uns zu. Der Großvater war entsetzt darüber, daß er diesen Zustand nie bemerkt hatte, und sagte zu dem Kutscher: „Ernst, du bringst sie morgen zum Schmiedemeister und sagst ihm, er soll von jedem Huf zehn Zentimeter herunternehmen." Darauf mischte sich meine Großmutter ein und sagte: „Kinder, ich rate euch, versucht es lieber erst an einem!"

Später im gleichen Sommer 1935 war ich eine Woche in Januschau, um dem Großvater Gesellschaft zu leisten, weil die Großmutter, dem Drängen ihrer Schwägerin Brummy nachgebend, nach Tegernsee gefahren war. Sie hatte ihn sehr ungern alleingelassen und schrieb ihm jeden Tag eine Karte oder einen Brief, worauf er sich besonders freute. Wenn die Post kam, suchte er ihn als ersten heraus und las ihn mir mit Vergnügen vor. Einmal schrieb sie: „Hier ist man eigentlich immer satt, obgleich es nichts zu essen gibt." Ein andermal: „Der alte Admiral T. war hier und will uns auch in Januschau besuchen. Er ist bereits 80 Jahre alt und natürlich schon ganz troddlig." – Zu Hause schrieb sie, wie das früher üblich war, den ganzen Vormittag Briefe. Ihre drei Töchter erhielten fast täglich einen Bericht im Telegrammstil, oft mit englischen Wörtern durchsetzt, von allem, was sich in Januschau um den Großvater abspielte und womit er sich herumschlug. Leider ist kaum einer dieser vielen tausend Briefe erhalten geblieben. Sie wären heute eine Fundgrube für Historiker, denn es kam, durch die Brille des Großvaters gesehen, alles darin vor, was in der Politik damals Schlagzeilen machte, beginnend mit den Jahren vor dem Ersten Weltkrieg bis zur Machtübernahme durch Hitler, von da an nur noch mehr oder weniger zwischen den Zeilen. Daß die Großmutter über alles im Bilde war, lag daran, daß meines Großvaters gesamte Korrespondenz durch ihre Hände ging. Wenn die Post kam, las sie alle Briefe durch, suchte die wichtigen heraus, versah jeden mit einem Stichwort und legte sie dann, von einem blauen Gummiband zusammengehalten, auf seinen Schreibtisch. Die übrigen wurden in rotem Gummiband danebengelegt, soweit sie diese nicht selbst beantwortete. Natürlich wurde alles ohne Schreibhilfe erledigt. Erst im Sommer 1933 engagierte der Großvater ein hübsches junges Mädchen, dem er einen Teil seiner Briefe diktierte. Das erwies sich aber bald als ein Mißgriff, denn das Mädchen war ein Spitzel und gab Äußerungen von ihm weiter, die nicht für fremde Ohren bestimmt waren. Durch ein Sprachrohr, das vom Schlafzimmer meiner Großmutter in sein darunterliegendes Schreibzimmer führte, konnte sie außerdem die Gespräche abhören, die er mit Besuchern führte. Dieses Sprachrohr hatte es uns schon zur Kinderzeit angetan. Wir fanden es geheimnisvoll und trauten uns kaum, es zu benutzen. Unsere jüngeren Vettern Stein aus Grasnitz dagegen scheuten sich nicht, Maikäfer von oben hindurchzuwerfen, die im Papierkorb des Großvaters landeten und von dort nach einigen Augenblicken der Besinnung zu Rundflügen starteten.

Wenn meine Großmutter sich nicht um Gäste zu kümmern hatte, beschäftigte sie sich an den Nachmittagen in den Garten- und Parkanlagen an der Rückseite des Gutshauses. Die Ausrüstung, die sie dazu benötigte, wird in dem Brief eines Mannes geschildert, der vor vier Jahrzehnten als Gartenlehrling in Januschau arbeitete und mir nach der Lektüre meines Ostpreußischen Tagebuches schrieb. Da heißt es: „Oft mußte ich mit der gnädigen Frau im Park arbeiten. Wir putzten die Bäume und Sträucher aus und kamen dabei bis zur Chaussee. Manchmal kamen Fremde, die zum Schloß oder zum Inspektor wollten, die baten dann um Auskunft. Nachdem sie die Auskunft erhalten hatten, bedankten sie sich und sprachen die gnädige Frau mit Frauchen oder mit Madamchen an. Manchmal gaben sie ihr auch ein Trinkgeld, das sie annahm und sich dabei amüsierte. Als Schloßherrin war sie nicht zu erkennen, denn ihre Bekleidung und Ausrüstung war wie folgt: Ein Hut mit großer Krempe, Windjacke mit Gürtel, ein derber Rock, ein Paar hohe Schnürschuhe. Am Gürtel der Windjacke hing eine Baumschere und ein leichtes Beil. In der Hand hatte sie eine Baumsäge und ihr Stock hatte ein Stecheisen. Jeder der sie sah, hielt sie für eine Waldarbeiterin."

Da ich ein leidenschaftlicher Jäger war, habe ich meine Ferien auch als Erwachsener oft in Januschau verbracht. Aus solchen Zeiten sind mir Gespräche, die meine Großeltern miteinander führten, in Erinnerung. Meistens war Besuch da. Aber wenn wir zu dreien allein am Mittagstisch saßen, ging es manchmal hart auf hart. Häufig hatte die Großmutter irgendwelche Wünsche an die Wirtschaft, die nicht ohne weiteres zu befriedigen waren, sei es, daß die Grauen Erbsen – ein wichtiges Nahrungsmittel für den Haushalt – „bestaakt" waren (das heißt, sie lagen in der Scheune zu unterst) und deshalb nicht gedroschen werden konnten, oder daß der Fischer schon lange keine anständigen Hechte mehr abgeliefert hatte. Mit großer Zielsicherheit brachte sie diese Beschwerden immer zu einem Zeitpunkt vor, den wir schon als Kinder angesichts des zu leidenschaftlichen Explosionen neigenden Temperaments des Großvaters für den allerwenigst geeigneten hielten. Wir duckten uns regelrecht, hielten den Atem an und fühlten, wie er sich beherrschen mußte, um nicht loszuplatzen. Einmal legte er Messer und Gabel aus der Hand, wandte sich zu mir und sagte: „Weißt du, deine Großmutter! Wenn sie nicht meine Frau geworden wäre, wäre sie ein Bohrwurm geworden!" Sie entgegnete: „Kannst du mir einen Fall nennen, in dem mir das Bohren schon mal was genützt hätte?" Er konterte: „Dürfte ich dich an das Auto erinnern?" „Ja", erwiderte sie, „dafür habe ich auch zwanzig Jahre bohren müssen, der Hitler ist nichts dagegen." Und sie fuhr fort: „Alles haben wir zwanzig Jahre später als andere Leute – Telephon, elektrisch Licht, das Auto ..." Und er wiederum: „Beruhige dich, dafür sind wir auch zwanzig Jahre später pleite."

Die Sommermonate hindurch hatte Januschau regelmäßig Besuch von drei bis vier alten Damen „aus der Stadt", Schwägerinnen und Freundinnen meiner Großmutter, die ihrerseits die jüngste von zwölf Geschwistern Kanitz war. Sie kamen aus Berlin und Hannover, und es war für meine Großmutter nicht immer leicht, sie zufriedenzustellen. Der Großvater dagegen machte seine Späße mit ihnen, amüsierte sie mit seinen Geschichten und ließ es nicht zu irgendwelchen Spannungen kommen. Sie hatten alle einen gesunden Respekt vor ihm, und da sie wußten, daß er es gut mit ihnen meinte, ließen sie sich manches von ihm gefallen, ohne übelzunehmen. Eine von ihnen war immer das besondere Ziel seiner Einfälle und Neckereien. Lange Zeit war es Tante Asta, eine verwitwete Schwägerin meiner Großmutter, die einzige Katholikin in der Familie, die in Berlin wohnte und dort als Treffpunkt der engeren und weiteren Familie fungierte. Zum Unterschied von einer anderen Schwägerin, die ebenfalls Asta hieß, wurde sie kurz „die Katholsche" genannt, wenn man von ihr sprach. Natürlich schätzte sie das nicht sehr. Und als einmal eine der Schwestern meiner Mutter bei ihr in Berlin telephonierte und versehentlich sagte: „Wir sind hier bei der Katholschen", wollte sie ärgerlich werden. Aber meine Tante kam ihr zuvor und sagte: „Sags bloß nicht der Evangelschen, die nimmt es womöglich übel." In Januschau wurde sie jeden Tag mit irgendetwas Absurdem aufgezogen, ließ sich aber nicht entmutigen und versuchte sich immer wieder zur Geltung zu bringen. Eine Zeitlang hatte sie ihren besonderen Ehrgeiz darein gesetzt, zum Bridge zugezogen zu werden, das mein Großvater mit großer Passion spielte, wenn er entsprechende Partner hatte, was allerdings nicht oft der Fall war. Da sie immer wieder bohrte, ließ er sie schließlich einmal mitspielen. „So, Elardchen, jetzt sag mir mal ganz ehrlich, wie spiele ich eigentlich?" fragte sie am Schluß. Darauf er, ganz ungerührt: „Astachen, unter'm Luder!"

Während des Ersten Weltkrieges und in den schweren Jahren danach haben wir für diese Tanten alles an Beeren gepflückt, was in Januschau zu finden war, und wenn sie wieder abfuhren, wurde es ihnen in eingewecktem Zustand mitgegeben. In der Hauptsache waren es Brombeeren und Hagebutten. Die Brombeeren wuchsen in Hülle und Fülle in einem etwas verwilderten Teil des Parks, den wir „die Lausewelt" nannten; die Hagebutten, die wir selbst zurechtmachten, was ein mühsames Geschäft war, wurden von weiterher geholt, wo sie an Grabenrändern wuchsen. Die Tanten freuten sich rührend über diesen Beitrag zu ihrer recht kargen Ernährung. Eine von ihnen, Tante Selma Groeben, die mit Tante Wilhelmine (Wips) Finckenstein aus Schönberg in Hannover wohnte, war von sehr zarter Konstitution, und meine Mutter nahm in jedem Jahr ein schwarzes Kleid mit nach Januschau, weil immer mit der Möglichkeit gerechnet wurde, daß Tante Selma dort sterben würde. Sie tat es aber nicht, sondern lebte ganz vergnügt und mit sehr hellem Verstand bis ins dreiundachtzigste Jahr. Als sie in Hannover einmal krank wurde, fragte sie telegraphisch in Januschau an, ob sie dort begraben werden könne. Mein Großvater antwortete prompt: „Willkommen in Januschau im Leben und im Sterben."

Zu besonderen Gelegenheiten telegraphierte er seine Glückwünsche gern in Versform, wenn er nicht selber anwesend sein und das Wort ergreifen konnte. Als er einmal die Verlobungsanzeige eines jungen Mädchens aus der weiteren Nachbarschaft erhielt, das bis dahin große Ambitionen gezeigt hatte, sich als Sängerin ausbilden zu lassen, telegraphierte er: „Warum in die Ferne schweifen? Sieh, das Gute liegt so nah. Lasset uns die Kuh ergreifen, denn die Milch ist immer da." Sie hatte sich mit einem Landwirt verlobt und damit in den Augen meines Großvaters, der sie einmal hatte singen hören, das Vernünftigste getan, was sie tun konnte.

Als Hermann Göring sich mit Emmi Sonnemann verheiratete, schnitt er die Anzeige aus der Zeitung aus (ich glaube, es war eine ganze Seite), schrieb darauf: „Wenn du denkst du hast'n, springt er aus dem Kasten" und schickte sie einer Verwandten mittleren Alters, die in dem Ruf stand, sich gewisse Hoffnungen gemacht zu haben. Unerschöpflich war seine Gabe des Erzählens. Januschau ist für mich nicht denkbar ohne seine Geschichten, mit denen er an den Abenden seine Gäste unterhielt und die das ganze Haus mit Leben erfüllten. Es gab eigentlich keinen Menschen, ganz gleich welchen Alters, dem er nicht irgendetwas erzählen konnte, was ihn anging, um auf diese Weise eine persönliche Verbindung zu ihm herzustellen. Man mußte schon ganz querliegen, wenn man sich von seiner Herzlichkeit nicht anstecken ließ und es fertigbrachte, die ausgestreckte Hand unbeachtet zu lassen. Am meisten liebten wir seine Erzählungen aus der Soldatenzeit. Der Dienst für den König von Preußen wurde als höchste Ehre für einen jungen Menschen angesehn, und die harte Ausbildung schuf die Grundlage für Kameradschaft und Freundschaften, die das ganze Leben andauerten. Während der acht Jahre seines aktiven Militärdienstes in Potsdam hatte er außerdem reichlich Gelegenheit gehabt, die Großen jener Zeit, den von ihm zutiefst verehrten Kaiser Wilhelm I. sowie Bismarck, Moltke und Roon, bei offiziellen und privaten Anlässen aus nächster Nähe zu sehen. Dank seiner Erzählungen stehen sie mir heute, nach hundert Jahren, mit plastischer Lebendigkeit vor Augen.

Die schönsten eigenen Erlebnisse waren für uns Kinder die Besuche des Generalfeldmarschalls und späteren Reichspräsidenten von Hindenburg in Januschau. Mein Großvater verehrte und liebte ihn wie seinen besten Freund, und dies Gefühl wurde von uns allen vorbehaltlos geteilt. Zum ersten Mal sah ich ihn, als er Anfang der zwanziger Jahre während einer Rundreise durch Ostpreußen mehrere Tage in Januschau zu Gast war. Als Sieger von Tannenberg und Befreier Ostpreußens von den Russen genoß er im ganzen Land ungeheure Popularität, und alles drängte sich, ihn zu sehen und ihm zuzujubeln. Schon lange vor seiner Ankunft wurde alles getan, um den Empfang gebührend vorzubereiten. Als es dann schließlich soweit war und der Wagen mit dem großen alten Mann sich näherte, erreichte die Spannung ihren Höhepunkt und entlud sich in einer Ovation von befreiender Herzlichkeit. Inmitten einer riesigen Menschenmenge hielt der Wagen vor der Haustür, der Feldmarschall stieg aus, wurde von meinen Großeltern feierlich begrüßt, und dann wurden ihm zahllose Menschen, darunter auch wir Kinder, einzeln vorgestellt. Dabei sagte er zu jedem etwas Freundliches und strahlte eine menschliche Güte aus, wie ich sie kaum wieder erlebt habe. Der Großvater sorgte dafür, daß möglichst viele Menschen ihn aus der Nähe sehen konnten, er ließ auch beim Abendessen die Fensterläden des hell erleuchteten Eßzimmers nicht schließen, damit die nicht Eingeladenen an dem festlichen Ereignis wenigstens mit den Augen teilnehmen konnten. „Sie sind hier nicht nur für uns da", sagte er zu dem alten Herrn, der das alles mit Gleichmut über sich ergehen ließ. Es folgten ein paar ruhige Tage, in denen der Gast gegen Reporter und allzu aufdringliche Personen abgeschirmt wurde. Der Großvater fuhr mit ihm durch die Felder oder auf die Jagd und setzte die Gespräche mit ihm an den Abenden im größeren Kreise fort.

Bei einem anderen Besuch des Feldmarschalls, der mehr privater Natur war, ergab sich insofern eine denkwürdige Situation, als sein ehemaliger engster Mitarbeiter, General Ludendorff, ebenfalls durch Ostpreußen reiste und in Januschau zu Gast war. Da meinem Großvater sehr daran lag, die Kontroverse zwischen beiden, die von Ludendorff ausgegangen war, aus der Welt zu schaffen, wollte er eine Begegnung herbeiführen, und es war ihm gelungen, den Besuch Hindenburgs vor Ludendorff geheimzuhalten. Als dieser nach zweitägigem Aufenthalt wieder abreisen wollte, erklärte ihm mein Großvater kurzerhand: „Sie können jetzt nicht weg. Der Feldmarschall kommt in einer Stunde, und es sähe dann so aus, als wären Sie vor ihm ausgerissen." Ludendorff, damals noch ansprechbar, ließ sich in der Tat überreden, zu bleiben, bis Hindenburg kam. Mein Großvater führte die beiden in sein Arbeitszimmer, schloß die Tür und setzte sich davor, damit sie nicht gestört würden. Nach einer Stunde kam Ludendorff heraus. Auf die Frage nach dem Ergebnis der Unterhaltung antwortete er dem Großvater: „Ach, wer kann denn dem Alten widerstehen? Er gab mir einen Kuß und sagte: ‚Na, Ludendorff, wir beide werden uns doch nicht auch noch zanken.'" Für alle Fälle war ein Photograph bestellt worden, und die beiden Feldherren wurden gebeten, sich zusammen photographieren zu lassen. Aber Ludendorff protestierte: „Nein, das geht nicht, das ist ein politisches Bild. Mit der Familie meinetwegen." Und so entstand ein Familienbild vor der Januschauer Haustür mit den beiden Heerführern. Als Ludendorff abgefahren war, erbot sich der Photograph: „Ich könnte ja die anderen Herrschaften wegretouchieren!" Aber das lehnte mein Großvater ab.

In seiner großen Bescheidenheit und Schlichtheit drängte sich Hindenburg nie in den Vordergrund. Als meine Großmutter ihn einmal fragte, wie es wirklich mit Tannenberg gewesen wäre, es gäbe so viele andere Generäle, die behaupteten, die eigentlichen Sieger zu sein, antwortete er ruhig: „Wenn's verloren gewesen wäre, hätten sie es mir gelassen."

Anläßlich solcher Besuche gab es in Januschau immer irgendwelche kleinen, vom Großvater inszenierten Intermezzi. Als Hindenburg zum ersten Mal als Reichspräsident in Januschau war, stellte er ihm einen jungen Mann vor, der den Wunsch hatte, in das Hunderttausend-Mann-Heer einzutreten, was damals nur acht von hundert Bewerbern glückte. Der Mann arbeitete in Januschau im Schafstall, war aber vorher bei einem Wanderzirkus gewesen und konnte mit einigen Kunststücken aufwarten. Der Großvater hatte ihn auf dem Dachfirst des Schafstalls auf den Händen gehen sehen und fand, daß die Schafe nicht das richtige Publikum für ihn wären. „Wenn der Feldmarschall von Hindenburg da ist, lasse ich dich kommen, und dann werden wir weiter sehen", versprach er ihm und stellte ihn, als es soweit war, dem Reichspräsidenten in der Eingangshalle mit den Worten vor: „Herr Feldmarschall, ich möchte Ihnen hier einen Mann empfehlen, der gern Soldat werden will." Darauf Hindenburg: „So, das freut mich. Aber was habe ich damit zu tun?" „Sie haben es zu befehlen", und zu dem Mann gewandt: „Geh mal auf den Händen!" Der führte sofort ein paar Kunststücke vor. „So, und nun kannst du wieder gehen. Der Herr Reichspräsident wird an dich denken." Ein paar Tage später wurde der Mann zur Prüfung nach Deutsch Eylau bestellt. Als er wiederkam, erkundigte sich der Großvater nach der Prüfung. „War leicht", antwortete der Mann. „Was wurdest du denn gefragt?" „Ich wurde gefragt, wie der Herr Reichspräsident heißt. Ich antwortete: ‚Der Herr Generalfeldmarschall von Hindenburg'. ‚Gut', sagten die Herren, ‚Sie sind angenommen.'"

Zwanzig Kilometer westlich von Januschau lag das alte Hindenburgische Gut Neudeck, das dem Bruder des Feldmarschalls gehört hatte. Es war in der Wirtschaftskrise nicht zu halten gewesen, mußte von der Familie aufgegeben werden und befand sich nun im Besitz einer Bank. Um die Familie des Reichspräsidenten wieder im Osten ansässig zu machen, regte mein Großvater eine Sammlung an, von deren Erlös das Gut zurückgekauft werden sollte. Er selbst machte den Anfang dazu, indem er dem Soldatenbund in Riesenburg, der die Organisation übernehmen sollte, tausend Mark überwies. Wenn jeder Kriegsveteran eine Mark spendete, so rechnete er, würde ein wesentlicher Teil der erforderlichen Kaufsumme zusammenkommen. Anfangs wollte die Sammlung gar nicht vorangehen. Bei einem Anruf in Riesenburg erklärte man ihm zwar voller Stolz, daß bereits über tausend Mark eingegangen seien, aber dann stellte sich heraus, daß seine Spende dabei mitgerechnet war. Schließlich wurde doch noch eine ansehnliche Summe aufgebracht. Sie reichte allerdings bei weitem nicht, so daß mein Großvater sich an die Großindustrie wandte. Und von Geheimrat Duisberg erhielt er denn auch die Zusage, daß der Reichsverband der deutschen Industrie den Rest übernehmen werde. So geschah es, und die Familie Hindenburg wurde wieder Nachbar von Januschau. Der Bau eines repräsentativen Herrenhauses, in dem der Reichspräsident viele Gäste empfangen konnte, war zu den Kosten noch dazugekommen.

In den letzten Jahren seines Lebens – er starb im August 1934 – war die Nähe von Januschau für Hindenburg eigentlich nur noch bedrückend. Seine Umgebung hielt den durch sein hohes Amt völlig überforderten Sechsundachtzigjährigen in Neudeck von allem fern, was ihn aufregen konnte. Zu diesen Aufregungen gehörte vor allem mein Großvater, der ihm seit der Machtübernahme durch Hitler nichts Erfreuliches mehr zu berichten hatte. Als die beiden sich das letzte Mal sprachen, hatte der Besuch meines Großvaters den Charakter eines Überfalls. Es ging um das Leben eines sehr bekannten Mannes, des ehemaligen Stahlhelmführers Düsterberg, den Hitlers Schergen festgenommen hatten. Mein Großvater fuhr deshalb mit meinem Bruder Heinfried nach Neudeck, ging durch eine Hintertür in den

Park und versteckte sich dort hinter einem Gebüsch, an dem Hindenburg zu einer ganz bestimmten Zeit bei seinem Spaziergang vorbeizugehen pflegte. Es war die einzige Möglichkeit, ihn allein zu sprechen. Der alte Mann schrie vor Wut, als er von Düsterbergs Schicksal erfuhr. Man hatte es ihm natürlich, ebenso wie vieles andere, verschwiegen. Glücklicherweise konnte er noch eingreifen und den Gefährdeten retten.

Als Jagdrevier war Januschau von unvergleichlicher Vielseitigkeit. Erst waren es die Spatzen, die ich mit meiner Luftbüchse bejagte, dann erweiterten sich meine Ambitionen auf Krähen, Eichelhäher und Elstern, die sich aber nur äußerst selten überlisten ließen und an denen man die Kunst des Anpirschens gründlich studieren konnte. Als wir während der Übersiedlung von Graditz nach Trakehnen ein paar Tage in Januschau verbrachten, nahm mich mein Vetter Ernst Wedel, der dort als landwirtschaftlicher Eleve tätig war, auf den Schnepfenstrich mit. Die ersten Abende sahen wir nichts. Für mich waren sie trotzdem ein Erlebnis, weil ich zum erstenmal das Hereinbrechen der Nacht allein auf meinem Stand erlebte, das Verschwimmen der Konturen, das Emporsteigen des Nebels aus den Gräben der großen Wiese, an deren Rand ich postiert war, die letzten Flötentöne der Amsel aus dem nahen Gesträuch, das Auftauchen der ersten Sterne am klaren Himmel, das Verlorensein und das Behütetsein, beides kam mir mit großer Eindringlichkeit zum Bewußtsein. Wenn es ganz dunkel geworden war, kam mein Vetter, der sich ein paar hundert Meter weiter am Wiesenrand aufgestellt hatte, mich abholen, und ich trottete durch die Finsternis wohlgeborgen hinter ihm her. Am letzten Abend gingen wir zur Klavierbrücke, einer aus dicken Knüppeln bestehenden Überfahrt über einen sumpfigen Graben, der in einem mit Erlen bewachsenen Bruch entlangfloß. Da hörte ich auf einmal den berühmten Ton, den ich aus den oft von mir verschlungenen Jagdbüchern kannte, das dunkle Quorren und gleich darauf das helle Puizen, und da geisterte auch schon in schaukelndem Flug etwas Eulenähnliches über den Erlen auf mich zu. Wie im Traum hob ich die Flinte, zog mit und schoß, worauf die Schnepfe steil in einer Gruppe kleiner Fichten untertauchte. Ich war so aufgeregt, daß ich sofort nach meinem Vetter rief. Der kam und ließ sich alles genau beschreiben. Dann krochen wir auf allen Vieren unter den Fichten herum und tasteten den Boden ab, bis er sich erhob und sagte: „Es ist zu dunkel, wir müssen die Suche auf morgen verschieben." Aber ehe wir uns anschickten, nach Hause zu gehen, kam er auf mich zu, drückte mir etwas Weiches, Warmes in die Hand und sagte: „Waidmannsheil, mein lieber Junge. Da ist sie, das hast du gut gemacht." Ich hatte bis dahin noch nie auf Flugwild geschossen und konnte kaum fassen, daß es gleich ein Treffer gewesen war. Später bin ich noch oft auf den Schnepfenstrich gegangen, habe aber nur noch zwei oder drei weitere geschossen, eine davon bei dichtem Schneegestöber in der Rominter Heide. Als ich einmal bei einem Gang durch den Wald annähernd zwanzig Schnepfen ziehen sah, war ich froh, daß ich keine Flinte mithatte.

Als Vierzehnjähriger durfte ich mit einem jungen Hilfsförster auf Rehböcke pirschen, womit sich wieder ein neuer Erlebnisbereich auftat. Es gab viel Rehwild, das in den zahlreichen kleinen Brüchen und Feldgehölzen gute Deckung fand. Trotzdem wollte zunächst gar nichts glücken. Jeden Morgen und jeden Abend waren wir unterwegs. Aber die Böcke waren offenbar klüger als wir und ließen uns nicht näherkommen. Einmal saßen wir morgens drei Stunden lang im nassen Gras vor einem Bock, der sich nicht weit von uns in einer Wiese niedergetan hatte. Man sah nur die obere Hälfte des starken Gehörns über die Grashalme hinausragen, und wir hofften, der Bock würde sich bald auf die Läufe stellen. Das tat er schließlich auch, ging aber sofort flüchtig ab, so daß ich keinen Schuß anbringen konnte. Wir pirschten noch mehrere Tage auf ihn, aber er blieb verschwunden. Schließlich faßte der Hilfsförster einen heroischen Entschluß: Er ließ mich auf einen Bock schießen, der annähernd dreihundert Meter entfernt in einem Kartoffelfeld auf der Reviergrenze stand. Es war wie auf der Gamsjagd. Ich mußte mich auf den Bauch legen und er schob seinen zusammengefalteten

Mantel so unter die Büchse, daß sie nicht wackeln konnte. Dann ließ ich das Korn, das auf die Entfernung den ganzen Bock verdeckte, von unten her langsam in das Ziel gleiten und drückte ab. Der Bock rührte sich nicht. Offenbar hatte er den Schuß gar nicht auf sich bezogen. Wir überlegten, ob ich noch einmal schießen sollte. Da senkte er plötzlich seinen Kopf und brach verendend zusammen.

Nach meinem Abitur wurde mir der Zugang zur Krone der Jagd gewährt: Ich erhielt die Erlaubnis, in Januschau einen Hirsch zu schießen. Von meinem ersten Studiensemester in Genf zurückgekehrt, fuhr ich also dorthin, und mir war sehr feierlich zumute, als ich dem Revierförster Hahn, der mich führen sollte, anvertraut wurde. Verabredungsgemäß trafen wir uns am nächsten Morgen lange vor Tagesanbruch am Waldrand, jeder von einer anderen Seite kommend, denn der Förster wohnte in dem Forsthaus Zollnick, das tief im Walde lag. Er hatte eine Taschenlampe bei sich, mit der er mir Lichtzeichen gab, als ich mich ihm im Stockdunklen näherte. An die Stelle, wo wir uns ansetzen wollten, konnten wir nur auf einem großen Umweg gelangen, denn das Wild, das möglicherweise auf den Januschauer Feldern stand, durfte nicht vergrämt werden. Diesen Umweg machte man am besten mit dem Kahn. Wir gingen also zum Seeufer, stiegen in einen für uns bereitliegenden Kahn ein und ruderten in nördlicher Richtung bis an das mitten im Wald gelegene Ende des Sees. Hier stiegen wir aus, machten den Kahn im Schilf fest und klommen einen kleinen Hang hinauf zur sogenannten „belle vue“, einem breiten Durchblick, der durch den Buchenbestand bis auf den See hinunter geschlagen war. Ganz in der Nähe befand sich am Wegrand ein aus Zweigen gefertigter Schirm, dessen Sitzbank Platz für zwei Menschen hatte. Dort machten wir es uns bequem. Etwa fünfzig Meter von uns entfernt lief der Wildwechsel, den das Wild zu benutzen pflegte, wenn es in seine Tageseinstände zurückkehrte. Wohl gab es noch viele andere Möglichkeiten. Aber dies war die Stelle, an der man die beste Übersicht hatte und das Wild am ehesten ansprechen konnte. Auf die Januschauer Felder kam es meist von weither. Denn der Wald hörte mit der Gutsgrenze nicht auf, sondern fing dort eigentlich erst richtig an. Die sechstausend Morgen Wald, die zu Januschau gehörten, waren nämlich auf drei Seiten umschlossen von den Wäldern, die zu den Nachbargütern Finckenstein und Schönberg und zur Staatsforst gehörten, und bildeten mit ihnen zusammen einen Komplex von nahezu hunderttausend Morgen. Da hatte ein großer Teil des Wildes einen langen Weg zurückzulegen, wenn es die Felder erreichen wollte, und mußte zeitig wieder aufbrechen, um noch vor Tagesanbruch in seinen Einstand zurückzukehren. Infolgedessen durchquerte das Rotwild den Januschauer Wald meistens sehr früh, und es war Glücksache, ob man etwas davon zu sehen bekam.

Noch war es völlig finster, als wir an unserem Schirm eintrafen. Aber bald wurde das Wassergeflügel auf dem weißlich schimmernden See lebendig. Enten strichen quakend hin und her, der Haubentaucher ließ seinen rauhen Schrei ertönen, und ein Schwanenpaar lief klatschend über die Wasseroberfläche, ehe es sich erhob und mit singendem Flügelschlag über die Baumkronen davonstrich. Ganz allmählich traten Einzelheiten aus dem Dunkel hervor, hier ein Baumstamm, dort ein Strauch – immer weiter drang der Blick in die geheimnisvolle Umgebung ein und suchte die Kulissen des Waldes zu erforschen. Das Ohr war gespannt wie ein Bogen, um sich ja kein Geräusch entgehen zu lassen. Da, ein leises Knicken und Knacken, das sich schnell von der Stelle bewegt. Ein paar schemenhafte Wildkörper ziehen in einiger Entfernung vorüber. „Das sind Sauen", meint der Förster. Wir hoffen, daß die Hirsche es nicht so eilig haben. Nun hörte man draußen vom Felde her die Kraniche rufen und spürte einen Windhauch, der den Morgen ankündigte. Das geschlossene Blätterdach der Buchen begann sich in zahllose kleine runde Blättchen aufzulösen. Da stieß mein Begleiter mich ganz behutsam mit dem Ellbogen an. Von links kam ein schwerer dunkler Wildkörper auf langen Läufen durch das Stangenholz gezogen, verhoffte einen Augenblick, äugte zurück, verschwand hinter Bäumen, tauchte plötzlich sehr viel näher wieder auf. Ich sah ein dunkles endenarmes Geweih mit weißen Spitzen, hörte meinen Begleiter flüstern, es sei der richtige Hirsch, hob vorsichtig die Büchse und ging in Anschlag. Noch einmal verhoffte der Hirsch, prüfte den Wind und setzte seinen Weg fort. Als er auf etwa fünfzig Meter heran war, machte ich den Finger krumm. Der Hirsch machte eine riesige Flucht, stürmte vorwärts, wurde dabei immer niedriger und überschlug sich in dem hohen Gras des Waldbodens. Als wir herantraten, war er schon verendet. Überglücklich tastete ich das dunkle achtendige Geweih ab; es war ein alter, offenbar zurückgesetzter Hirsch, genau das, was man sich für den Anfang wünschen konnte. Der Förster überreichte mir auf seinem Hirschfänger einen Eichenbruch mit „Waidmannsheil", ganz zünftig. Dann ruderten wir zurück bis an die Stelle, wo der Kahn hingehörte, gingen nach Januschau, spannten uns ein Pferd vor den Wildwagen und holten uns den Hirsch aus dem Wald. Auf der Rampe vor dem Hause wurde er zur Besichtigung aufgebaut und von allen fachmännisch begutachtet. Niemand, am wenigsten ich selber, hatte gedacht, daß es so schnell gehen würde. Später habe ich noch viele Nächte an dieser Stelle verbracht. Aber so programmgemäß ist mir nie wieder ein Stück Wild dort vor die Büchse gekommen.

Den Großeltern mußte ich genau beschreiben, wie alles abgelaufen war. Denn obwohl der Großvater nicht selber jagte, nahm er doch mit großer Passion am Erleben seiner Jagdgäste teil. Und da die Jagd eine überraschungs- und zwischenfallsreiche Angelegenheit ist, steckte er natürlich auch in dieser Beziehung voll von Geschichten. Wenn er Zeit hatte, konnte es sein, daß er selbst die Leine ergriff und seinen Gast im Walde umherfuhr. Sobald dann jagdbares Wild zu Gesicht kam, mußte es aber auch knallen, denn langes Fackeln konnte er nicht leiden. Mein Vater schoß in einer solchen Situation einmal zwei Hirsche aus einem Rudel, die er, wenn er allein gewesen wäre, wahrscheinlich am Leben gelassen hätte. Aber der Großvater hatte ihn so angebrüllt, daß er mehr oder weniger vor Schreck geschossen hatte. Der Großvater hatte aber auch Verständnis dafür, daß gelegentlich vorbeigeschossen wurde. Einmal zum Beispiel hatte er einen Regimentskameraden zu Besuch, der unbedingt zu Schuß kommen sollte. Den schickte er mit seinem Wagen durch den Wald und gab dem Kutscher Anweisung, wo zu fahren sei. Als er den Wagen zurückkommen hörte, trat er vor das Haus, um den Gast zu empfangen. Aber der war schon ausgestiegen und hintenherum ins Haus geschlichen. Der Großvater fragte den Kutscher, ob etwas geschossen worden sei, was dieser verneinte. War denn kein Wild zu sehen? Doch, eine Menge. Und warum hat er nicht geschossen? Er hat viermal geschossen, aber nicht getroffen. Und dann? Konnte er nicht nochmal schießen? Ja, er hätte wohl können. Aber der Herr hatte nur noch eine Kugel und die war „for ihm"! Ein anderes Mal fuhr der Großvater selber mit einem Gast viele Stunden im Wald umher, ohne Wild zu sehen. Auf dem Notsitz hinter ihm saß ein neuer Förster, der dauernd mit seiner Büchse zwischen den Köpfen der vor ihm Sitzenden herumwedelte. Auf dem Nachhauseweg ging plötzlich ein Schuß los. Mein Großvater brüllte den Förster an, aber der sagte nur entschuldigend: „Wenn ich nicht hatt' jestochen jehabt, denn war se auch nicht losjegangen."

Der nördliche Revierteil, in dem ich meinen ersten Hirsch geschossen hatte, hieß Heidemühler Wald. Er ging über in den Zollnicker Wald, der im Osten lag. Beide hatten jedoch ganz verschiedenen Charakter. Der Heidemühler Wald bestand fast ausschließlich aus Buchen, zwischen denen einzelne alte Kiefern und Eichen ihren Platz hatten. Durch ihn hindurch führte ein Weg von Januschau zur Heidemühle, die schon zu Finckenstein gehörte, dem großen Nachbarn im Norden, der mit seinem Wald und seinen Ländereien das Januschauer Gebiet in weitem Bogen umschloß. Das Gelände war leicht gewellt und an den tiefergelegenen Stellen moorig. Dort konnten Kraniche brüten, ohne durch Fuchs oder Dachs gefährdet zu werden. Mehrmals habe ich sie auf ihrem Gelege sitzen sehen und mich an der ungewohnten Nähe dieses so überaus scheuen, herrlichen Waldvogels erfreut. Nahe der Waldkante zog sich, parallel mit dieser, eine lange Wiese hin, die ebenfalls moorigen Untergrund hatte und in früheren Zeiten ein Teich gewesen war. Hier hatten meistens ein oder zwei bessere Rehböcke ihren Standort, und hier hielt sich das Rotwild, vom Felde kommend, gelegentlich eine Weile auf. Von einem Hochsitz an dieser Stelle habe ich einmal über dreißig Geweihträger beobachten können, die am hellen Tag in nächster Nähe an mir vorbeidefilierten, sich auf der Wiese verteilten, spielerisch die Geweihe gegeneinanderschlugen und in dem angrenzenden Bruch ein Moorbad nahmen. Es war wie ein Traum. Das westliche Ende des Heidemühler Waldes war uns von Kindheit an vertraut, weil dort die meisten Pilze zu finden waren. Es war ein Gebiet halb Wald, halb Wiese, auf dem jahrzehntelang die Kühe gehütet und gemolken worden waren. Hier standen alte Eichen, die selber wie Pilze aussahen, am Rand eines großen Birkengestrüpps. Unter ihnen wuchsen die schönsten Steinpilze mit ihren braunsamtenen Köpfen, auf die wir uns mit Begeisterung stürzten, wenn wir den ersten gesichtet hatten. In dem Birkendickicht wuchsen die Walderdbeeren in großen Mengen. Man roch sie schon aus weiter Entfernung. Nach Süden setzte sich der Heidemühler Wald in das Seebruch fort, das wie eine lange Zunge die Januschauer Felder von den zu Brausen gehörigen trennte. Es endete in einem kleinen runden See, dem Toten See, an dessen Ufern die verschiedenartigsten Beeren wuchsen, neben Blaubeeren, Himbeeren und Brombeeren die sogenannte Trunkelbeere und vor allem das harte, grüne, stark nach Formalin duftende Porschkraut, das die Dorfbewohner sich zwischen ihre Wäsche taten, um sie frisch zu halten. Auf der Brausener Seite des Seebruchs wurde Torf gestochen. Als Kinder war uns diese Gegend wegen des schwarzen Erdreichs immer etwas unheimlich, worin wir durch entsprechende Gruselgeschichten bestärkt wurden. Nichtsdestoweniger hat das Seebruch immer eine große Anziehungskraft auf uns ausgeübt. Es lag nicht weit hinter dem Park und war quer über das Feld in zehn Minuten zu erreichen. Eine ähnliche Atmosphäre habe ich später in Finnland wiedergefunden.

Im Nordosten wurde der Heidemühler Wald begrenzt durch die Seen, von denen schon die Rede war. Sie hingen alle miteinander zusammen, waren an ihren Enden durch Fließe verbunden und bildeten, vollständig von Wald umgeben, eine viele Kilometer lange Kette. Der interessanteste von ihnen war der Tromnitz-See an der Grenze zu Finckenstein. In ihm befand sich eine kreisrunde Insel mit sehr hohen alten Bäumen, auf denen sich eine ständig wachsende Kolonie von Fischreihern eingenistet hatte, die sogar schon auf das Festland übergriff. Da passierte Ende der dreißiger Jahre etwas Überraschendes: Ein noch viel größerer Fischräuber, als es der Reiher ist, erschien auf der Bildfläche, der Kormoran. Und dieser aus China stammende Vogel vermehrte sich derart rapide, daß die Reiher innerhalb weniger Jahre von ihrer Insel weichen mußten. Der Kormoran ist ein starker, schwarzer Vogel mit sehr langem, dehnbarem Hals und einer rauhen Stimme, der sehr schnell fliegt und aus dem Fluge tauchen kann, um die Fische unter Wasser zu fangen. Er verschluckt erstaunlich große Fische, die er sich auf dem Nest von seinen Jungen wieder aus dem Halse zerren läßt. Natürlich macht er der Fischerei großen Schaden. Aber wegen seiner Seltenheit in unseren Breiten blieb er gesetzlich geschützt.

Ganz in der Nähe des Tromnitz-Sees stand das schon erwähnte Forsthaus Zollnick. Einst war hier ein ganzes Dorf gewesen, in dem sich, des sandigen Bodens wegen, Glasbläser angesiedelt hatten. Von ihren Häusern war aber schon lange nichts mehr zu sehen und der Wald inzwischen darüber hochgewachsen. Nur zwei Reihen uralter Linden, die den Weg säumten, wiesen noch auf die einstige Dorfstraße hin. Stehengeblieben war allein das alte Gutshaus – nun Forsthaus –, ein höchst gemütlicher Bau aus silbrig glänzendem Holz, überragt von zwei hohen Fichten. Es lag zwischen zwei Seen auf einer freien Fläche, auf der einzelne kleine Birken und Kiefern wuchsen. Hier wohnte der Förster in völliger Einsamkeit. Denn bis zum nächsten Ort waren es fünf Kilometer. Und rundherum dehnte sich der Wald nach allen Seiten. Zollnick war für uns der

Inbegriff der Weltabgeschiedenheit. Die Hahns hatten für ihre vier Kinder, die ungefähr in unserem Alter waren, zeitweise sogar einen Hauslehrer engagiert, weil der tägliche Weg zu der nächstgelegenen Schule zu strapaziös gewesen wäre. Zollnick lag dennoch nicht ganz aus der Welt, denn gerade durch seine Einsamkeit wirkte es anziehend auf Künstler und Wissenschaftler. Unter anderen war der bekannte ostpreußische Maler Budszinski hier oft zu Gast. Auch wir Kinder ritten im Zweifelsfall immer nach Zollnick, das offenbar eine magische Anziehungskraft hatte. Des sandigen Bodens wegen hatte der Wald hier einen ganz anderen Charakter. Er bestand vorwiegend aus jüngeren Kiefern, die zum Teil erst angepflanzt worden waren, als mein Großvater das Gut gegen Ende des vorigen Jahrhunderts angekauft hatte. Es gab aber auch moorige Stellen, an denen die Moosbeeren wuchsen, und das hügelige Gelände sorgte für Abwechslung und Überraschungen, besonders für den Jäger. Hier wurde das Wild gewöhnlich im Winter bei den Jagden geschossen. Aber auch die Pirschfahrten durch das weite Kiefernstangenholz waren oft von Erfolg begleitet. Da die Pferde schußfest waren, konnte man vom Wagen aus schießen, oder man sprang im Fahren ab, glitt hinter einen Wacholderstrauch und versuchte, während der Wagen weiterfuhr, sich erst einmal über das gesichtete Wild zu orientieren. Die Spannung stieg jedesmal, wenn man in die Nähe des Weißen Bruches kam. Dort gab es kein Unterholz, sodaß man weit hindurchsehen konnte, und das helle Blaubeerkraut, das im Weißen Bruch als dicker Teppich wuchs, kontrastierte mit den dunklen Wildkörpern fast wie Schnee im Winter. An dieser Stelle habe ich mehrere starke Hirsche erlegt.

Aber es würde ein Buch füllen, wenn ich von allen Erlebnissen berichten wollte, die mir im Januschauer Wald geschenkt wurden. Nur noch ein anderes Wild muß ich erwähnen, das zeitweise sogar den Hirschen den Rang ablief, nämlich die Sauen. Meinen stärksten Keiler habe ich auf ungewöhnliche Art erbeutet. Es war am Sylvestertag des Jahres 1933. Wir hatten die Tage vorher auf Rotwild gejagt, und der auf Grund des neuen

Jagdgesetzes bewilligte Abschuß war erledigt. Es durfte kein Rotwild mehr geschossen werden. Ich wollte aber vor der Abreise aus Januschau noch einmal nach Zollnick gehen, um mich vom Förster Hahn zu verabschieden, und fragte Meinhard, ob er mitkommen wolle. „Wenn du die Büchse mitnimmst, ja“, entgegnete er. „Ich wollte eigentlich nur die Flinte mitnehmen, denn Rotwild ist ja nicht mehr frei.“ „Dann bleibe ich zu Hause“, sagte der Zwölfjährige. Da ich ihn gern dabeihaben wollte, nahm ich schließlich doch die Büchse mit. Der Wald war tief verschneit. Auf dem Rückweg von Hahns wollte ich Meinhard die Stelle zeigen, an der ich zwölf Jahre zuvor meine erste Schnepfe geschossen hatte. Dazu mußten wir einen kleinen Umweg machen. Dabei kreuzten wir die Fährte eines sehr starken Keilers, die auf eine Gruppe von Wacholderbüschen zulief. Auf einmal blieb mein Bruder stehen und sagte mit unterdrückter Stimme: „Donnerwetter, ein Keiler!“ Ich dachte zunächst, er wollte mich anführen, und ging ruhig weiter. Er aber blieb wie angewurzelt stehen und zeigte geradeaus. Und dann wurde es in den Büschen plötzlich lebendig. Ein schwarzes Klavier tobte an uns vorüber und auf die nächste Dickung zu. Ich riß die Büchse herunter und schoß – vorbei! –, schoß noch einmal – der Schuß saß zu hoch und hatte nur die Wirbelsäule gefaßt. Der Keiler lag im Feuer und erhielt den Fangschuß. War das ein gewaltiges Schwein! So eins hatte ich noch nie gesehen. Aber wo sind seine Gewehre, die man sich als Trophäe an die Wand hängen kann? Sie sind nicht zu sehen, nur der eine Hauer steckt noch ein wenig aus der Zahnleiste heraus. Was mag er alles für Kämpfe damit ausgefochten haben? Die Stümpfe sind enorm breit. Es gehört schon einige Gewalt dazu, sie abzubrechen. Wir betrachten unsere Beute von allen Seiten. Dann wird ein Schlitten aus Januschau geholt, und zu dreien laden wir den gewaltigen Wildkörper auf. Zu Hause wird er auf der Rampe ausgeladen, und alles strömt zusammen, um ihn zu besichtigen. Ein solches Schwein ist schon seit vielen Jahren in der ganzen Gegend nicht mehr zur Strecke gekommen.

Zwei Kilometer östlich von Zollnick lief eine Linie durch den Wald, die insofern mit einem gewissen Respekt überschritten wurde, als es sich nicht nur um die Guts- und Kreisgrenze handelte, sondern auch um die Grenze zwischen Ost- und Westpreußen. Abgesehen von den Grenzhügeln war nichts Bemerkenswertes daran zu sehen, aber als Kinder empfanden wir es immer als besonderen Reiz, mit einem großen Schritt von einem Land ins andere zu gehen. Wir stellten uns breitbeinig auf den Weg oder stellten unsere Ponies so hin, daß sie mit dem Kopf in Ost-, mit dem Schwanz in Westpreußen standen. Wenn man hier weiterging, kam man nach einiger Zeit nach Schwalgendorf, einem großen Fischerdorf am Geserichsee. Dorthin machten wir schon als kleine Kinder Ausflüge, von denen mir einer, an einem sehr heißen Augusttag, in besonderer Erinnerung ist. Ich befand mich damals im dritten Schuljahr, und unsere beiden sehr jungen Hauslehrer, Fräulein Hientzsch und Herr Keferstein, waren mit uns drei Ältesten nach Zollnick gegangen. Dort bekamen sie Lust, nach Schwalgendorf weiterzuwandern, was uns bei der Hitze recht sauer wurde. Als wir dort ankamen, waren sie so begeistert von dem riesigen See, daß sie unbedingt hinüberrudern wollten. Gegenüber, etwa zwei Kilometer entfernt, lockte der Ort Weepers. Einer von den Fischern ließ sich überreden, uns seinen Kahn zu leihen, gab uns aber nur ein Ruder. Wahrscheinlich hoffte er, wir würden den Plan dann aufgeben. Es fand sich aber ein Ersatzruder in Gestalt einer am Ende verdickten Stange, und mit dem ging es auf die Reise. Es war schon recht spät, als wir endlich in Schlangenlinien drüben ankamen, und unsere Lehrer bekamen es mit der Angst zu tun. Sie versuchten zu telephonieren, aber die Leitung war gestört. So machten wir uns denn eilig auf die Rückfahrt, gaben den Kahn wieder ab und schleppten unsere müden Knochen heimwärts. Als wir an Zollnick vorüber waren, kam uns zu unserer großen Erleichterung einer von den Wagen entgegen, die man nach uns ausgeschickt hatte, lud uns auf und brachte uns nach Hause, wo inzwischen alles in helle Aufregung geraten war. Unseren Lehrern wurde eine heftige Standpauke verpaßt, sehr zu unserem Bedauern, denn nachträglich waren wir doch sehr beglückt von dieser etwas waghalsigen Unternehmung. Schwalgendorf ist mir seitdem in bester Erinnerung geblieben.

Das Wetter spielte in Januschau, wie überall auf dem Lande, eine große Rolle, namentlich in der Erntezeit. Das galt auch für uns Kinder, weil die Stimmung im Hause in hohem Maße davon abhängig war. Was haben wir den Großvater verzweifelt, ja am Rande der Tränen gesehen, wenn es Bindfäden regnete und nichts eingefahren werden konnte. Das ging manchmal wochenlang so, und seine Resignation, wenn das Getreide schließlich anfing durchzuwachsen, war fast noch schlimmer als seine Wutausbrüche. Einmal hielt Tante Selma Groeben den Augenblick für gekommen, ihm deswegen ins Gewissen zu reden: „Es hat doch keinen Zweck, lieber Elard, daß Sie sich über das Wetter aufregen. Davon wird es nicht besser. Ich pflege in solchen Zeiten mehr zu lesen und mehr Briefe zu schreiben." Da mischte sich meine Großmutter ein und sagte: „Ja, Selmachen, dir schadet's ja nicht."

Bei schönem Wetter war die Ernte sein größtes Vergnügen. Immer wieder fuhr oder ritt er auf das Feld, auf dem gerade eingefahren wurde, zählte die Wagen, die, mit vier Pferden bespannt, das hochgeladene Fuder zur Scheune brachten oder in gestrecktem Galopp wieder aufs Feld zurückkehrten. Jeder setzte seinen ganzen Ehrgeiz darein, die Ernte so schnell wie möglich unter Dach und Fach zu bringen. Es war genauso die Ernte der Gutsleute wie die des „gnädigen Herrn". Wenn das Wetter schlechter zu werden drohte, fuhren sie auch am Sonntag Getreide ein, ohne dazu angehalten zu werden. Ende September wurde dann das Erntefest gefeiert. Es begann im Gutshaus mit der Überbringung der Erntekrone, die aus Getreidehalmen geflochten war. Dazu wurde das Lied gesungen: „Seht, Herrschaft, unseren Erntekranz". Im zweiten Vers hieß es: „Unser Herr, das ist ein guter Herr, der erntet auch sein Feld, und wer sein Feld nicht ernten kann, das ist ein schlechter Herr."

Dann wurden Gedichte aufgesagt und der Großmutter die Hand geküßt. Anschließend zog alles zum Tanz auf den Speicher, wo es höchst munter und ausgelassen zuging. Der Großvater sprach ein paar Worte, dankte allen für ihre Arbeit und eröffnete den Tanz mit der ältesten Arbeiterin.

Für seine Gutsleute war der Großvater jederzeit zu sprechen. Zu ihnen hatte er ein Verhältnis wie zu eigenen Kindern. Wer es auch war – Mann oder Frau, Kind oder Greis –, sie konnten alle zu ihm kommen, konnten ihm ihr Anliegen vortragen und konnten sicher sein, daß er sie nicht vergaß. Bald nach dem Ersten Weltkrieg fuhr er einmal mit einem Berliner Gast durch die Felder, und der fragte ihn: „Wie sind eigentlich hier bei Ihnen die Leuteverhältnisse?“ „Leuteverhältnisse? Die gibt's hier gar nicht.“ Dann fuhr er an die in der Nähe befindliche Schafherde heran und wandte sich an den Hirten: „Sag mal hier dem Herrn, wem sein Karl du bist!“ „Dem gnädigen Herrn sein Karl“, lautete die Antwort. Der Großvater fuhr weiter und sagte zu seinem Gast: „Das sind hier bei uns die Leuteverhältnisse.“

Am letzten Tag des Jahres gab es statt eines Feuerwerks das Peitschenknallen, das von den Gutsarbeitern ausgeführt wurde. Auf dem Vorplatz standen zehn bis zwölf Männer in gebührender Entfernung voneinander und knallten mit ihren großen Gespann-Peitschen das Neue Jahr ein. Mein Bruder Heinfried beteiligte sich daran; er war der einzige von uns, der diese Kunst beherrschte.

Als die Hitlerzeit begann, konnte natürlich auch Januschau nicht ausgespart bleiben, aber der neue Geist fand dort nur sehr wenig fruchtbaren Boden. In Januschau, hieß es, herrscht Friedhofsruhe, da muß bald etwas geschehen. Das erste, was geschah, war, daß der Großvater die Aufforderung erhielt, seine Gutsleute zur Versammlung in die Kreisstadt Rosenberg zu schicken. Keiner wollte dieser Einladung nachkommen, so daß er schließlich einen von ihnen ausdrücklich beauftragen mußte, sich dorthin zu begeben. Er wählte einen erfahrenen älteren

Mann aus und schärfte ihm ein: „Paß gut auf, was gesagt wird. Du wirst mir nachher genau berichten, wie es war." Der Mann kam zurück und berichtete: „Es war ein Herr von auswärts da, der hat zu uns gesprochen." „Was hat er denn gesagt?" „Er hat gesagt: Es ist schon vieles anders geworden, muß aber noch vieles anders werden." „Konntet ihr denn auch was sagen?" „Na, gewiß doch." „Hast du denn auch was gesagt?" „Jawohl!" „Was hast du denn gesagt?" „Ich habe gesagt: Na, was soll schon viel anders werden. Auf die Bäume wird das Brot nicht wachsen." „So", sagt mein Großvater, „du scheinst mir da der einzige Vernünftige gewesen zu sein."

Eines Abends saß ich mit meinen Großeltern allein zusammen, als ein gutaussehender junger Mann in SA-Uniform ins Zimmer trat und etwas zaghaft mit „Heil Hitler" grüßte. Es war der Maschinist. Meine Großmutter sah ihn von oben bis unten an und sagte: „Jungchen, ziehen Sie sich erst mal die Stiefel aus." Er tat es, kam wieder herein und überreichte dem Großvater ein Blatt, mit dem für die SA geworben und zu einer Sammlung aufgerufen wurde. Der nahm es in die Hand und las den Text vor. Als es darin hieß: „Wir sind für das neue Reich gestorben", sah er den jungen Mann wohlwollend an, sagte: „Aber noch lebst du!" und las weiter. Am Schluß gab er ihm zehn Mark und sagte: „So, nun küß der gnädigen Frau die Hand und dann kannst du wieder gehen."

So sehr wir den Großvater liebten – wesensmäßig fühlten wir uns von jeher stärker der Großmutter zugehörig. Sie war die jüngste von zwölf Geschwistern Kanitz – einer Familie, die sich, was Typ, Charakter, Mentalität und Ausdrucksformen betrifft, so stark durchgesetzt hat, daß viele ihrer Abkömmlinge einander noch heute daran erkennen und sich sofort verwandt fühlen. Mit ihrer hohen, drahtigen Gestalt, ihren langen Gliedern, ihren großen ruhigen Bewegungen, ihrem schmalen Kopf mit den hellen melancholischen Augen, dem starken Oberkiefer, der Adlernase, mit ihrer knappen, ungekünstelten Sprechweise war die Großmutter gewissermaßen der Prototyp dieser Familie – eine herbe, kühle Schönheit, die aus der Entfernung unnahbar wirken konnte. Es war wohl in der Tat nicht leicht, sie zu gewinnen. Als der Großvater um sie warb und eines Morgens nach einem Ritt von siebzig Kilometern in Podangen angekommen war, um sich mit ihr zu verloben, ließ sie ihm sagen, er möge noch etwas warten, sie wolle erst frühstücken. Es wird für sie nicht leicht gewesen sein, an der Seite dieses leidenschaftlichen, aufbrausenden, sich oft nicht in der Gewalt habenden Mannes das Gleichmaß zu bewahren, das sie in besonderer Weise auszeichnete. Ich glaube, daß die Großzügigkeit des Herzens, die bei ihm immer wieder zum Durchbruch kam, dasjenige gewesen ist, was sie an ihrem Platz gehalten und ihr geholfen hat, Krisen zu überwinden. Für uns Enkel und alle ihr nahestehenden Menschen war sie jedenfalls das Stück Januschau, das jederzeit Geborgenheit und Nestwärme zu bieten hatte, ohne daß davon je die Rede gewesen wäre. Sie teilte ihre Gaben sozusagen im Vorübergehen aus und behielt nur das Notwendigste für sich. Gegen sich selber war sie von außerordentlicher Härte. Krankheit und ähnliche Probleme gab es für ihre Person nicht. Wenn sie sich erkältet hatte, nahm sie eine Flasche Wein, legte sich ins Bett und war am nächsten Morgen wieder auf Draht. Nach ihrem Befinden durfte man sie nicht fragen. Auch einen Arzt zu Rate zu ziehen, wäre ihr gegen die Ehre gegangen. Wenn sie nach Berlin zum Zahnarzt fuhr, mußte der sich den ganzen Vormittag für sie freihalten, um alles in Ordnung zu bringen, was nötig war. Bei einer solchen Gelegenheit besuchte sie einmal eine Verwandte, die im Kaiserin-Augusta-Hospital lag. Mein Großvater wußte, daß sie dorthin gehen würde, und schrieb an den ihm bekannten Chefarzt, er möge sie abfangen und überreden, sich untersuchen zu lassen. Sie sei in letzter Zeit so sehr mager geworden. Er dürfe sich aber nicht anmerken lassen, daß er darum gebeten worden sei. Merkwürdigerweise glückte der Plan. Der Arzt fand, sie sähe sehr schlecht aus, und sie ließ sich von ihm untersuchen. Dann aber machte er den Fehler, ihr zu sagen: „Ihr Gatte kann beruhigt sein, Sie sind ganz gesund." Sie schwieg dazu. Als der Großvater aber das nächste Mal in Berlin war und seinerseits jemanden im gleichen Hospital besuchte, erschien dieser Arzt und überredete nun ihn zu einer Untersuchung. Er ließ es sich gefallen und roch den Braten erst, als der Arzt zu ihm sagte: „Ihre Gattin kann beruhigt sein. Sie sind zwar sehr dick, sonst aber ganz gesund."

Als sie dann wirklich sehr krank wurde und auf dem Sterbebett lag, machte sie mir gegenüber eine große Konzession, als sie mir sagte: „Weißt du, dieser furchtbare Geschmack im Mund, das ist mir doch beinah wie eine Krankheit." Zu Beginn der Krankheit holte ich sie nach Insterburg in das Krankenhaus, an dem ich damals als Assistenzarzt tätig war, und mein Chef operierte sie. Er hatte die Rückenmarksbetäubung gewählt. Sie spürte nichts, aber mitten in der Operation sagte sie plötzlich: „Kinder, ihr nehmt mir ja das ganze Geschlinge raus." Wir waren entsetzt und fragten sie, woran sie das denn merke. Sie antwortete, sie könne die Operation im Spiegel der Operationslampe verfolgen. Drei Monate später, in den ersten Augusttagen 1940, ist sie dann in Januschau gestorben. Ich war die letzten Tage bei ihr und konnte ihr die Schmerzen ein wenig erleichtern. Sie gab noch einige Anweisungen, unter anderem entsinne ich mich, daß sie sagte: „Kinder, ihr dürft mein Grab nicht so breit machen wie das vom Vater. Man muß zwischen beiden durchgehen können."

Der Großvater war genau drei Jahre vorher im dreiundachtzigsten Lebensjahr gestorben. Er hatte noch ein paar Tage im Krankenhaus gelegen, und das letzte, was er sagte, war: „Du stellst mir auf jeden Platz eine Flasche Sekt", wobei er offenbar an seine eigene Beerdigung dachte. Die war denn auch so, wie er sie sich nicht sinnvoller wünschen konnte. Die Nacht zuvor stand der Sarg in der Mitte des Gartensaals, und die zehn ältesten seiner achtzehn Enkel hielten, in zwei Gruppen abwechselnd, die Totenwacht. Diese Nacht wird denen unter ihnen, die noch am Leben sind, in unauslöschlicher Erinnerung sein. Wir saßen zu beiden Seiten des Sarges, ganz heiter und gelöst, und empfanden zum letzten Mal die machtvolle Gegenwart des Großvaters in dem von ihm geprägten Hause. Am nächsten Tag kamen die Menschen in Scharen, um ihm die letzte Ehre zu erweisen. Nach einer tief bewegenden Feier trugen wir ihn aus dem Hause und geleiteten ihn auf seinem letzten Wege bis zum Ende des Parks, wo er auf einem kleinen gepflegten Platz seine letzte Ruhestätte fand. Bei dem anschließenden Empfang, zu dem sich Hunderte von Menschen einfanden, kam eine Stimmung auf, die immer wieder vergessen ließ, daß er nicht mehr dabei war. Uns war zumute wie auf einem Erntefest. Die Times schrieb damals:

„Wir erhalten die Todesanzeige von Herrn Elard von Oldenburg-Januschau im Alter von zweiundachtzig Jahren. Oldenburg, ostpreußischer Junker, Politiker und Patriot, war, obgleich er nie ein öffentliches Amt bekleidet hat, eine einflußreiche Persönlichkeit im öffentlichen Leben Deutschlands sowohl vor wie nach dem Kriege. Er war es, der als erster ‚einen Leutnant und zehn Mann' für das angemessene Mittel erklärte, mit aufsässigen Politikern fertigzuwerden. ‚Der alte Januschauer', als der er bekannt war, war ein Deutschnationaler von der harten Schule, rücksichtslos und hart zuschlagend in der politischen Kontroverse, aber begabt mit einer gehörigen Portion Mutterwitz, einer genialen Persönlichkeit und einem warmen Herzen, das ihm den Respekt und oft genug die Zuneigung sogar seiner Gegner gewann. 1875 trat er bei den Zweiten Gardeulanen ein, verließ aber die Armee 1882, um nach dem Tode seines Bruders die Bewirtschaftung seines väterlichen Besitzes zu übernehmen. Er vergrößerte das ursprüngliche Gut von fünftausend Morgen um ein Beträchtliches und fand Zeit, auch noch andere Güter zu verwalten, so daß er zeitweise achtzigtausend Morgen unter seiner Regie hatte. 1902 wurde er in den Reichstag gewählt, wo er 1910 in einer Rede über den Militärhaushalt seine historisch gewordene Bemerkung machte. Humorvoll ausgehend von der unaufhörlichen Kritik des Reichstages an der Armee sagte er: ‚Wenn ein Leutnant heute irgendwo laut hustet, hat er allen Grund zu der Befürchtung, daß es morgen im Reichstag debattiert wird. Zu meiner Soldatenzeit war das anders. Als ich Leutnant war, wußten wir nichts vom Parlament und was es bedeutete. Wenn mein König zu mir gesagt hätte: Nehmen Sie zehn Mann und schließen Sie den Reichstag, ich hätte es getan.‘ Herrn von Papen blieb es vorbehalten, Oldenburgs Rezept in die Praxis umzusetzen, als er (1932) einen Offizier und zwölf Mann beorderte, die Preußische Regierung aus dem Amt zu setzen. Während des Krieges war Oldenburg, obwohl schon in den Sechzigern, im aktiven Militärdienst als Kommandeur eines Infanterie-Regiments, und hinterher entwickelte sich eine enge Freundschaft zwischen ihm und Feldmarschall von Hindenburg. Vor den Wahlen 1930 unternahm er es auf Veranlassung des Feldmarschalls, zwischen den verschiedenen Gruppen der konservativen Kräfte zu vermitteln, und wurde noch einmal als Spitzenkandidat der Deutschnationalen in den Reichstag gewählt. Oldenburgs Bemühungen ist es auch zu danken, daß das alte Familiengut Neudeck Hindenburg zu seinem achtzigsten Geburtstag wiedergeschenkt werden konnte, und anläßlich der Beisetzung Hindenburgs 1934 in Tannenberg trat Oldenburg, in Ulanen-Uniform, zum letzten Mal öffentlich in Erscheinung. Er verblieb bis zum Ende ohne Sympathie für das nationalsozialistische Regime.“

Steinort

Steinort, der Stammsitz meiner Familie im Bereich der masurischen Seen, stand zu meiner Kinder- und Jugendzeit ganz im Zeichen seines damaligen Besitzers, meines Patenonkels Carol Lehndorff, eines Vetters meines Vaters. Er war Junggeselle und hatte schon von früher Jugend an durch seine Streiche von sich reden gemacht.

Nach dem verhältnismäßig frühen Tod seines Vaters, der Steinort vor ihm besaß, hatte seine Mutter ihre liebe Not mit ihm gehabt und immer wieder versucht, sein Leben in geordnete Bahnen zu lenken. Daß ihr das nicht gelungen ist, beweisen die Abenteuer, die er sich in den verschiedensten Ländern der Erde geleistet hat.

Eine seiner besten Geschichten kannten wir schon als Kinder, und da sie sehr typisch für ihn ist, will ich sie hier erzählen: Für die Zeit seines Militärdienstes hatte ihn seine Mutter in eine kleine pommerische Garnison gegeben, die einen besonders strengen Kommandeur aufzuweisen hatte. Von ihm erhoffte sie sich, daß er ihren Sohn, so weitab vom Schuß, ordentlich an die Kandare nehmen und zur Raison bringen würde. Das hat er wohl auch versucht. Aber da er ihn nicht einsperren und ihm auch den Sonntagsurlaub nicht versagen konnte, hatte dieser Plan von vornherein ein großes Loch. Onkel Carol fuhr jeden freien Sonntag nach Berlin zum Rennen, wo er seine Freunde traf und gelegentlich auch selbst in den Sattel stieg. Da er montags um sechs Uhr früh wieder zum Dienst bei seinem Regiment sein mußte, hätte er Karlshorst eigentlich jedesmal lange vor Beendigung der Rennen verlassen müssen, um den letzten Zug in seine Garnison noch zu erreichen. So jedenfalls machte es sein Kommandeur, der sonntags ebenfalls zum Rennen nach Karlshorst fuhr. Nach dem Hauptrennen brach er immer zeitig auf, während Carol seelenruhig dablieb. Der Kommandeur konnte sich nicht erklären, wie sein Leutnant es schaffte, am nächsten Morgen pünktlich zur Stelle zu sein. Erst nach längerer Zeit bekam er heraus, daß Carol den Güterzug benutzte, der nachts in die gewünschte Richtung fuhr. Da das aber nur für Vieh-Begleiter erlaubt war, ließ er sich jedesmal ein Schaf besorgen, das mit ihm auf die Reise ging. In der Kaserne hatten sich auf diese Weise bereits eine Reihe von Schafen angesammelt. Das brachte den Kommandeur auf einen listigen Gedanken: Nachdem er sich vergewissert hatte, daß der Güterzug erst gegen fünf Uhr dreißig eintraf, setzte er für den nächsten Montag den Dienst auf fünf Uhr fest. Trotzdem mußte er in Karlshorst erleben, daß sein Leutnant, der das Hauptrennen gewann, hinterher keinerlei Anstalten traf, den Rennplatz zu verlassen. Der Kommandeur hatte zudem das Pech, von einem Vorgesetzten ins Gespräch gezogen zu werden, als es Zeit zum Aufbruch war, und dadurch seinen Zug zu verpassen. Er warf sich zwar in eine Droschke, erreichte den Schlesischen Bahnhof aber erst, als der Zug gerade aus der Halle fuhr. Der Bahnhofsvorsteher, bei dem er sich erkundigte, ob noch eine andere Möglichkeit bestünde, zu seinem Standort zu gelangen, gab ihm den freundlichen Rat, sich ein Schaf zu besorgen und mit dem Güterzug zu fahren. Aber diesen Ausweg hatte er sich ja selbst verbaut, als er den Dienst vorverlegte. Was sollte er nun machen? Der Bahnhofsvorsteher kam ihm noch einmal zu Hilfe: „Sie haben Glück! Einer von Ihren Leutnants fährt heute mit einem Extrazug. Er kommt gegen Mitternacht hier durch, und wenn Sie ihn bitten, nimmt er Sie bestimmt mit. Er ist ein ganz netter Mensch." Und so geschah es. Spät nachts gingen die Lampen an, und der vom Bahnhof Friedrichstraße kommende Extrazug fuhr ein mit Carol, der nach seinem Sieg und der anschließenden Feier in bester Stimmung war. Er gab dem Kommandeur seinen Ehrenpreis zu halten, sprach ein paar Worte mit dem Bahnhofsvorsteher, und dann fuhren beide einträchtig miteinander nach Hause.

Da die Idee mit dem Extrazug, auf die er später noch öfter

zurückkam, nur einer von vielen Geistesblitzen war, die Onkel Carol in die Tat umsetzte, steckte er begreiflicherweise tief in Schulden, für die auch ein Besitz wie Steinort auf die Dauer nicht geradestehen konnte, und der Familienrat mußte immer wieder zusammentreten, um zu überlegen, wie man seinen Tatendrang zügeln könnte. Das ist nur unvollständig gelungen. Vielmehr taten sich bis in sein Alter hinein in seiner Umgebung lauter Dinge, die man anderswo nicht zu erleben pflegte. Wir Kinder haben noch manches davon mitbekommen. Schon wenn er uns in Graditz besuchte, brachte er in den sonst so akurat und pünktlich funktionierenden Haushalt einen Wirbel, der sich erst nach Tagen wieder legte. Jedesmal wurden wir reich beschenkt mit Genüssen, die wir sonst nur zu Weihnachten zu sehen bekamen, und seine Unterhaltungen waren geeignet, jede elterliche Autorität zu untergraben. Dabei hatte er – das merkten wir genau – große Hochachtung für meine Mutter. Aber es lockte ihn, jeden erwachsenen Menschen auf die Probe zu stellen, ihn sozusagen auf die Palme zu bringen und zu verunsichern. Nur mit meinem Vater, der ihn von Jugend auf kannte und nicht viel jünger war als er, versuchte er das nicht, weil der sich nicht scheute, ihm gehörig eins draufzugeben.

Als ich zehn Jahre alt war, fuhr mein Vater mit Heinfried und mir zum ersten Mal nach Steinort. Onkel Carol war verreist, aber sein Haus mit allem Drum und Dran war ein getreues Abbild seiner Persönlichkeit. Schon die Fahrt dorthin hatte mich tief beeindruckt. Wir wurden in der Kreisstadt Angerburg von der Bahn abgeholt und hatten von dort fast zwei Stunden mit dem Wagen zu fahren. Die Beine der Pferde waren bis zu den Knien mit Lehm beschmiert, woraus wir Rückschlüsse auf den Zustand der Wege ziehen konnten, die vor uns lagen. Zuerst ging es lange auf einer festen Straße durch hügeliges Gelände, von dessen Höhen man immer wieder die riesige Fläche des Mauersees mit seinen Inseln und Buchten überblicken konnte. Dann bog die Straße um den nördlichsten Ausläufer des Sees herum nach Süden ab und führte durch den Ort Stawisken, der schon zu Steinort gehörte. Trotzdem hatten wir noch eine gute Stunde Fahrt vor uns, zunächst lange Zeit durch Wald. Himmelhohe Fichten, unter deren Schirmdach sich fast nächtliches Dunkel ausbreitete, wechselten ab mit Eichenbeständen, Erlenbrüchen und schmalen Lichtungen, auf denen gelegentlich ein Reh oder ein Stück Damwild zu sehen war. Auf den ungepflasterten Wegen sanken die Wagenräder bis zur Mitte in den Lehm ein, und mehr als einmal drohte der Wagen umzukippen. Immer wieder lehnte man sich instinktiv nach der entgegengesetzten Seite, um ihn ins Gleichgewicht zu bringen. Wir passierten die Orte Stobben und Kittlitz und fuhren dann noch ein langes Wegstück durch viele Löcher bis zu einer kleinen Anhöhe. Dort begann eine schnurgerade Allee alter Eichen, an deren Ende die roten Dächer von Steinort zwischen den Baumkronen schimmerten. Wieder auf festem Boden angekommen, entschlossen sich die Pferde noch ein letztes Mal zu schnellerer Gangart, bis das Dorf erreicht war, das sich zu beiden Seiten der Straße hinzog. Nochmal kam eine kleine Anhöhe, oben wendete der Wagen nach links und hielt vor einem langgestreckten, grauen, schmucklosen Gebäude, das einen wenig gepflegten Eindruck machte. Uns Kindern erschien es sogar etwas düster. Die Haustür öffnete sich, und wir traten zu ebener Erde in eine große Halle mit einem Fußboden aus riesigen, schon ziemlich abgenutzten Dielen. An den Wänden hingen Familienporträts aus früheren Zeiten, dazwischen ausgestopfte Elchköpfe. Rechts und links führte je eine breite Holztreppe mit sanfter Steigung bis zur halben Höhe der unteren Raumhälfte. Dort bildeten beide einen Absatz, wandten sich einander zu und vereinigten sich zu einer einzigen, in entgegengesetzter Richtung hochführenden Treppe. Wenn Onkel Carol zu Hause war, stand er oben auf dem Podest, an ein Billard gelehnt, und empfing die heraufkommenden Gäste mit einem Zuruf, der sie zugleich darauf aufmerksam machte, daß die oberste Stufe wesentlich höher sei als die übrigen. Das konnte, wenn man, den Blick nach oben gerichtet, hinaufstieg, leicht übersehen werden und zu einem unbeabsichtigten Kniefall führen. Oben angekommen, bekam jeder Gast, ganz gleich welchen Alters, ein Glas

Portwein und eine Schachtel Streichhölzer in die Hand. Auch wir Kinder bildeten keine Ausnahme von dieser Regel, was sehr zur Hebung unseres Selbstbewußtseins beitrug.

Da das Haus schon jahrzehntelang keine verantwortliche Hausfrau mehr unter seinem Dach gehabt hatte, befand es sich in einem abenteuerlichen Zustand. Wir Kinder wohnten in einem riesigen Raum rechts neben der Eingangshalle, den wir die Reitbahn nannten. Darin standen mindestens vier Betten einfachster Machart mit entsprechenden Nachttischen, auf jedem ein Leuchter mit Kerze. Die Matratzen waren hart, die Decke so fest gestopft, daß sie wie ein Brett auf einem lag und der Wind auf beiden Seiten durchpfiff. Nachts rutschte sie dauernd aus dem Bett. Wir dachten uns alles mögliche aus, um sie festzuhalten, kamen aber nie richtig zum Schlafen. Auf dem Fußboden lagen mehrere Pferdefelle, eins von einer Fliegenschimmelstute, die einmal ein gutes Rennpferd gewesen war. An den Wänden, von denen sich die Tapeten ablösten, hingen Bilder, meist eingerahmte Photographien, in merkwürdiger Anordnung. Wenn man sie anhob, sah man dahinter ein Loch in der Wand, aus dem einem Spinnen entgegentaumelten. Die Nachttöpfe waren nicht immer leer. In der Dönhoffstube im ersten Stock, in der mein Vater wohnte, hatte das alte Mahagonibett nur zwei Füße. Die beiden anderen waren durch eine Steinsäule ersetzt, die Onkel Carol aus Ägypten mitgebracht hatte. Neben dieser Stube lag ein schönes großes Eckzimmer, die Bischofsstube. Dort hing an der Wand über den Betten ein riesiges Gemälde, das einen typisch Lehndorffisch aussehenden Bischof im Ornat mit Krummstab darstellte. Den hatte es im 16. Jahrhundert tatsächlich gegeben. Da man aber nicht wußte, wie er aussah, war er nach genauen Angaben und Wünschen von Onkel Carols Mutter gemalt worden. Angeblich spukte er auch im Hause, wir haben ihn aber nie gesehen. Als mein Vater und ich einmal in sehr heißen Sommertagen in Steinort nächtigten, wachten wir bei Tagesanbruch von einem eigentümlichen Klopfen auf. Es war aber nicht der Bischof, der dies Geräusch verursachte, sondern es saßen Puten auf den äußeren Fensterbrettern und pickten die Fliegen von den Scheiben. Das große Eßzimmer, ein langgestreckter Raum, hatte nur an der Schmalseite ein Fenster, das man aber nicht öffnen konnte, weil im Fensterrahmen ein Baumpilz wuchs. An der Längswand neben dem Fenster hing ein herrliches Bild meiner Urgroßmutter Lehndorff geb. Schlippenbach, in einer überdachten Gondel in Venedig, und an der Wand gegenüber ein Porträt ihres Mannes in Generalsuniform, im freien Feld auf einem Baumstumpf sitzend. In den Wohnzimmern hingen andere schöne Familienbilder, daneben hervorragende zeitgenössische Porträts von Mitgliedern der preußischen Königsfamilie, von der Mutter Friedrichs des Großen, von Königin Luise, Prinz Louis Ferdinand von Preußen, der mit meinem Urgroßvater eng befreundet war. Mit den Porträts konkurrierten in aufregender Weise die Gobelins an den Wänden, alles Szenen aus der alttestamentlichen Simson-Geschichte. In dem Zimmer, in dem man nach den Mahlzeiten zu sitzen pflegte, fiel der Blick auf Simson, dem die Augen ausgestochen werden. Neben diesem Gobelin stand eine Uhr, die alle Stunde das Lied von sich gab „Üb' immer Treu und Redlichkeit bis an dein kühles Grab, und weiche keinen Finger breit von Gottes Wegen ab". Einmal war ein Gast da, der sich für solche alten Uhren besonders interessierte. Als niemand im Zimmer war, sah er sich die Standuhr genau an und fand heraus, daß sie noch elf andere Lieder spielen konnte, was offenbar niemandem bekannt war. Um Onkel Carol zu überraschen, stellte er die Uhr auf ein anderes Lied ein. Der aber war gar nicht für solche Scherze zu haben. Er ließ den Mann umgehend seinen Koffer packen und schickte ihn zum sechs Kilometer entfernten Bahnhof Groß Steinort, von wo nur selten ein Personenzug verkehrte.

Noch eine andere nette Geschichte passierte mit der Uhr. Onkel Carol war ein leidenschaftlicher Skatspieler, und seine Gäste mußten darauf gefaßt sein, mit ihm bis in den Morgen hinein am Spieltisch zu sitzen. Gelegentlich wurde sogar, wenn einer der Mitspieler genug hatte, ein anderer als Ersatzmann aus dem Bett geholt. Da mit allen Schikanen gespielt wurde, war die

Spannung manchmal groß. In einem solchen Augenblick – einer der Gäste hatte gerade ein großes, aber gewagtes Spiel in der Hand – fügte es sich, daß die Uhr ihr altgewohntes Lied ertönen ließ. Da warf der Gast die Karten auf den Tisch und schrie: „Was hast du dir da wieder für eine Gemeinheit ausgedacht!"

Einer der größten Räume im Obergeschoß, das zur Parkseite gelegene hintere Turmzimmer, hatte ebenfalls seine Geschichte. Hier hatte Onkel Carol eines abends das gesamte Lehrerkollegium des Rastenburger Gymnasiums so lange unter Verschluß gehalten, bis die letzte Möglichkeit, in die Stadt zurückzukehren, verpaßt war. Er war an diesem Tag auf der Insel Upalten gewesen, die zu Steinort gehörte und ein beliebtes Ausflugsziel war. Dort hatte er Schüler mehrerer Klassen aus Rastenburg getroffen, die mit ihren Lehrern einen Schulausflug machten. Er kam mit den Schülern ins Gespräch und wettete mit ihnen, daß sie am nächsten Tag keinen Unterricht haben würden. Dann lud er die Lehrer zu einem kleinen Umtrunk nach Steinort ein. Sie stimmten zu, und er nahm sie in seinem Motorboot mit nach Hause. Im hinteren Turmzimmer, das nur einen Zugang hatte, bekamen sie ein improvisiertes Essen und wurden reichlich mit Alkohol versorgt. Als sie sich auf den Weg zum Dampfer machen wollten, ging Onkel Carol aus dem Zimmer und ließ die schwere eichene Tür derartig hinter sich ins Schloß fallen, daß der große eiserne Schlüssel herausfiel. Er ließ sich auch auf keine Weise wieder hineinstecken, denn Onkel Carol hatte das Schloß vorher so präpariert, daß es einschnappte, als die sonst offenstehende Tür zufiel. Er selbst stand draußen und beteuerte, daß es ihm unmöglich sei, die Tür zu öffnen. Erst nach Stunden ließ er die Lehrer wieder frei. Sie mußten bis zum nächsten Morgen seine Gäste bleiben. Da aber gab es keine Möglichkeit mehr, rechtzeitig nach Rastenburg zu gelangen.

Die schönsten Zimmer in Steinort lagen parterre auf der Parkseite. Sie hatten wunderbare Parkettböden aus verschiedenfarbigem Holz und waren mit vergoldeten Empire-Möbeln eingerichtet, Stühlen, Sesseln, Sofas, Schränken, Spiegeln, Kommoden und Etageren für Blumen und Porzellan. An den Zimmerdecken hingen venezianische Kronleuchter, vor den Fenstern gestickte Vorhänge. Die anschließende Bibliothek hatte Glasschränke im gleichen Stil. Diese Räume waren aber seit Jahrzehnten nicht mehr benutzt worden und daher völlig verstaubt, die Vorhänge und Möbelbezüge von Motten zerfressen, die Spiegel blind, die Porzellanstücke zerschlagen oder von Besuchern als Andenken mitgenommen. Es war bedrückend, sich beim Anblick dieser Zimmer auszumalen, wie herrlich man früher darin gelebt haben mochte. Hin und wieder warfen wir heimlich einen Blick hinein. Onkel Carol selber bewohnte zwei kleine Zimmer im südlichen Teil des Hauses. Dort durften wir ihn gelegentlich besuchen, was wir mit einigem Bangen taten, weil es drinnen eng und stickig war. Er war aber immer sehr nett zu uns und behandelte uns wie Erwachsene. Meistens lag er im Bett, einen Kneifer auf der Nase, las oder besah Münzen und Münzkataloge. Die Schränke, zwischen denen man hindurchgehen mußte, um an sein Bett zu gelangen, enthielten eine der größten Münzsammlungen, die es damals gab, zweihundertachtzigtausend Stück, alle brandenburgisch-preußischen Ursprungs. Er hatte sie im Laufe seines Lebens gesammelt und dabei großes Fachwissen erworben. Ständig korrespondierte er mit Numismatikern und hatte fast immer einen oder mehrere über Wochen und Monate bei sich zu Gast. Als ich von ihm wissen wollte, wie er an das Münzensammeln gekommen wäre, erzählte er mir, er hätte als Junge beim Spielen in einer Sandkuhle einen Beutel mit Geldstücken gefunden. Die hätte er einem Fachmann gezeigt, und der hätte sie alle für Fälschungen erklärt. Diese Tatsache hätte ihn so interessiert, daß er daraufhin mit dem Sammeln angefangen hätte. Und das hätte ihn dann nicht mehr losgelassen.

In den Sommermonaten war das Haus immer voller Gäste, nicht selten saßen mehr als zwanzig Menschen um den lang ausziehbaren Eßtisch herum. Onkel Carol forderte sie auf seinen Reisen auf: „Kommen Sie mich mal in Steinort besuchen“, und dann kamen sie mit Frau und Kindern und blieben manchmal vier Wochen in Steinort. Er wußte oft gar nicht, wer sie alle waren, und wenn es ihm zu viele wurden, erschien er nicht mehr zu den Mahlzeiten.

Das Essen dauerte immer sehr lange. Wir Kinder konnten das nur schwer ertragen. Da wir aber nichts versäumen wollten, rutschten wir häufig zwischen zwei Gängen unter den Tisch und legten uns dort lang. Manchmal habe ich so viel gegessen, daß ich mich nach Tisch mit dem Bauch über eine Sessellehne legen mußte, um einen heilsamen Gegendruck zu erzeugen. Bei besonders festlichen Gelegenheiten organisierte Onkel Carol alles bis ins kleinste selbst. Er saß dann bei Tisch in der Mitte der langen Seite zwischen den beiden von ihm bevorzugten Damen und führte mit ihnen ein Gespräch nach seiner Art. Wer das schon öfter miterlebt hatte, kannte dessen verschiedene Stadien. Hatte Onkel Carol eine bestimmte Menge Alkohol zu sich genommen, ergriff er die Hand der Dame zur Rechten und rieb sich mit ihr die Stirn. Es folgten einige Kosenamen, und schließlich ließ es sich die Dame gefallen, daß er sie mit „Altes Scheusal“ anredete. Einer seiner Münzfreunde, ein Professor in Bonn, erzählte mir, Onkel Carol hätte ihn einmal dort besucht, gerade an einem Tag, an dem abends ein Essen beim Kurator der Universität stattfand. Der Professor hatte daraufhin die Gattin des Kurators angerufen und ihr gesagt, daß er nicht kommen könne, da er den Besuch eines Freundes aus Ostpreußen erwarte. Wer das denn wäre, hatte sie gefragt, und ihn, durch seine Antwort neugierig gemacht, gebeten, diesen Freund mitzubringen. Die Bedenken, die er äußerte, erhöhten ihre Neugier, und er wurde ausdrücklich angewiesen, nicht ohne seinen Freund zu erscheinen. Die Hausfrau hatte das ganze Placement umgeworfen und den fremden Gast auf den Ehrenplatz an ihrer Seite gesetzt. Der Professor erzählte mir, er hätte die ganze Zeit auf Kohlen gesessen und als das Stirnreiben vorbei war, nur noch auf das Scheusal gewartet. Das kam denn auch kurz ehe das Diner vorbei war: „Altes Scheusal, komm mich mal in Steinort besuchen.“ Der Freund glaubte in den Erdboden versinken zu müssen und wagte kaum, sich bei der Hausfrau zu entschuldigen. Aber die hatte es ja schließlich selbst so gewollt und sagte, als er sie darauf ansprach: „Was wollen Sie eigentlich, er war doch reizend zu mir.“

Ja, das war er auch, sie hatte recht. Sie hatte verstanden, daß ein souveräner Mensch neben ihr gesessen hatte, einer, der sich in seinen Meinungen und Gefühlsäußerungen nie von anderen beeinflussen ließ, ganz gleich, wer es war. Als in den zwanziger Jahren die Regierung wechselte und der bis dahin amtierende sozialdemokratische Landrat von Angerburg seinen Abschiedsbesuch bei Onkel Carol machte, lud er ihn für ein paar Tage nach Steinort ein. Daraufhin schickte man ihm den damaligen Vorsitzenden der Deutschnationalen Volkspartei auf den Hals, einen riesigen, furchteinflößenden Mann, dazu noch sein Pächter und Nachbar. Der sollte ihm klarmachen, daß er damit gegen die Regel verstoße. Onkel Carols Antwort bestand darin, daß er auch noch Frau und Tochter des Landrats einlud und sie vier Wochen im Hause behielt.

Wer zum ersten Mal nach Steinort kam, konnte sicher sein, daß ihm etwas Außergewöhnliches zustieß. Er schloß sich auf der Toilette ein und bekam die Tür nicht mehr auf, es ergoß sich von irgendwoher ein Eimer Wasser über ihn, das Bett brach unter ihm zusammen, oder er machte sich durch seine Teilnahme an irgendwelchen fingierten jagdlichen Unternehmungen lächerlich. In Szene gesetzt wurde das alles durch zwei Helfershelfer, die ständig zur Verfügung standen, den Diener und Chauffeur Achenbach, von Onkel Carol Etschenbetsch genannt, seinen ehemaligen Burschen aus dem Kriege, und die sogenannte Kiste, einen alten Oberst Engel, Junggeselle, ständiger Gast im Hause. Die beiden waren mit allen Wassern gewaschen, und wer ihnen in die Fänge geriet, mußte Lehrgeld zahlen. Wir erlebten, wie sie einen Zeitungsreporter aus Berlin in der Mache hatten, der das Landleben kennenlernen wollte. Als er fragte, ob es in Steinort Trüffeln gebe, wurde er in den Schweinestall geschickt, um sich von dem – vorher verständigten – Schweinemeister das Trüffelschwein geben zu lassen. Der gab ihm auch ein gutwilliges Schwein an die Hand, mit dem er den ganzen Vormittag im Park spazierenging. Als er hörte, daß es dort auch Wildschweine gebe, wollte er wissen, ob die mit der Saufeder gejagt würden. Das wurde ihm bestätigt und beschrieben, und am nächsten Tag wurden Übungen veranstaltet. Er mußte auf einen Tisch steigen, wohin man ihm die Saufeder hinaufreichte – einen korkenzieherartig gewundenen spitzen Eisenstab, den der Schmiedemeister nach besonderen Angaben angefertigt hatte. Dann wurde ein ausgestopfter Keiler zur Tür hineingeschoben, auf den mußte er springen und ihm den großen Korkenzieher mit Drehbewegungen in den Leib stoßen (der Keiler war schon manches gewöhnt). Zu einer praktischen Ausübung dieser Art von Jagd kam es aber nicht. Vielmehr bedeutete man ihm, die Schweine hätten jetzt Schonzeit, und ließ ihn stattdessen auf einen „Seehund" schießen. Der Journalist wurde am Kanal postiert und nach einer Weile in einiger Entfernung ein ausgestopftes Hasenfell von unsichtbarer Hand durch das Wasser gezogen. Er schoß darauf, aber leider vorbei, wie man ihm erklärte.

Wie gut Onkel Carol und Etschenbetsch aufeinander eingespielt waren, kann man aus folgender Geschichte ersehen. Ein etwas großspuriger Landwirt – großspurige Menschen konnte Onkel Carol nicht leiden – war ein paar Tage in Steinort gewesen und sollte nach dem Mittagessen wieder abfahren. Während des Essens erzählte er von lauter Leuten, mit denen er angeblich befreundet war, und gebrauchte dabei dauernd das Wort „Herr". „Als ich mit dem Herrn A. zum Herrn B. fuhr, sagte Herr B. zu mir: Herr X, sagte er, wie lange kennen Sie eigentlich Herrn A. schon?" und so weiter. Da trat Achenbach vor und sagte: „Es wird Zeit zur Abfahrt. Die Herren Wallache stehen vor der Tür."

Einmal war unter den Wochenendgästen auch der Landrichter aus Angerburg. Onkel Carol hatte ihm versprochen, ihn nach Beendigung der obligaten Skatrunde mit dem Motorboot zurückbringen zu lassen, weil er einer dringenden Verhandlung wegen am Montag früh in Angerburg sein mußte. Die Skatpartie dauerte wie üblich sehr lange, und es wurde dabei reichlich Alkohol konsumiert. Als der Gast gegen Morgen immer heftiger auf Entlassung drängte, schickte Onkel Carol ihn schließlich mit dem Maschinisten zu dem Schuppen am Seeufer, wo das Motorboot lag. Dort lag aber auch der Vorgänger des Motorboots, ein kleiner Raddampfer, bei dem nur noch das eine der beiden Räder funktionierte. In diesen wurde der Richter hineinkomplimentiert und legte sich sofort in Morpheus' Arme, um nach etwa einstündiger Fahrt für seinen Dienst einigermaßen frisch zu sein. Nach einer Weile gab es einen verdächtigen Ruck. Der Landrichter wachte auf und merkte, daß der Dampfer sich im Schilf festgefahren hatte. Nach langem verzweifeltem Palaver erbot sich der Maschinist, er würde versuchen, zu Fuß an Land zu kommen und Hilfe zu holen. Einige Stunden später erschien er mit einem Ruderboot, um den Schiffbrüchigen abzuholen. Inzwischen war soviel Zeit vergangen, daß der Termin in Angerburg keinesfalls mehr eingehalten werden konnte. Wütend kehrte der Richter nach Steinort zurück, aber Onkel Carol erklärte ihm, er hätte bereits früh am Morgen in Angerburg telephonisch Bescheid gesagt, daß der Gerichtsassessor die Verhandlung übernehmen müsse.

Im Leben der Steinorter spielte der Mauersee von jeher eine schicksalhafte Rolle. In Steinort, so wurde behauptet, heiße es von jemandem, der das Zeitliche gesegnet hatte, nicht: Wann ist der gestorben? sondern: Wann ist der ertrunken (im Volksmund: versoffen)? Nicht allein bei der Fischerei kamen von Zeit zu Zeit Menschen ums Leben. Viel größer waren die mit dem Eis verknüpften Gefahren. Das Zufrieren des Sees bedeutete nämlich für den Verkehr mit der Kreisstadt Angerburg und anderen Orten jenseits des Sees eine außerordentliche Erleichterung. Fuhr man über das Eis, konnte man mehr als die Hälfte der Wegstrecke einsparen und brauchte sich und die Pferde nicht mühsam durch das Land zu quälen. Außerdem konnten Lasten befördert werden, die man sonst kaum von der Stelle bewegt hätte, etwa geschlagenes Holz. Besonders augenfällig war diese Erleichterung zur Zeit der Schneeschmelze, wenn die ungepflasterten Wege grundlos waren und die Räder tief in den lehmigen Boden einsanken. Der See blieb meistens noch ein paar Wochen länger von Eis bedeckt und verlockte auch dann noch zu Überfahrten, wenn die Haltbarkeit der Eisdecke nicht mehr hundertprozentig garantiert werden konnte. Bestimmte Stellen mußte man dann unbedingt meiden, denn dort pflegte im Frühjahr das Eis auseinanderzureißen, ein Vorgang, der von weithin schallendem, dumpf rollendem Krachen begleitet war. Wer in einen solchen Spalt hineingeriet, dem war, ebenso wie seinen Pferden, kaum mehr zu helfen. Ganz besonders gefährdet waren diejenigen, die aus der Kreisstadt zurückkehrten, meistens im Dunklen und nicht immer nüchtern. Von ihrem Verschwinden erzählte man sich in Steinort, besonders aus früheren Zeiten, unheimliche Geschichten. Von Onkel Carol wurde behauptet, er hätte einmal einen Schwerkranken, der dringend nach Angerburg ins Krankenhaus gebracht werden mußte, selbst über den See transportiert, weil er zu diesem Zeitpunkt für keinen seiner Leute mehr die Verantwortung für eine Fahrt über das Eis hätte übernehmen können.

Da Onkel Carol sehr pferde-passioniert war, gab es in Steinort auch eine Vollblutzucht. Sechzehn bis achtzehn Stuten tummelten sich auf den herrlichen Koppeln in der Umgebung des Parks, auf denen ihnen uralte einzelstehende Eichen Schatten spendeten. An heißen Tagen standen sie dort und jagten sich gegenseitig die Fliegen ab. Das sah zwar sehr malerisch aus, aber viel mehr war aus ihnen auch nicht herauszuholen. Denn erstens ist Ostpreußen ein Land, das wegen seines harten Klimas für die Zucht von Rennpferden nicht geeignet ist, und zweitens betrieb Onkel Carol die Zucht nach Prinzipien, die ganz seinem eigenwilligen Wesen entsprachen. Gefiel ihm eine Stute oder stammte sie von einer Mutter, die ihm früher einmal gefallen hatte, kaufte er sie, gleichgültig, ob sie noch in der Lage war, ein Fohlen zu bekommen oder nicht. So konnte es passieren, daß alle Stuten zusammen in einem Jahrgang nur zwei oder drei lebende Fohlen produzierten. Ich glaube, er hat manche Stute nur gekauft, um ihr das Gnadenbrot zu geben. Er besaß auch zwei Hengste, den ehemaligen Graditzer Derbysieger Orient und den gleichalten Star, der in dem gleichen Rennen Zweiter geworden war. Ich weiß nicht, ob diese Tatsache beim Ankauf von Star eine Rolle gespielt hat. Jedenfalls waren beide Hengste alt und mehr oder weniger lebenssatt, und viel war von ihnen nicht mehr zu erwarten. Orient, ein schöner Fuchs mit schwarzen Flecken, war außerdem noch blind. Nichtsdestoweniger waren unter den jüngeren Stuten einige als Reitpferde herrlich zu brauchen, und wir Kinder waren sehr beglückt, daß wir sie reiten durften. Da sie sehr auf die Hand gingen, machten sie mit uns so ziemlich, was sie wollten. Aber es war ja überall viel Platz, da konnten wir sie nach Belieben ihren Strich gehen lassen. Im Sommer 1922 hatten Onkel Carols Nichten Schroetter Windhunde mitgebracht, mit denen Hasen gehetzt wurden, und wenn sie auch keinen einzigen Hasen ergriffen, so war doch diese Art von Reiterei nicht gerade angetan, die Pferde zu beruhigen. Wenn ein Hase aufsprang, raste die ganze Kavalkade hinterher, auch wenn man eine moorige Wiese oder einen Sturzacker unter sich hatte. Daß die Pferde sich nicht die Beine brachen, war ein Wunder. Ein paar leidliche Rennpferde hat die Steinorter Zucht aber doch hervorgebracht, zum Beispiel die Stute Salome II, die mein Bruder Elard von Onkel Carol geschenkt bekam und die mehrere Rennen gewonnen hat. Von ihr soll an anderer Stelle die Rede sein.

Das Schönste an Steinort aber war die Jagd. Im Sommer auf Enten. Die gab es in Hülle und Fülle auf allen Seiten, denn Steinort war auf drei Seiten vom Mauersee umgeben, lag also gewissermaßen auf einer Halbinsel. Vom Dach des Gutshauses aus konnte man nach Osten, Süden und Westen über den Wald hinweg auf die hellglänzende Wasserfläche hinausblicken. Dazu gab es noch mehrere kleinere Seen, die mit dem großen in Verbindung standen. Einer von ihnen war der See in Stobben. Eines Tages wurde ich dort zu dem Lehrer Quednau geschickt, bei dem ich meine ersten Enten schießen sollte. Ein Wagen brachte mich hin, und Quednau fuhr mit mir über den See an eine Stelle, an der vom Ufer aus eine Schneise durch das mannshohe Schilf lief. Dort hatte ich mich aufzustellen, während er im Kahn und ein junger Fischer zu Fuß, in langen Stiefeln, das Schilf in Richtung auf mich durchtrieben. Schon während eine Ente sich schwimmend meiner Schneise näherte, konnte ich meistens die kleinen Wellen sehen, die sie vor sich herschob. Erschien sie dann auf der Schneise, galt es schnell zu schießen. Es war eine spannende Angelegenheit. Sechs Enten waren dieses erste Mal meine Beute – nie wieder habe ich so gut geschossen wie als Junge von zwölf und dreizehn Jahren. Ich ließ mich weisungsgemäß auch nur auf die ganz sicheren Sachen ein.

Der Lehrer Quednau war ein bemerkenswerter Ornithologe. Seine Schule beherbergte eine einzigartige Vogelsammlung, in der vom Schwan bis zum Zaunkönig alle Vögel vertreten waren, die in jener Gegend anzutreffen waren, vor allem die verschiedensten Arten von Enten, Tauchern, Wasserhühnern, Rohrsängern, dazu die Menge der Greifvögel, vom Milan bis zum Seeadler. Von allen kannte er die Lebensgewohnheiten und wußte ausgiebig davon zu erzählen. Auch hat er sehr interessante Studien über die Entstehung und den Ablauf von Gewittern gemacht und einiges darüber geschrieben. Zu solchen Beobachtungen hatte er in Stobben besonders viel Gelegenheit, weil die Gewitter dort manchmal lange stehenblieben. Der Mauersee war für sie ein schwer zu überwindendes Hindernis. Schließlich rutschten sie am östlichen oder am westlichen Seeufer entlang, oder sie teilten sich in der Mitte, die eine Hälfte zog rechts, die andere links herum, und viele Kilometer weiter südlich vereinigten sie sich wieder an einer schmalen Stelle des Sees. Dort kam es dann zu einer ganzen Serie von elektrischen Entladungen und Einschlägen ins Wasser, weswegen diese Stelle von den Fischern bei Gewittern gemieden wurde. Lehrer Quednau ist gegen Ende des Zweiten Weltkrieges gestorben und seinem Wunsch entsprechend auf der Stobben gegenüberliegenden Insel Upalten beerdigt worden. Sein Grab soll dort inmitten eines dichten Urwaldes noch zu sehen sein.

Den Wunsch, auf Upalten begraben zu sein, kann man verstehen, wenn man die Insel gekannt hat. Sie liegt im nördlichen Teil des Mauersees und ist ungefähr halb so groß wie

Helgoland. Nirgends fühlt man sich der großen Natur so nah wie hier. Früher wurde auf Upalten kein Holz geschlagen, nur das Fallholz im Winter über das Eis abgefahren. Die Insel war infolgedessen schon damals ein Urwald, aus dem die gewaltigen Kronen der Eichen und Kiefern herausragten. Nur ein einziges Haus war dort zu finden, in dem die Familie Schellbach lebte. Es stand auf einem kleinen Platz am westlichen Ufer, den uralte Linden beschatteten – im Sommer ein vielbesuchtes Ausflugsziel, wo man sich an Waffeln sattessen konnte, im Winter je nach den Eisverhältnissen oft wochenlang von jeglicher Verbindung mit der Außenwelt abgeschnitten. Schellbach war Diener bei Onkel Carol gewesen, hatte aber seine Stelle wegen irgendwelcher Differenzen im Hause aufgeben müssen. Daraufhin übertrug ihm Onkel Carol die gerade vakant gewordene Stelle als Gastwirt auf Upalten, womit Schellbach gewiß keinen schlechten Tausch machte, und gab ihm zum Trost auch noch sämtliche Hühner mit, so daß die Eier für den Haushalt zunächst im Dorf gekauft werden mußten.

Das große Ereignis des Sommers war die traditionelle Entenjagd, die gewöhnlich an einem Sonnabend und einem Montag im Juli stattfand. Der Sonntag dazwischen diente zum Ausschlafen und zu lauter ländlichen Unternehmungen. Einige Gäste mußten ständig bereit sein, mit Onkel Carol Skat zu spielen, die anderen gingen zu den Pferden, streiften durchs Gelände oder beteiligten sich, aktiv oder passiv, an handfesten Streichen, von denen auch die älteren Gäste nicht verschont blieben. Steinort war zu Onkel Carols Zeit ein Ort, an dem sich jeder in seine Kindheit zurückversetzt fühlte und entsprechend benahm. Auch wir fühlten uns dort völlig ungebunden und teilten uns den Tag ein, wie es uns gerade in den Sinn kam. Meist hielten wir es in den Betten nicht lange aus, wir standen manchmal schon um drei Uhr morgens auf und gingen an den See, der immer wieder seine große Anziehungskraft ausübte. Und wenn wir dann ausgehungert zum Frühstück kamen, hatten wir schon einen halben Tag hinter uns.

Am ersten Jagdtag wurde meistens der südliche Teil des Mauersees bejagt. Man wurde mit dem Wagen zur Dampferanlegestelle gefahren, wo schon das Motorboot wartete, ein höchst gemütliches Vehikel, das ungefähr zwölf Menschen Platz bot; daran hingen die Kähne der Fischer, die als Treiber in Aktion zu treten hatten. Bis zum ersten Trieb hatte man ungefähr eine halbe Stunde Fahrt. Ziel war die Insel Poganten, ein kleines, dicht mit Schilf umwachsenes Eiland mitten in der weiten Fläche des Sees. Dort begleitete mich Onkel Carol, als mein Patenonkel, persönlich auf den mir zugedachten Stand und gab mir Verhaltensmaßregeln. Mein Platz war äußerst erfolgversprechend, weil der Schilfgürtel hier am schmalsten war, so daß die Enten, wenn sie in Deckung angeschwommen kamen, ziemlich nah ans Land herankommen mußten. Ich kam also gar nicht in Versuchung, auf zu weite Entfernung zu schießen, wenn die Enten meine Schneise überquerten. Außerdem stand ich auf festem Grund, während die anderen Schützen in Kähnen mitten im Schilf postiert waren. Es dauerte lange, bis man die Stimmen der Treiber hörte, die mit ihren Kähnen das Schilf durchquerten. „Katschi raus! Ho ho!" so klang es von ferne, und bald vernahm man die ersten Schüsse. Bei mir tat sich zunächst noch nichts, aber meine Ohren waren erfüllt von dem unaufhörlichen Rufen der Rohrsänger, die ihr eigentümliches „Dorre, dorre, dorre – karre karre – keik keik" in das vom Wind bewegte Schilf hineinriefen. Erst als die Treiber näherkamen, wurde es auch bei mir lebendig. Eine kleine Welle vor sich herstoßend, erschien eine Ente nach der anderen auf der Schneise. Ich schoß und schoß, und schließlich lagen vierzehn Enten vor mir. Bald kamen die übrigen Schützen auf ihren Kähnen angefahren, stiegen ins Motorboot, die Kähne wurden angehängt und dann ging es zum nächsten Trieb ans Ostufer des Sees. Bei gutem Wetter setzten wir uns auf das Dach über der Kabine des Motorbootes, weil man von dort die beste Aussicht hatte und sich genau über die Fahrtrichtung orientieren konnte. Auf sehr langen Fahrten von einem Trieb zum anderen kam es auch vor, daß wir da oben Skat spielten, wobei die Karten unter den Rettungsring geklemmt wurden, der auf dem Dach befestigt war.

Am zweiten Tag wurde der nördliche Teil des Sees bejagt und bei dieser Gelegenheit auf Upalten Mittag gegessen. Dazu gab es ziemlich viel Alkohol, so daß am Nachmittag wesentlich weniger gut geschossen wurde. Daran hatten allerdings auch die Damen schuld, die von da an mitmachen durften. Von den Zwischenfällen, wie sie sich dabei gelegentlich ereigneten, berichtet eine Geschichte, die immer wieder erzählt wurde, wenn von der Steinorter Entenjagd die Rede war: Beim Mittagessen auf Upalten hatte es einmal ein stark blähendes Gemüse gegeben, und einen der Schützen überfiel, als er auf seinem Stand angekommen war, ein unbezähmbares inneres Rühren. Mit Rücksicht auf die junge Dame, die ihn begleitete, wollte er aber die unvermeidliche Entladung mit seinem ersten Schuß zusammenfallen lassen. Was den Zeitpunkt anlangte, glückte ihm das auch. Nur eines hatte er nicht bedacht, er hatte nicht geladen! Die Schuld an diesem Ereignis wurde später immer Onkel Carol in die Schuhe geschoben, was er sich schmunzelnd gefallenließ.

Der zu Steinort gehörende Wald zog sich weit am westlichen Seeufer hin und verdeckte die Sicht nach dieser Seite. Wenn die Urlauber auf der Dampferfahrt von Angerburg nach Lötzen den Kapitän fragten, was sich hinter diesem Wald täte, erzählte er ihnen die abenteuerlichsten Geschichten von einem großen Zauberer, der dort mit einer entführten Prinzessin lebe und in dessen Reich man nicht eindringen könne, ohne selbst verzaubert zu werden. Damit hatte er, abgesehen von der geraubten Prinzessin, nicht so ganz unrecht, und vom See aus wirkte der Wald in der Tat undurchdringlich. Die Bäume reckten ihre Äste weit über den Schilfgürtel hinaus, und Wasser und Land waren nirgends scharf gegeneinander abgesetzt. Zur Sommerszeit konnte man im Ufergestrüpp leicht im Morast versinken. Und auch sonst gab es viele Stellen im Wald, die man nur im Winter betreten konnte. Deswegen war Steinort im Winter fast noch schöner als im Sommer. Wenn Bäume und Unterholz kahl waren, kamen die gewaltigen Eichenstämme erst richtig zur Geltung und gewährten Einblicke, die einem im Sommer versagt blieben. War der Boden gefroren, konnte man auch rechts und links des Kanals, der vom Park in den See führte, seinen Fuß setzen, ohne, wie im Sommer, ein Versinken befürchten zu müssen. Der etwas entfernter liegende Mauerwald konnte seines lehmigen Untergrundes wegen im Winter viel besser befahren werden als im Sommer. Dort wurde deshalb hauptsächlich im Winter gejagt, und zwar auf Damwild und Schwarzwild. Das Damwild war im Mauerwald schon lange heimisch. Onkel Carols Vater und dessen Brüder hatten manchmal an zwei Tagen bis zu hundert Stück geschossen. Zu unserer Zeit gab es nicht mehr so viel, aber immer noch begegnete man starken Schauflern und größeren Rudeln weiblichen Wildes, wenn man im Schlitten durch die Bestände fuhr. Außerdem aber gab es, im Gegensatz zu früher, sehr viel Schwarzwild, darunter außerordentlich starke Keiler. Wie Onkel Carol erzählte, hatte man an sich im Mauerwald kein Schwarzwild aussetzen dürfen. Aber er hatte sich für den Fall, daß es doch einmal erlaubt werden würde, ein kleines Gatter angelegt, in dem zwei Bachen und ein schwacher Keiler lebten. Dieses Gatter bekam eines Tages plötzlich ein Loch, und die Sauen waren verschwunden. Ein Jahr danach wurden in der Nähe zwei Bachen von der Eisenbahn totgefahren, und man nahm an, daß es mit dem Schwarzwild nun wieder aus sei. Aber bald führtete sich hier und da eine oder die andere viel stärkere Sau. Es müssen also anderswoher Schweine eingewandert sein. Jedenfalls war in verhältnismäßig kurzer Zeit ein starker Bestand an Schwarzwild vorhanden, was natürlich außerordentlich zur Belebung der Jagd beitrug. Das einzige, was die Freude an dieser Jagd beeinträchtigen konnte, war die Kälte. Nie wieder habe ich so ausgiebig gefroren wie auf der Wildjagd im Mauerwald. Schon auf der sieben Kilometer langen Hinfahrt im frühen Morgengrauen wäre man zum Eisklotz erstarrt, wenn man nicht immer wieder vom Schlitten gesprungen und nebenher gelaufen wäre. Und dann stand man auf seinem Posten irgendwo in der Nähe einer Dickung auf dem rötlich scheinenden Schnee, und die Augen gingen einem über vor Kälte, so daß man glaubte, einer Täuschung zum Opfer zu fallen, wenn aus der Dickung plötzlich ein schwarzer Kujel nach dem anderen hervorbrach und mit erhobenem Pürzel in scharfem Troll über Berg und Tal zu entkommen suchte. Da mußte man sich gehörig zusammenreißen, um den großen Augenblick nicht zu verpassen. Denn so etwas erlebte man nicht alle Tage. Wenn Onkel Carol uns begleitete, ließ er es sich nicht nehmen, die Schützen persönlich auf ihre Stände zu bringen. Schon lange vorher mußte man sich mucksmäuschenstill verhalten, und wer sich erkühnte, doch ein leises Wort zu sagen oder etwas zu fragen, wurde mit einem laut gebrüllten „Halts Maul" zurechtgewiesen. Mein Vater pflegte den Betreffenden dann mit der Bemerkung zu trösten: „Hier brüllt nur der Carol."

Um die Mittagszeit aß man bei dem wohlbeleibten Oberförster Heinemann und trank dazu einen oder meistens mehrere Grogs, um auch die zweite Hälfte der Jagd zu überstehen. Wenn man dann lange nach Sonnenuntergang wieder in Steinort einpassierte, legte man sich nach Möglichkeit erst einmal vor den frisch geheizten Ofen. Abends beim Jagddiner war man dann wieder Mensch und konnte die Ereignisse des Tages miteinander durchhecheln.

Wenn der Mauersee zugefroren war, begann die hohe Zeit des Eissegelns, eines Sports, der zu meiner Kinderzeit noch in den Anfängen steckte, sich dann aber rapide entwickelt hat. Ich habe selber nur selten Gelegenheit gehabt, daran teilzunehmen. Aber ich habe doch wenigstens das Hochgefühl kennengelernt, das man empfindet, wenn man wenige Zentimeter über der Eisfläche riesige Entfernungen in Minutenschnelle zurücklegt, für die man mit dem Kahn Stunden braucht. Die Fischer aus den am See gelegenen Orten waren die Matadore dieses Sports und machten immer wieder neue Erfindungen, um die Geschwindigkeit ihres Fahrzeugs zu erhöhen. Der bekannteste von ihnen war Tepper aus Ogonken, einem Ort gegenüber von Steinort auf dem östlichen Ufer des Sees. Die Hauptzeit der Eissegler war der März, wenn die Sonne schon hoch stand, die Kälte nicht mehr so groß war und eine millimeterdünne Wasserschicht das Eis bedeckte, durch die es spiegelglatt wurde. Dann traf sich alles auf dem Schwenzait-See, einer Ausbuchtung des Mauersees unterhalb von Angerburg, um die Regatten zu fahren, zu denen von Jahr zu Jahr mehr Bewerber, auch aus dem „Reich", erschienen. Einmal im März besuchte ich meinen Vetter Heinrich, der Steinort nach Onkel Carol besaß, und er überließ mir seinen Schlitten zu einer Spazierfahrt auf dem See. Der Wind wehte sehr scharf über die Eisfläche, ich sauste nach Lötzen und wieder zurück, umkreiste die Insel Poganten und steuerte dann die westliche Bucht des Sees an. Hier passierte es mir bei einer zu kurzen Wendung, daß der Schlitten umschlug. Ich wurde aufs Eis geschleudert, was erstaunlicherweise gar nicht weh tat, und rutschte in etwa zehn Metern Abstand neben dem Schlitten noch ein langes Stück weiter. Als sich der Schlitten irgendwo verhakte und liegenblieb, gelang es mir, auf die Füße zu kommen. Ich wollte ihn festhalten, aber noch ehe ich ihn fassen konnte, packte der Wind wieder zu und entführte ihn mir neuerlich ein Stück weit in Richtung Lötzen. Da ich mit meinen Gummistiefeln keinen Schritt tun konnte, zog ich sie aus und lief auf Strümpfen hinter meinem Karren her, doch kurz bevor ich ihn erreicht hatte, löste er sich wieder und trieb gemächlich immer weiter von mir weg. Da ich nicht wußte, ob ich ihn allein überhaupt wieder auf die Kufen kriegen würde, gab ich die Verfolgung auf und begab mich eilends nach Hause, um meinen Vetter zu Hilfe zu holen. Bei beginnender Dunkelheit bekamen wir den Schlitten dann endlich zu fassen. Er hatte sich mitten auf dem See in einer Eisspalte verfangen.

Meine Vorfahren sind mit dem Deutschen Ritterorden nach Ostpreußen gekommen. Sie waren zunächst in der Gegend von Königsberg ansässig und wurden Anfang des 16. Jahrhunderts mit einem großen Stück Land belehnt, das den Namen „Steinorter Wildnis" führte. Dazu gehörten eine Reihe von Orten, die an diese Wildnis angrenzten. Da meine Familie zahlenmäßig immer klein geblieben ist und sich aus jeder Generation ausführliche schriftliche Dokumente erhalten haben, können wir die Reihe der Väter ohne Schwierigkeit überblicken. Die ersten Besitzer hießen mit Vornamen Fabian, Caspar und Sebastian und sind eingetragen unter dem Titel Amtshauptmann von Preußisch Eylau bzw. vom Oletzko. Dann folgt Meinhard, der 1590 geboren wurde und sich um Steinort sehr verdient gemacht hat. Zeugen seines großzügigen Wirkens sind noch heute die Eichenalleen, die den Steinorter Park bilden und zu einer Sehenswürdigkeit geworden sind. Wie ein Kreuzgang aus ionischen Säulen empfangen sie den überraschten Besucher, wenn er die kleine Anhöhe hinuntergeht, auf der das Herrenhaus steht. Meinhard war Oberstleutnant und Landrat von Rastenburg. Sein Epitaph in der Ritterrüstung der damaligen Zeit ist heute noch in den Trümmern der Grabkapelle, in die Wand eingemauert, vorhanden, und die gut leserliche Inschrift gibt Zeugnis von seinem Leben und Wirken. Nur über seiner rechten Schulter befindet sich ein Loch, das von einem der zahllosen Plünderer stammt, die in den Jahren nach dem Zweiten Weltkrieg nachsehen wollten, ob hinter der Steinplatte Schätze verborgen waren. Der späte Enkel empfindet es als tröstlich, daß die Inschrift auf dem Grabstein mit den Worten schließt: „und wartet auf eine fröhliche Auferstehung".

Der einzige Gegenstand, der aus dieser Kapelle erhalten blieb, ist ein auf Holz gemaltes Ölbild aus dem 16. Jahrhundert. Ein polnischer Wissenschaftler, der die Ruine der Kapelle fünf Jahre nach dem Kriege, vom See her kommend, besuchte, entdeckte es auf zwei Brettern, die unter vielem Gerümpel am Boden lagen. Er nahm sie mit, ließ sie reinigen und restaurieren, und es zeigte sich, daß die eine Hälfte den gekreuzigten, die andere den auferstandenen Christus darstellt. Unter dem Kreuz knien zwei weiß gekleidete Kinder und blicken auf den Auferstandenen. Wahrscheinlich ist das Bild nach dem Tode von Zwillingen gemacht worden. Es fällt auch auf, daß die Hälfte, die den Auferstandenen zeigt, eine Übermalung ist. Vorher soll eine Mutter Gottes dargestellt gewesen sein. Aus der Übermalung läßt sich wohl auf den Übertritt der Eltern zur evangelischen Konfession schließen. Bei den Kindern wird es sich um Geschwister von Meinhard oder von seinem Vater handeln.

Meinhards Sohn, der den eigentümlichen Namen Ahasverus trug, wurde 1637 geboren; er war erst zwei Jahre alt, als sein Vater starb. Seine Mutter, eine geborene zu Eulenburg, hatte ihren Bruder zu seinem Vormund bestimmt. Ahasverus verlebte seine Kindheit in Steinort, wurde dann auf verschiedene Schulen geschickt, auf denen ihm eine universale Bildung zuteilgeworden ist. Lesen wir heute seine Tagebuchaufzeichnungen und die Briefe, die er als junger Mensch an seine Mutter und an Freunde geschrieben hat, erscheint es uns fast unverständlich, wie ein Mensch unter den damaligen Lebensumständen ein derartig umfassendes Wissen erwerben konnte. Als Neunzehnjähriger wurde er mit seinem gleichaltrigen Vetter Eulenburg und dem sie begleitenden „Hofmeister“ auf die sogenannte Kavalierstour geschickt, die für ihn sieben Jahre dauerte und ihn nach Dänemark, Holland, England, Frankreich, Italien und Spanien führte. Da er sehr mitteilsam war, ergibt sich aus seinen Briefen ein überaus anschauliches Bild der damaligen Verhältnisse an den Brennpunkten des europäischen Lebens. Auch die Voraussetzungen, unter denen man damals reiste, die Strapazen, die dabei zu bestehen waren, finden in seinen Aufzeichnungen einen eindrucksvollen Niederschlag. Er schildert, wie sie nach einer nächtlichen Landung in England lange umherirren mußten, bis sie Schutz vor dem Regen fanden; wie sie ausgeplündert wurden, ehe sie ihre Reise fortsetzen konnten, dann aber wenige Tage später bei Cromwell zu Gast waren und dabeisein durften, wie er mit seiner Familie die Mittagsmahlzeit einnahm, und wie Cromwells Mundschenk sie hinterher in den Weinkeller führte. In Paris, wo Ahasverus drei Jahre blieb, erlebte er Ludwig XIV. aus nächster Nähe, verkehrte im Hause vieler bekannter Persönlichkeiten, lernte zahllose junge Leute aus aller Welt kennen, die gleich ihm ihren Horizont zu erweitern trachteten, war ein gern gesehener Gast im Hause der nach Paris ausgewanderten Tochter Gustav Adolfs, Königin Christine von Schweden, die er später in Rom wiedersah. Als er einmal seine

Mutter um eine Erhöhung der Geldzuwendungen bat, die sie ihm regelmäßig zukommen ließ, teilte sie ihm mit, sie sei dazu nicht in der Lage, weil feindliche und andere räuberische Truppen mehrere Steinorter Vorwerke dem Erdboden gleichgemacht und Steinort selbst fast vollständig abgebrannt hätten. Sie konnte es aber möglich machen, ihm einen Wagen mit zwei Pferden für seinen Gebrauch nach Paris zu schicken. Später, von Italien aus, besuchte er die Malteser auf ihrer Insel, freundete sich mit vielen Ordensrittern an und wurde von ihnen auf Kaperfahrten gegen Türken und Seeräuber mitgenommen; er wurde damit geehrt, daß er als erster auf ein Seeräuberschiff hinüberspringen durfte, mußte dabei aber feststellen, daß die gesamte Mannschaft an der Pest erkrankt beziehungsweise schon gestorben war. Schließlich berichtet er von Venedig und von der Reise über die Pyrenäen nach Spanien. Von dort kehrte er als Sechsundzwanzigjähriger über Paris nach Preußen zurück – ein vielerfahrener Mann, der seinem Landesherren, dem Großen Kurfürsten von Brandenburg, für wichtige politische Aufgaben zur Verfügung stand. Da er offenbar ein schwieriger und anspruchsvoller Mensch war, kam es jedoch zunächst nicht zu einer Einigung über die Art seiner Verwendung im Staatsdienst. Er nahm vielmehr einen militärischen Auftrag des Königs Kasimir von Polen an, der ihn sechs Jahre lang in Warschau festhielt, stellte ein aus Deutschen bestehendes Infanterie-Regiment zusammen und war längere Zeit Befehlshaber sämtlicher in Polen dienender deutscher Truppen. In all diesen Jahren genoß er das besondere Vertrauen König Kasimirs sowie seines Nachfolgers Michael. Letzterer bat ihn sogar einmal, nach Wien zu reisen und sich die Schwester Kaiser Leopolds anzusehen, die er zu heiraten gedächte. Dem allzu prekären Auftrag hat sich Ahasverus allerdings zu entziehen gewußt; auch hätte er diese unglückliche Ehe wohl nicht verhindern können. Nach der Zeit in Warschau war er sechs Jahre lang in den verzweiflungsvollen Kriegen jener Zeit für den Großen Kurfürsten und für Holland tätig. Seine Briefe berichten mehr vom Sterben der Soldaten an Hunger und Krankheiten als von den Verlusten der Schlacht. Es folgten noch einige Jahre in dänischen Kriegsdiensten, dann kehrte er als zweiundvierzigjähriger Generalleutnant nach Steinort zurück. Nun erst konnte er voll auf dem Gebiet wirken, zu dem er durch seine umfassende Bildung prädestiniert schien. Der Kurfürst überhäufte ihn mit hohen Ämtern und Ehrentiteln, die es ihm verwehrten, sich aufs Altenteil zu setzen und für das von den Kriegen schwer heimgesuchte Steinort zu sorgen, ihn vielmehr zwangen, ständig im Lande umherzureisen, um seine Verpflichtungen wahrzunehmen. Im Jahre 1683 erhielt er den Titel Oberburggraf. Er wurde am 1. Juni in sein neues Amt eingeführt und, wie uns aus der damaligen Zeit berichtet wird, verpflichtet, „Des Kurfürsten Nutzen nach bestem Vermögen zu fördern, Nachteil und Schaden abzuwenden, jedes anvertraute Geheimnis mit in die Grube zu nehmen, Hofwesen und Ämter mit tüchtigen Männern zu besetzen, die Landesschulden zu mindern, die Kammereinkünfte zu bessern. Amt zu halten in der Ratsstube, den Schlüssel des Schlosses von Königsberg zu bewahren, Oberaufsicht zu führen über die Freiheiten und Vorstädte wie über die Bewallungen und Bollwerke, über die Regale, Zoll- und Münzwesen – über Söller und Mühlen samt Mühlmeister und Kornschreiber –, zugleich soll der Oberburggraf Präsident des Kammerwesens sein und über Personen wie Sachen Aufsicht führen“ und so weiter. Es waren also erhebliche Leistungen, die da von ihm verlangt wurden. Wie sehr man an seiner Beförderung Anteil nahm, beweist die Menge von Gedichten und Reden, mit denen er gefeiert wurde. Unter welchen Voraussetzungen er seines neuen Amtes zu walten hatte, geht aus einem anderen Bericht hervor: „Der fortwährende Krieg hatte Handel und Wandel in Preußen gelähmt, des Landes Kraft verzehrt, die Mannschaft zum großen Teil aufgerieben, das Eigentum unsicher gemacht, mannigfaltigen Verbrechen die Tür geöffnet. Die Abgaben lasteten furchtbar, die Einquartierungen der Soldaten waren fast unerträglich gesteigert, in manchen Häusern lagen vier Personen. Übergriffe der fremden Mannschaft blieben natürlich nicht aus. Dazu stand auf den Lebensmitteln eine hohe Steuer.“ Ahasverus hat dem Kurfürsten diese Mißstände in Briefen und Eingaben immer wieder vorgehalten und ihn dabei mit aller Deutlichkeit bei seiner Ehre als Regent gepackt. Große Monarchien und Herren könnten es sich nicht leisten, so mit ihren Untertanen umzugehen, wenn sie ihr Land behalten wollten.

Am Tage nach seiner Einführung in das Amt des Oberburggrafen schloß er seine dritte Ehe mit einer jungen Gräfin Dönhoff. Seine beiden ersten Frauen waren, wie das in der guten alten Zeit zu sein pflegte, nach der Geburt von Kindern gestorben, von denen die meisten auch nicht lange am Leben blieben. 1686 wurde Ahasverus von Kaiser Leopold in den Grafenstand erhoben. Zwei Jahre später starb er plötzlich und unerwartet. Der Große Kurfürst, der ebenfalls im Jahre 1688 starb, soll, als er von Ahasverus' Tod erfuhr, ausgerufen haben: „Ich habe meinen besten Staatsmann verloren!" Ahasverus' Witwe Marie Eleonore hat viel für Steinort getan. Auf ihre Veranlassung wurde auch das jetzige Herrenhaus errichtet, das später durch Anbauten nicht gerade verschönt wurde.

Im Todesjahr des Ahasverus wurde sein Sohn Ernst Ahasverus geboren, an den der Besitz von Steinort überging. Von ihm wissen wir nicht viel, da es keine Aufzeichnungen gibt. Er hatte den Rang eines Oberstleutnants und war, wie sein Sohn beteuert, „ein durch und durch ehrenwerter Mann". Er starb 1727 als Neununddreißigjähriger, zwei Tage nach der Geburt des Sohnes Ernst Ahasverus Heinrich, der von 1758 an die Steinorter Linie weiterführte, nachdem sein älterer Bruder im Siebenjährigen Krieg bei Hochkirch gefallen war. Die Frau von Ernst Ahasverus, also die Mutter dieser beiden Söhne, eine geborene von Wallenrodt, war bei seinem Tode achtundzwanzig Jahre alt und hatte acht Kinder.

Ernst Ahasverus Heinrich lebte die ersten Jahre bei seiner Großmutter Wallenrodt, verletzte sich mit vier Jahren den Fuß, ging seitdem lahm und konnte deshalb nicht Soldat werden. Er wurde, so schreibt er, von seiner Mutter, die den älteren Bruder vorzog, vernachlässigt, genoß aber eine gute Ausbildung, wurde bereits mit neunzehn Jahren zum Legationsrat ernannt und zwei Jahre später Kammerherr der Königin Elisabeth Christine, der Gemahlin Friedrichs des Großen. Nahezu dreißig Jahre hat er ohne Unterbrechung an ihrem Hof Dienst getan. Aus dieser Zeit sind umfangreiche, in französischer Sprache abgefaßte Tagebücher erhalten geblieben. Aus ihnen ist ein Buch zusammengestellt worden, das, ins Deutsche übersetzt, auf fünfhundert Seiten ein sehr anschauliches Bild des Lebens der damaligen Gesellschaft bietet. Von Zeit zu Zeit beengt den Autor die Hohlheit des Milieus, in dem er sich zu bewegen hat. Aber immer wieder läßt er sich überreden, an seinem Platz zu bleiben. Insbesondere hält ihn dort die Freundschaft mit den drei Brüdern Friedrichs des Großen, denen er sich vielfach verpflichtet weiß. Auch nach seinem Ausscheiden am Hofe bleibt diese Verbindung bestehen, wie die nahezu achthundert Briefe des Prinzen Heinrich zeigen, die sich unter den Schriftsachen befanden, welche, in viele Kisten verpackt, auf dem Dachboden des Hauses in Steinort lagen. 1775 nahm Ernst Ahasverus Heinrich seinen Abschied und ging nach Steinort zurück, von wo aus er noch lange Jahre Einfluß auf die Geschicke und die Entwicklung seines Landes genommen hat. Er führte den Titel Landhofmeister und ist erst im Jahre 1811 in seinem Hause in Königsberg gestorben. Seine erste Frau starb früh, ebenso zwei Töchter. In zweiter Ehe heiratete er eine geborene von Schmettau. Von ihr blieben drei Kinder am Leben: der 1770 geborene Carl Ludwig, der die Familie fortsetzte, sein Bruder Heinrich, der unverheiratet blieb, und eine Tochter, die den Grafen Dönhoff-Friedrichstein heiratete.

Carl Ludwig, mein Urgroßvater, war also bereits sechzehn Jahre alt, als Friedrich der Große starb. Er wuchs zunächst in Steinort auf, besuchte als Fünfzehnjähriger das Joachimsthaler Gymnasium in Berlin und trat dann in die École militaire ein. Ihm war, ebenso wie seinem Urgroßvater Ahasverus, dem er in Bezug auf Charakter, Temperament, Begabung und Dynamik ähnlich gewesen sein muß, die militärische Laufbahn vorbestimmt. Nachdem er längere Zeit in Potsdam gedient hatte, machte er die Feldzüge 1793 und 1794 gegen die französischen

Revolutionsarmeen mit, aus denen er unversehrt zurückkehrte. Im Jahre 1800 wurde er, seinem großen Wunsch entsprechend, zur Kavallerie versetzt und diente mehrere Jahre als Schwadronschef bei dem Dragoner-Regiment von Rouquette im südlichen Ostpreußen. Mit diesem Regiment war er als Major an dem unglücklichen Krieg gegen Napoleon beteiligt und geriet 1807 verwundet in französische Gefangenschaft. Wie unvorstellbar frei man damals auf Ehrenwort als Gefangener lebte, geht aus seinen Briefen hervor. Rein äußerlich ist es ihm zu kaum einer Zeit seines Lebens so gut gegangen wie in der Gefangenschaft. Er lebte zuerst völlig frei in Nancy in einer von ihm gemieteten Privatwohnung, ließ sich dann aber nach Paris versetzen, weil er von dort aus seine Entlassung besser betreiben konnte, die dann auch auf dem Wege des Austauschs erfolgte. Denn es zog ihn mit Gewalt zurück in seine vom Krieg devastierte Heimat Ostpreußen. Aus dem Militärdienst zunächst ausgeschieden, kümmerte er sich intensiv um den Wiederaufbau des Landes, in Sonderheit auch seines von ihm sehr geliebten Besitzes Steinort, in dem die Kriegsheere besonders wüst gehaust hatten. Als Napoleons Heere geschlagen aus Rußland zurückfluteten, stellte er ein Kavallerie-Regiment auf, das weitgehend aus Mitteln der Preußischen Landstände finanziert wurde und sich in den Befreiungskriegen 1813/14 hervortat. Es nannte sich „Ostpreußisches National-Kavallerie-Regiment", aus dem später die Garde-Husaren hervorgegangen sind. Er selbst diente nach dem Krieg weiterhin als Oberst und Brigade-Kommandeur bei der Besatzungsarmee in Frankreich. 1819 wurde er nach Auflösung der Besatzung als Kommandeur der 15. Kavallerie-Brigade nach Köln versetzt. Hier faßte er im Jahre 1823 als fast Dreiundfünfzigjähriger einen Entschluß, mit dem er seine Angehörigen überraschte und den er bis dahin immer von sich gewiesen hatte: Er verlobte sich mit der noch sehr jungen Gräfin Pauline Schlippenbach. Wie wenig er daran gedacht hatte, noch zu heiraten, ist aus der Tatsache ersichtlich, daß er seit langem den Plan hegte, Steinort an den Sohn seiner Schwester Dönhoff zu vererben, an der er besonders hing. Nun aber änderte sich die Situation völlig. Seine Mutter, mit der er von Kindheit an innig verbunden war und der er alles Persönliche anvertraute, schreibt dazu an eine Freundin und Verwandte, die Herzogin von Holstein-Beck: „Wie dem auch sei – nachdem sich die Sache wider alles Erwarten, ja, auch wider Carls Erwarten, der nicht für möglich hielt, daß er noch einmal jemanden mit einem so starken Gefühl dieser Art inspirieren könnte –, also nachdem die Sache nun unwiderruflich ist, möchte ich glauben, daß Gott ihm aus großer unverdienter Gnade noch das häusliche Glück auf seine alten Tage zugedacht hat, daß die Ehe im Himmel geschlossen ist und also auch nicht ohne Segen sein wird. Eine Zuversicht, der ich mich so gern überlasse bei menschlichen Handlungen, die nicht vernunftswidrig sind und die mit guten und ehrlichen Absichten unternommen werden."

1824 wurde Carl Ludwig als Kommandeur der 2. Kavallerie-Brigade nach Danzig versetzt und schied neun Jahre danach als Generalleutnant aus dem Militärdienst aus. Er erhielt den Titel Landhofmeister und wurde später mit dem Schwarzen-Adler-Orden ausgezeichnet. Aus seiner Ehe sind fünf lebenstüchtige Kinder hervorgegangen – die einzige Generation meiner Familie, die nicht durch Kriege dezimiert und, oft genug, nahezu ausgerottet worden ist. Als sein erster Sohn geboren wurde, schrieb sein unverheirateter Bruder Heinrich zwei Gedichte, die auf Tafeln geschrieben und an die ersten beiden Eichen der Steinorter Parkallee gehängt wurden:

Glück auf, Glück auf, du lang ersehnter Knabe,
im Lande, wo die Freude wohnt und Leid.
Gelobt sei Gott für diese hohe Gabe,
zerstreut ist nun der Zukunft Dunkelheit.
Nein, nein, der schöne Name soll nicht sterben,
so rufst du aus der kleinen Wiege schon,
ich will der Väter Tugenden ererben,
will ihrer würdig sein, ihr wackrer Sohn.

Und:

Seit deine Vaterhand, verehrter Ahne,
den späten Enkeln diesen Schatten schuf,
verrollten in der Zeiten Riesenbahne
fünf Menschenalter auf des Ewigen Ruf.
Jüngst aber drohte deinem alten Stamme
ein feindlich bös Geschick: Vergänglichkeit.
Jedoch umsonst, hell lodert heut die Flamme
des Lebens wieder auf in Herrlichkeit.

Voraufgegangen war dem Sohn eine Tochter, die später, fast schon traditionsgemäß, den Grafen Dönhoff-Friedrichstein heiratete. Es folgten zwei Söhne, von denen noch die Rede sein wird, und eine weitere Tochter, spätere Gräfin Borcke-Stargordt.

Dies ist nur ein dürftiger Überblick über das Leben und Wirken von Carl Ludwig Lehndorff, meinem Urgroßvater, ein kurzer Auszug aus dem 670 Seiten starken Buch, das seine Briefe und viele Schriftstücke, die im Steinorter Archiv aufbewahrt wurden, umfaßt und um 1900 erschienen ist. Aus ihnen ergibt sich das Bild einer herzbewegenden Persönlichkeit, die sich durch starke Anteilnahme an dem Geschick ihres Landes und ihrer Mitmenschen, durch Tiefe des Gemüts, Vertrauenswürdigkeit und Entschlußkraft auszeichnete. Häufig von schwerer Krankheit geplagt, hatte er viel Verständnis für menschliche Schwächen und war deshalb auch älteren Kameraden oft ein geradezu väterlicher Freund und Berater. So war auch seine Freundschaft mit dem gleichaltrigen, genialen, leicht über die Stränge schlagenden Prinzen Louis Ferdinand von Preußen nicht von ungefähr. Sie wurde vom Hofe unterstützt, weil man sich von ihr einen günstigen Einfluß auf den Charakter des Prinzen versprach. Ein Denkmal gesetzt hat er sich vor allem mit der Gründung des Ostpreußischen National-Kavallerie-Regiments ebenso wie durch seinen aktiven Einfluß auf die Konvention von Tauroggen in den letzten Tagen des Jahres 1812. Damals ritt er auf tief verschneiten Wegen in wenigen Stunden die hundert Kilometer von Gumbinnen nach Tauroggen, um General Yorck von Wartenburg die Nachricht von der Zustimmung der Landstände zur Lösung von Napoleon zu bringen. Drei Jahre später wäre es beinahe zu einer höchst merkwürdigen Begegnung mit Napoleon gekommen. Er schreibt davon an seine Mutter: „Denken Sie, liebste Mutter, eine sonderbare Bestimmung, die ich bei einem Haar gehabt hätte: Napoleon sollte und soll durch Kommissarien von allen gegen ihn verbündeten Mächten auf der Insel St. Helena bewacht werden. Lange hat man in der Armee nach jemandem gesucht, der zu diesem Geschäfte vermöge des militärischen Grades, Sprache, Denkart etc. paßlich wäre. Auch mir hat man diese Proposition gemacht, und wirklich, einige Jahre jünger, wenn die Bedingung, wenigstens auf zwei Jahre sich zu verpflichten, dort zu bleiben, nicht dabeigewesen wäre, so weiß ich nicht, ob ich nicht der Sonderbarkeit der Geschichte halber und um diesen doch immer noch außerordentlichen Vogel genauer kennenzulernen, mich dazu angeboten hätte. So aber habe ich es doch zu viel gefunden, von den sparsam bemessenen Lebensjahren zwei so gut als wegzustreichen, nicht gerechnet das Jahr, das auf der Reise hin und zurück draufgeht." So kurz bemessen, wie er dachte, war seine Zeit allerdings nicht, denn er starb erst neununddreißig Jahre später als Vierundachtzigjähriger nach vielen Jahren segensreichen Wiederaufbaus seiner Heimat und seiner Besitzung Steinort.

Sein Nachfolger in Steinort wurde sein ältester Sohn Carl Meinhard. Dieser ging in Königsberg zur Schule, studierte Jura in Königsberg, Bonn und Berlin und schlug zunächst die diplomatische Laufbahn ein, die ihn nach Dresden, Wien und Flensburg führte. Bald nachdem er sein drittes Examen gemacht hatte, schied er aber wieder aus, um nach dem Tode seines Vaters im Jahre 1854 die Bewirtschaftung von Steinort und der anderen nunmehr in seinem Besitz befindlichen Güter zu übernehmen. 1856 nahm er am Pariser Kongreß teil, durch den der Krimkrieg beendet wurde. Die zweite Hälfte seines Lebens widmete er ganz seiner Heimatprovinz. Ihm ist die Gründung der Ostpreußischen Südbahn zu verdanken, und er blieb bis zu seinem Tode Vorsitzender des Verwaltungsrates dieser Bahn. Die Kriege 1866 und 1870/71 machte er als Dragoneroffizier mit und war bis zum Kriegsende Präfekt von Amiens. Als Sechsundzwanzigjähriger heiratete er seine Kusine Anna, geborene Gräfin Hahn-Basedow, eine strahlend schöne, sehr bedeutende Frau, der die Familie und Steinort außerordentlich viel verdanken. Ohne sie ist Steinort, so wie wir es kennen und mit dem, was wir davon wissen, gar nicht denkbar. Sie hat namhafte Historiker herangezogen, um mit ihnen aus den seit Jahrhunderten unbeachtet auf dem Dachboden liegenden Briefen und Schriftstücken eine nahezu lückenlose Geschichte der Familie, in die sie hineingeheiratet hatte, zusammenzustellen. Ihr sind die schon genannten Chroniken gewidmet. Ohne sie wären diese Unterlagen wahrscheinlich unbeachtet geblieben und schließlich verlorengegangen und wir hätten von den Vorfahren heute nur eine höchst vage Vorstellung. Da sie sich gleichzeitig in großem Stil um die Armen und Pflegebedürftigen und um die Waisenkinder der Umgebung gekümmert und mehrere Heime gegründet und beaufsichtigt hat, ist ihr Name weit über die Grenzen von Steinort bekannt geworden. Schon als Kinder betrachteten wir immer wieder ihr bis zu den Knien reichendes herrliches Porträt, von einem Schüler Winterhalters gemalt, neben dem kaum weniger prächtigen Bild ihres Mannes hängend, und lauschten den Geschichten, die von ihr erzählt wurden. Sie muß eine sehr eigenwillige Persönlichkeit gewesen sein, die mit ihrer Meinung nicht hinter dem Berge zu halten pflegte. Mein Großvater Oldenburg wußte zu berichten, daß er sie einmal im Zug von Berlin nach Ostpreußen getroffen hatte, kurz nachdem meine Mutter geboren worden war. Sie sagte: „Wie ich höre, haben Sie eine kleine Tochter bekommen. Wem gleicht denn das Kind?“ Worauf er pflichtschuldigst antwortete: „Ich glaube, meiner Frau.“ „Gott sei Dank“, entgegnete sie mit einem Seufzer der Erleichterung. Ein andermal erzählte er von einem großen Fest, das er in Steinort mitgemacht hatte. Da konnte er beobachten, wie die Hausfrau gegen Mitternacht aus dem Hause trat, das Schleppkleid raffte und einen Rundgang bei den Wagen der Gäste machte, die zur Heimfahrt aufgefahren waren. Jedem Kutscher drückte sie einen Taler in die Hand. Als mein Großvater sie fragte, ob das nicht ihr Sohn machen könne, sah sie ihn bedeutungsvoll an und sagte: „Verlaß dich nicht auf Menschen.“

Ungewöhnlich ist auch die Geschichte ihres Sterbens. Ihr war beim Essen ein Stück Knochen in die Lunge geraten – ein Mißgeschick, dem man früher machtlos gegenüberstand. Als es nach langen qualvollen Leidenstagen, die sie in festem Glauben an ihren Erlöser heldenhaft durchstand, zum Sterben kam, ließ sie noch einmal ihr ganzes Hausgesinde zusammenkommen und verabschiedete sich von jedem einzelnen. Dann schloß sie die Augen und erwartete das Ende. Sie wollte nicht mehr gestört werden. Da hörte sie, wie der jüngere der beiden anwesenden Ärzte den älteren fragte, ob er der Kranken noch eine Spritze machen solle. Noch einmal schlug sie, wie es heißt, ihre schönen Augen auf, sah den jungen Arzt freundlich an und sagte: „Sie Schaf“, und das waren ihre letzten Worte.

In jedem Jahr verbrachte sie mit ihrer Familie einige Wochen in Gastein, wo ihr die Villa „Solitude“ gehörte. Kaiser Wilhelm I. war oft Gast in ihrem Hause, wenn er sich in Gastein zur Kur aufhielt. Ihre Töchter erzählten später immer wieder begeistert von diesen Tagen. Die Schwestern meines Vaters, die Tanten, von denen schon die Rede war, sprachen stets mit großer Verehrung von Tante Anna, wenn sie vom alten Steinort erzählten. Morgens durften sie sie besuchen, wenn sie noch im Bett lag. Wenn sie dann aufgestanden war und die tägliche Andacht gehalten hatte, zu der alle Hausbewohner erscheinen mußten, durften sie in Tante Annas Bett, das schöne Vorhänge hatte, Theater spielen.

Nach dem Tode ihres Mannes, der 1883 an einem Halsleiden starb, übernahm sie die Leitung des Besitzes für ihren noch unmündigen Sohn Carl Meinhard, den Onkel „Carol“, von dem ich zu Beginn dieses Kapitels erzählt habe. Mit ihm hörte, da er keine Kinder hatte, dieser Zweig der Familie auf, und der

Besitz ging nach seinem Tode 1936 auf die Linie über, die von dem zweiten der drei Brüder, Heinrich, begründet worden war. Dieser, 1829 geboren, absolvierte die übliche militärische Laufbahn und wurde nach dem Feldzug 1866 als Major zum Flügeladjutanten des Königs und nachmaligen Kaisers Wilhelm I. ernannt. Von da an gehörte er ständig zu dessen Begleitern und Vertrauten. 1869 begleitete er den Kronprinzen Friedrich auf einer Orientreise, die ihn über Athen, Konstantinopel und Jerusalem zur Einweihung des Suezkanals führte. Von der Hand des Kronprinzen gibt es eine sehr lebendige und anschauliche Schilderung dieser Reise, bei der sich alle gekrönten Häupter der damaligen Welt ein Stelldichein gaben. Während des Krieges gegen Frankreich 1870/71 war Heinrich Oberst im Generalstab. Als Generalleutnant wurde er 1881 Generaladjutant des Kaisers und erhielt, ebenso wie seine Vorfahren, den Titel „Oberburggraf". Kaiser Friedrich III. beförderte ihn zum General der Kavallerie. 1894 wurde er Landhofmeister und erhielt ebenso wie sein Vater den Schwarzen-Adler-Orden. Zuletzt lebte er auf seinem Besitz Preyl bei Königsberg, den ich schon erwähnt habe. Auch er heiratete erst mit zweiundfünfzig Jahren, und zwar die Schwester meiner Großmutter Oldenburg, also auch eine von den zwölf Geschwistern Kanitz-Podangen. Von seinen beiden Söhnen erbte der ältere, Manfred, das Gut Preyl, der jüngere, Heinrich, fiel im Ersten Weltkrieg.

Die dritte Linie, zu der ich gehöre, wurde begründet durch meinen Großvater Georg, der 1833 geboren wurde. Er verlebte seine frühe Jugend in Steinort und zeigte von Kindheit an eine besondere Neigung zu Pferden und zur Reiterei. Die Schule besuchte er in Königsberg und trat als Siebzehnjähriger bei den Kürassieren ein. Bereits zwei Jahre später ließ er sich als Leutnant verabschieden, um sein Gut Laserkeim zu bewirtschaften, das ihm durch Erbschaft zugefallen war. Schon früh ritt und gewann er seine ersten Rennen. Bald verkaufte er Laserkeim und erwarb statt dessen das Gut Haselhorst in unmittelbarer Nähe von Berlin-Spandau. Dort unterhielt er einen qualitätvollen Rennstall, mit dem er große Erfolge gehabt hat. Mit 142

Siegen im Sattel wurde er der führende Mann im deutschen Rennsport. Als erster deutscher Reiter und Rennstallbesitzer ging er mit seinen Pferden nach Petersburg und Moskau und hat auch dort bedeutende Rennen gewonnen. Auch auf französischen Rennbahnen ist er mit Erfolg in den Sattel gestiegen. 1866 trat er wieder in die Armee ein und machte den Krieg mit, wurde aber noch im gleichen Jahr, wie erwähnt, mit der Leitung des Königlich-Preußischen Hauptgestüts Graditz betraut. Sein Gut Haselhorst verkaufte er, um sich ganz der staatlichen Pferdezucht zu widmen. Er hat Graditz vierzig Jahre lang geleitet, bis mein Vater es von ihm übernehmen konnte. 1887 wurde er zum Oberlandstallmeister ernannt, das heißt zum Direktor der gesamten Pferdezucht in Preußen. 1897 erhielt er den Titel „Wirklicher Geheimer Rat, Excellenz". Er war die dominierende Persönlichkeit in Deutschlands Rennsport und Vollblutzucht. Oft reiste er in Pferdeangelegenheiten nach England, wo man ihn – eine für einen Ausländer sehr seltene Auszeichnung – zum Mitglied des Jockey-Club ernannte. Sein Arbeitsfeld war ungeheuer umfangreich, und er kann das Verdienst für sich in Anspruch nehmen, die Einrichtungen der staatlichen Pferdezucht, die bis dahin zersplittert und zum Teil von geringer Bedeutung waren, organisiert und zu Musterbetrieben gemacht zu haben. Durch seinen Einfluß auf das Landwirtschaftsministerium hatte er die Möglichkeit, die Regierung zur Bereitstellung größerer Mittel zu veranlassen, um aus England, dem Mutterland der Vollblutzucht, hochwertige Zuchtpferde ins Land zu bringen. Seine Kenntnisse und Erfahrungen hat er in seinem allen Pferdeleuten bekannten Standardwerk „Handbuch für Pferdezüchter" niedergelegt.

Mit einundzwanzig Jahren verheiratete er sich mit Clara Gräfin Kalnein. Aus der Ehe gingen fünf Kinder hervor, drei Töchter und zwei Söhne. Beide Söhne, mein Vater und sein Bruder Meinhard, gingen als Landstallmeister in die Pferdezucht. Im April 1914 starb mein Großvater achtzigjährig in Berlin, wo er die letzten Jahre gelebt hatte. Ich entsinne mich seiner Hände und seines weißen Bartes, als ich dreijährig auf seinem Schoß saß und mit Halmasteinen spielte. Noch deutlicher in Erinnerung ist mir allerdings der erste elektrische Schlag, den ich bekam, als ich den Finger in die mir unbekannte Steckdose steckte. Wir hatten in Graditz damals noch kein elektrisches Licht. Genau vor Augen habe ich auch noch den riesigen Kranz, der zu seiner Beerdigung nach Steinort geschickt wurde. Er war ausschließlich aus Schlüsselblumen gebunden, die wir in den Graditzer Wiesen gepflückt hatten.

Studentenzeit

Nach meinem Abitur im März 1928 wollte ich Medizin studieren. Meine Eltern aber fanden, ich müßte mich erst einmal ein bißchen in der Welt umsehen, und schickten mich nach Genf, wo ich Französisch lernen und nebenbei juristische Vorlesungen hören sollte. Damit brachten sie für mich ein erhebliches Opfer, denn das Studium im Ausland war teuer. Ich begab mich also mit gemischten Gefühlen auf meine erste selbständige Reise, die mich über Berlin und Frankfurt am Main nach Genf führte. In Frankfurt lebte die Familie Grunelius, die wir während eines Badeaufenthaltes in Soden an der Werra kennengelernt hatten. Die Kinder waren ungefähr gleichaltrig mit uns, und wir waren immer in einer lockeren, freundschaftlichen Verbindung mit ihnen geblieben, obwohl wir sie seit vielen Jahren nicht mehr gesehen hatten. Sie erwarteten mich an der Bahn, behielten mich zwei Tage bei sich und zeigten mir Frankfurt, damals eine wunderschöne Stadt. Das mußte ich selbst unter dem Vorbehalt, den man als Landkind gegen jede Stadt hat, anerkennen. Mir gefiel es um so besser, als mein besonderer Wunsch, das berühmte Vollblutgestüt Waldfried zu besichtigen, während der zwei Tage in Erfüllung ging.

Dann ging die Reise weiter, nun in Begleitung des ältesten Sohnes Grunelius, Alexander, der ebenfalls für sein erstes Studiensemester nach Genf geschickt wurde. Wir hatten inzwischen festgestellt, daß wir uns gut verstanden. Nur die Interessen waren natürlich sehr verschieden. Während ich mich für die Hasen, Fasanen und Rebhühner begeisterte, die man neben der Bahnstrecke nach Basel in Mengen beobachten konnte, richtete er sein Augenmerk auf die Bahnhofsgebäude, Schienenanlagen und Bauwerke, die an uns vorüberglitten. Von Basel an wurde es anders. Da fesselte uns die kühne Linienführung und Fahrweise der schon damals elektrifizierten Eisenbahn sowie die Aussicht auf die schneebedeckten Berggipfel, die sich nach jedem Tunnel, den wir durchfuhren, immer schöner darbot. Von Mal zu Mal stieg die Spannung, und dann, beim Herauskommen aus einem langen Tunnel, lag plötzlich eine Traumwelt vor unseren Augen. Ein gewaltiges, schroff aufsteigendes Bergmassiv und davor, tief unter uns, vom Schein der Abendsonne beglänzt, die glitzernde Fläche des Genfer Sees – ein Blick, dessen Wirklichkeit erst ganz allmählich von uns Besitz ergriff. Wie klein kam man sich vor angesichts dieser überwältigenden Kulisse. Ich hatte den Eindruck, als sei dies der größte Augenblick meines bisherigen Lebens.

In Genf wohnten wir bei einem evangelischen Pfarrer in der Rue de Candolle, einer breiten, damals noch sehr ruhigen Straße, in der auch die Universität liegt. Als Vollpensionäre mit Familienanschluß hatten wir es äußerlich sehr bequem, waren aber trotzdem nicht ganz glücklich, denn wir wurden recht kurz gehalten und ständig mit Ermahnungen bedacht, besonders von seiten des etwa dreißigjährigen Sohnes, der sich verpflichtet fühlte, uns zu erziehen. Insbesondere hielt man uns an, in unseren Zimmern nichts zu beschädigen oder schmutzig zu machen, was wir an sich auch gar nicht vorhatten. Aber eines Tages passierte es mir doch, daß ich auf einen der drei Plüschsessel in meinem Zimmer einen kleinen Tintenklecks machte. Die Hausfrau hatte ihn sofort entdeckt und eröffnete mir bei Tisch, sie würde später in mein Zimmer kommen, und es würde sich zeigen, was zu geschehen hätte. Wahrscheinlich müßte ich neue Bezüge für alle drei Sessel bezahlen. In meiner Not nahm ich nach dem Essen schnell eine Rasierklinge zur Hand, rasierte vorsichtig den Plüsch, woraufhin zu meiner Überraschung von dem Fleck nichts mehr zu sehen war. Auch konnte ich die Stühle vertauschen, ehe die Frau hereinkam. Nachdem sie alle Sessel gründlich untersucht und den Fleck nicht gefunden hatte, verließ sie leicht verunsichert wieder das Zimmer.

Daß wir in Genf sehr viel gelernt hätten, kann ich ehrlicherweise nicht behaupten. Zu Anfang gingen wir noch in die Vorlesungen, aber dieser Eifer ließ in dem gleichen Maße nach, wie die Sonne höher stieg und wir junge Menschen kennenlernten, die uns dazu verführten, die Annehmlichkeiten der Stadt und ihrer Umgebung zu genießen. Da war in unmittelbarer Nähe der amerikanische Klub, wo wir als Gäste geduldet waren und wo natürlich alles andere als Französisch gesprochen wurde. Beim Eintreten sah man sich zunächst einem Wald von Zeitungen gegenüber, unter denen die auf dem Tisch liegenden Füße zum Vorschein kamen. Gesichter sah man erst, wenn jemand durch Zusammenfalten seiner Zeitung einen Blick hinter die Kulissen gestattete. Aber bei unterhaltsamen Spielen und Gesprächen fühlte man sich dort richtig wohl. Vor allem aber war da der See mit seinem neunzig Meter hohen Springbrunnen, dessen Wasser einen so gewaltigen Druck hatte, weil es direkt vom Mont Blanc kam; dazu die Badeanstalt, die Ruderboote, die man mieten konnte, um nach Möglichkeit mit jemandem, der ein Koffergrammophon besaß, im Kahn liegend die neuesten englischen oder amerikanischen Schlager zu hören, „Constantinople“ oder „Blue skies“ oder andere, die sich dem Ohr und der Seele unauslöschlich eingeprägt haben; das herrliche kleine Café, wo man unter einer großen Platane saß und an dem man nicht vorübergehen konnte, ohne lange zu überlegen, ob man sich ein Eis für zwanzig oder dreißig Centimes leisten konnte.

Durch Kontakte zur Genfer einheimischen Jugend hatten wir auch das Vergnügen, zu deren Sommerfesten eingeladen zu werden, die meistens in märchenhaften Anwesen am Seeufer stattfanden und sich weit in den hellen Tag hineinzogen. Da es sich dann nicht mehr lohnte, ins Bett zu gehen, haben wir große morgendliche Wanderungen in die wunderschöne Umgebung angeschlossen.

Ende Juni beteiligte ich mich an einer verbilligten Gesellschaftsreise zum Großen Preis von Paris, damals dem größten rennsportlichen Ereignis des europäischen Kontinents. Das hätte ich wahrscheinlich nicht getan, wenn ich gewußt hätte, daß ich wenig später für ein halbes Jahr in Paris sein würde. So aber war es natürlich eine verlockende Gelegenheit, die Stadt kennenzulernen und sich gleichzeitig unter Pferden und Pferdeleuten zu bewegen. Nach nächtlicher Fahrt im Gepäcknetz suchte ich mir gleich nach der Ankunft eine Bleibe, ging dann als erstes an der Seine entlang zum Eiffelturm und fuhr mit dem Lift bis zur obersten Plattform. Von dort aus orientierte ich mich mit Hilfe eines Stadtplanes, sah auf Invalidendom und Trocadéro hinunter, ließ den Blick schweifen über den Triumphbogen, die Seine und ihre Brücken, die Türme von Notre Dame und im Norden den Montmartre mit Sacré Cœur. Nachdem ich alles in mich aufgenommen hatte, stieg ich aus meiner Höhe in die Tiefe hinab, um mit der Métro bis in die Gegend der Notre Dame zu fahren. Dort trieb ich mich lange herum und bekam eine erste Vorstellung von der Großartigkeit einer Stadt. Besonders faszinierte mich die Lage der Ile de la Cité und das, was man aus ihr gemacht hatte; sie schien mir das Herzstück von Paris zu sein. Nur hatte ich noch keinen persönlichen Kontakt dazu.

Auf dem Rennplatz fühlte ich mich dagegen ganz zu Hause. Auch nach Longchamps, unmittelbar am Stadtrand im Bois de Boulogne gelegen, konnte ich per Pedes gelangen, am Louvre vorbei, über die Place de la Concorde, die Champs Elysées hinauf, um den Arc de Triomphe herum, die hundert Meter breite Avenue du Bois de Boulogne, die spätere Avenue Foch, entlang, an deren Ende man sich schon nahe der Rennbahn befindet. Früh schon strömten die Zuschauer durch das große Eingangstor, ein ganz anderes Getümmel als auf unseren Rennbahnen, wo alles im Vergleich dazu sehr ruhig und gelassen vor sich geht. Longchamps hat überhaupt ganz andere Dimensionen als unsere Bahnen, nicht nur was Tribünen und Toto-Anlagen betrifft, sondern auch das Geläuf ist viel ausgedehnter als unsere Plätze. Hat man das Tor durchschritten, steht man vor einem herrlichen bronzenen Standbild, das den Hengst Gladiateur darstellt, das beste französische Rennpferd des vorigen Jahrhunderts, das die großen Rennen Englands und Frankreichs gewann, in der Zucht aber eine große Enttäuschung war. Bei Beginn der Rennen wogte auf den Tribünen und um sie herum ein riesiges Zuschauermeer. Glücklicherweise hatte ich einen numerierten Tribünenplatz, den ich zwischen den einzelnen Rennen verlassen konnte, um mir die Pferde anzusehen. Über die Chancen zum Großen Preis, in dem mehr als zwanzig Pferde liefen, orientierten mich meine Platznachbarn auf höchst intensive Weise. Jeder hatte ein anderes Pferd gewettet und pries dessen Qualitäten. Die Frau rechts neben mir hatte Cri de Guerre gewettet, einen ziemlich kleinen Fuchs, der zwar nicht zu den Favoriten gehörte, aber als einziger Teilnehmer schon einmal über die weite Strecke von dreitausend Metern gelaufen war und gewonnen hatte. Das, meinte sie, wäre ein großer Vorteil für einen Dreijährigen zu dieser frühen Jahreszeit, denn der Grand Prix führte ebenfalls über diese Strecke. Ihre Erklärungen erschienen mir so einleuchtend, daß ich fast eine Wette auf dieses Pferd riskiert hätte. Als die Pferde auf das Geläuf kamen, sprangen sämtliche Zuschauer auf und stellten sich auf ihre Bänke. Wenn alle sitzengeblieben wären, hätten sie genauso gut sehen können. Aber es gehörte offenbar zum guten Ton, daß man aufstand, wenn die Pferde auf der Bahn erschienen. Den Start, in der Nähe der Tribüne, konnte man von meinem Platz aus gut beobachten. Cri de Guerre war gleich unter den vorderen Pferden, und ich behielt ihn im Auge, da ich sonst keinen besonderen Favoriten hatte. Und siehe da! Unter den tobenden Zurufen der Menge zog Cri de Guerre ganz zum Schluß in Front und beendete das Rennen als Sieger. Meine Nachbarin fiel mir um den Hals, und ich gratulierte ihr von Herzen. Am nächsten Tag reiste ich, sehr befriedigt von meiner Unternehmung, nach Genf zurück.

Im August machten Alexander Grunelius und ich mit zwei Studentinnen eine Radtour, an die sich meine Sitzfläche noch heute schmerzlich erinnert. Ich war viele Jahre lang nicht geradelt, bekam aber ein Rad geliehen, das zu meiner Größe einigermaßen paßte. Wir wollten „le Tour du Lac“ machen. Es war ein besonders heißer Tag, so daß wir schon bald schön ins Schwitzen gerieten. Am späten Nachmittag hatten wir Vevey erreicht, wo wir uns sofort ins Schwimmbad begaben. Dort gab es eine herrliche Rutschbahn, auf der man mit kleinen Wägelchen in den See sauste. Weil uns das alles so gut gefiel, trennten wir uns am nächsten Tag erst gegen Mittag von Vevey. Die Rückfahrt über Lausanne wurde dann zu einer großen Strapaze, besonders für die beiden Mädchen, die wir schließlich bei Steigungen an unseren Gürteln ins Schlepptau nahmen. Als wir am Abend in Genf einfuhren, hatten wir das befriedigende Gefühl, eine gute Leistung vollbracht zu haben.

Auf der Heimfahrt nach Semesterende machte ich Station in Meggen bei Luzern im Hause Thiele-Winkler. Ich kam bei Dunkelheit dorthin und merkte gar nicht, wie nah am Seeufer ich mich befand. Als ich dann ins Wohnzimmer trat, um die Hausfrau zu begrüßen, verschlug es mir die Sprache. Das Zimmer war dunkel, nur die eine Wand war ausgefüllt von einem Bild, das ich zunächst für ein magisch beleuchtetes Kunstwerk hielt: rechts ein Berg, links ein Berg und dazwischen ein riesiger Vollmond, nach unten begrenzt durch eine silbern leuchtende Wasserfläche – es dauerte eine Weile, bis ich begriff, was ich da vor Augen hatte: Pilatus und Rigi und unten die Fläche des Vierwaldstädter Sees. Ich fühlte mich fast zu Tränen gerührt durch diesen traumhaften Anblick, der doch Wirklichkeit war. Am nächsten Morgen war dann alles sehr real. Man ging hinunter ans Wasser, schwamm ein bißchen, durchquerte den See mit dem Motorboot und kam sich wieder wie ein zwar reich beschenkter, aber doch normaler Mensch vor.

Zwei Nachtfahrten, unterbrochen von einem Aufenthalt in Berlin, brachten mich schließlich nach Trakehnen. Dort tauchte ich für sechs Wochen in dem schmerzlich vermißten Pferdebetrieb unter.

Für das zweite Semester ließen mich meine Eltern nach Paris fahren, da sollte ich meine französischen Sprachkenntnisse vertiefen. Ich fand das ziemlich kühn und fragte mich, ob sie mir wohl die menschliche Reife zutrauten, mich dort durchzufinden, oder ob es einfach Unkenntnis der Fährnisse war, denen ein achtzehnjähriger Junge vom Lande, der in solch einer Stadt keinen stabilen Bezugspunkt hatte, notwendigerweise begegnen mußte. Die Aussicht, mich ein langes halbes Jahr in Paris aufzuhalten, machte mich, wenn ich an die Eindrücke der drei Sommertage dachte, etwas weich in den Knien. Natürlich ließ ich nichts davon laut werden, sondern tat so, als hätte ich mir Paris selbst ausgesucht.

Anfang Oktober startete ich also in Trakehnen und kam am späten Nachmittag des nächsten Tages auf der Gare du Nord an. Dieser Bahnhof war für mich der Inbegriff der Verlorenheit, Endpunkt einer Bummelfahrt durch die Elendsquartiere der Pariser Vorstadt. Es grauste mir bei der Vorstellung, daß zahllose Menschen so wohnen mußten. Was hatte man es doch gut im Leben! Ich begab mich sogleich in die Rue de Vaugirard, die längste Straße von Paris, wo in einem Hause unweit des Jardin du Luxembourg ein Zimmer für mich gemietet war. Die ersten Tage irrte ich ziellos umher, besuchte die Museen, schlenderte durch die Kaufhäuser, bis ich mir schließlich ein Herz faßte und mich in der Sorbonne bei der juristischen Fakultät eintragen ließ. Da meine Sprachkenntnisse aber nicht ausreichten, den Vorlesungen zu folgen, hat man mich dort nicht oft gesehen. Statt dessen hatte ich Unterricht bei einem alten französischen Lehrer von winziger Gestalt, der offenbar schon viele deutsche Schüler gehabt hatte und der morgens zu mir ins Haus kam. Heute plagt mich in Gedanken an ihn das schlechte Gewissen, denn ich habe ihn, wenn ich am Abend zuvor spät nach Hause gekommen war, oft sehr lange warten lassen. Er war rührend und saß geduldig im Foyer, bis man geruhte, ihn heraufzuholen. Sehr viel habe ich bei ihm auch nicht gelernt, wie denn mein ganzer Pariser Aufenthalt für mich im Zeichen des Versäumten steht. Was hätte man – rückblickend – dort alles machen und lernen können! Gewiß, die Augen waren offen. Ich ging durch die herrlichen Straßen und über die unvergleichlichen Plätze, sah mir immer wieder die Nike von Samothrake im Treppenaufgang des Louvre und die Venus von Milo an, die am Ende des langen Ganges unverkennbar herausragte. Aber das Herz war nicht dabei. Das war immer noch bei den Pferden. Und so waren der einzige wirkliche Trost für mich die beiden großen Pferderennbahnen von Paris, beide bequem mit der Métro zu erreichen, Longchamps und Auteuil, die Flachbahn und die ebenso berühmte Hindernisbahn. Mit der billigsten Eintrittskarte gelangte ich dort überall hin, wohin ich wollte, und fühlte mich auf beiden Plätzen bald ganz zu Hause. Noch heute habe ich das Geschrei der Zeitungs- und Programmverkäufer, der Buchmacher und Tipster und sonstigen Ausrufer in den Ohren, sehe das Menschengewühl an den Wettschaltern, spüre die Spannung, wenn die Pferde zum Start gehen, und halte unwillkürlich den Atem an, wenn ich im Geist die Pferde in den großen Hindernisrennen in Auteuil an den Tribünensprung herangehen sehe, einen breiten Wassergraben mit einer hohen Hecke davor, ein Hindernis, das nur im Renntempo zu schaffen ist. Was sind auf dieser herrlichen Bahn mit ihren hohen alten Bäumen für Husarenstückchen zustandegekommen! Am eindrucksvollsten ist wohl die Geschichte des berühmten englischen Hindernisjockeys Fred Winter, der den Favoriten Mandarin in der großen Steeplechase von Paris ritt und dem bald nach dem ersten Sprung das Zaumzeug entzweiging. Das Gebiß zerbrach, und er konnte sein Pferd nicht mehr dirigieren. Aber der treue Mandarin lief das ganze Rennen über sechstausend Meter und über die schwersten Sprünge mit den anderen Pferden mit, holte den Führenden kurz vor dem Ziel ein und ließ ihn um einen Kopf hinter sich. Der Jockey war sich zunächst gar nicht im klaren, ob er es wirklich geschafft hatte. Aber dem Toben des applaudierenden Publikums, das nicht aufhören wollte, konnte er entnehmen, daß er tatsächlich als Sieger durchs Ziel gegangen war. Als man ihn später fragte, was ihn bewogen hätte, nicht aufzugeben, sondern weiterzureiten, sagte er: „Was sollte ich denn machen? Es blieb mir ja gar nichts anderes übrig als mich im Sattel zu halten. Alles andere hat das Pferd allein gemacht.“ Dabei ging der Kurs des Rennens keineswegs nur außen herum, sondern mehrmals durch die Diagonale.

Zum Wetten hatte ich kein Geld, habe aber auch selten Verlangen danach gehabt, weil mein Interesse den Pferden galt.

Nur wenn sich ein Pferd oder eine Kombination dazu anbot, habe ich kleine Einsätze riskiert. Da gab es zum Beispiel die Wette „à cheval", das heißt Sieg und Platz auf dasselbe Pferd. Und als eines Tages ein Pferd mit Namen Le Diable lief, wettete ich Le Diable à Cheval – so hieß ein scharfes heißes Käsegericht, das ich am Abend vorher bei einem Essen kennengelernt hatte. Und natürlich gewann Le Diable, wie konnte es auch anders sein.

Auf dem Trabrennplatz in Vincennes war ich an dem Tag des Prix d'Amérique, des größten Trabrennens der Welt. Favoritin war die auch heute noch jedem Pferdemann bekannte Uranie, eine sehr elegante Fuchsstute, die wegen ihrer vielen Siege allen anderen Konkurrenten Vorgabe leisten mußte. Sie startete zwanzig Meter hinter dem letzten Pferd, hundert Meter hinter der Spitze, hatte aber bereits vor der letzten Ecke den ganzen Vorsprung aufgeholt und ging als spielend leichte Siegerin durchs Ziel. Es interessierte mich sehr, daß die meisten Rennen für die jüngeren Pferde nicht gefahren, sondern geritten wurden, was es wohl nur in Frankreich gibt. Der Grund ist offenbar ein züchterischer. Es soll dadurch verhindert werden, daß die Traber zu leicht werden und dann keinen Nutzen mehr für die Landespferdezucht haben.

Der Prix d'Amérique wurde 1929 Ende Januar gelaufen, bei außergewöhnlich großer Kälte und tiefem Schnee. Wir hatten damals ja den bisher immer noch kältesten Winter dieses Jahrhunderts, und zwischen den Rennen standen die Zuschauer scharenweise um die offenen eisernen Kohleöfen, um sich die Hände zu wärmen. Paris hatte viele Wochen lang eine Kälte bis zu zwanzig Grad, und überall platzten die Wasserrohre. An manchen Tagen war der Himmel so dunstig, daß man ungeschützt in die Sonne sehen konnte, die als roter Ball mit mehreren großen schwarzen Flecken über dem südlichen Horizont stand. Bei solcher Temperatur war es besonders gemütlich in den Museen, die von vielen Menschen aufgesucht wurden, weil sie gut geheizt waren. Neben dem Louvre hatte es mir vor allem das Rodin-Museum angetan, wo es mich immer wieder zu den

Bürgern von Calais zog, die ich bei jedem Besuch in einer neuen Weise sehen lernte.

Hin und wieder besuchten mich Bekannte aus Deutschland, die sich in Paris amüsieren wollten und mich einluden, sie zu begleiten. Auf diese Weise bekam ich Gelegenheit, einige damals berühmte Theateraufführungen zu sehen und anspruchsvolle Nachtlokale kennenzulernen. In besonderer Erinnerung ist mir Henri Bernsteins Stück „Le Sexe faible" (womit die Männer gemeint waren). Die weibliche Hauptrolle darin spielte Gaby Morlay, die beim Publikum so beliebt war, daß sie nur auf die Bühne zu kommen brauchte, um mit einem Beifallssturm begrüßt zu werden. Die Berechtigung ihrer Popularität hatte auch ich am Ende des Stückes begriffen.

Mein Abschied von Paris war dramatisch. Anfang April, zwei Wochen vor dem festgelegten Abfahrtstermin, bekam ich eines Tages Halsschmerzen und hohes Fieber, konnte überhaupt nicht schlucken und lag eine Nacht lang auf dem Bauch, um das Schlucken zu vermeiden. Am nächsten Tag kam ein Arzt, sah mir in den Hals und diagnostizierte Scharlach. Ein Krankenwagen entführte mich bald darauf in ein Barackenlager, offenbar eine Isolierstation. Von weitem sah ich den Montmartre mit Sacré Cœur von der Rückseite, konnte deshalb ungefähr taxieren, wo ich mich befand. Man führte mich in einen Raum, von dem aus ich rechts eine Reihe von Männern, links eine Reihe von Frauen umhergehen sah. Ich sank auf einen Stuhl neben einer Badewanne. Eine Zigaretten rauchende Schwester eröffnete mir, ich würde jetzt gebadet. Ein Blick in die Wanne ließ mich erstarren, sie hatte innen einen dicken schwarzen Rand. Mein einziger Gedanke war: schnell wieder hier weg. Ich riß meinen Koffer an mich, stürzte aus dem Haus und sprang in ein Taxi, das gerade vor dem Barackeneingang hielt. Es brachte mich in meine Wohnung. Dort packte ich alle meine Sachen, fest entschlossen, mit dem Nachtzug nach Berlin zu fahren. Da aber mein Monatsgeld noch nicht eingegangen war, reichte meine Barschaft nicht für die Fahrkarte, und auf eine telephonische Anfrage bei einem Bekannten von der Botschaft vertröstete mich dieser auf den nächsten Vormittag. So mußte ich die Nacht noch durchhalten, immer in der Angst, daß man mich in die Baracke zurückholen würde. Morgens begab ich mich mit meinem Gepäck in die Botschaft und wartete noch zwei Stunden, bis der Botschafter kam, der mir sofort das Geld aushändigte. In letzter Minute erreichte ich den Zug, der am Morgen darauf in Berlin eintreffen würde, und fand sogar ein leeres Abteil, in dem ich mich hinlegen konnte. Im Spiegel sah ich den Scharlachausschlag in meinem Gesicht. Bis dahin hatte ich geglaubt, ich hätte Diphtherie. Subjektiv fühlte ich mich allerdings bereits wesentlich besser. Offenbar war das Fieber heruntergegangen. Von Berlin aus telephonierte ich mit meinen Großeltern in Lichterfelde. Sie waren im Aufbruch nach Januschau, bestellten mich aber sogleich zu sich und engagierten eine Krankenschwester, die mich dann fünf Wochen in Lichterfelde gepflegt hat. Da ich von Komplikationen verschont blieb, war diese Zeit genau das richtige, sich von Paris zu erholen.

1931 bin ich noch einmal acht Wochen in Paris gewesen. Ich studierte damals in meinem zweiten medizinischen Semester in München, und als die Osterferien kamen, zog es mich plötzlich in jene Stadt, die ich so fluchtartig verlassen hatte. Ich hatte das Gefühl, als müßte ich etwas wiedergutmachen. Und diesmal stand die Reise unter einem ganz anderen Stern. Am 15. März fuhr ich um Mitternacht von München ab. Es lag so tiefer Schnee auf den Straßen, daß man Spätheimkehrenden auf Skiern begegnete. Und es schneite immer weiter, bis zum Bodensee hatte der Zug bereits sechs Stunden Verspätung. In Paris dagegen, das ich nach einem Zwischenaufenthalt in Basel zwei Tage später erreichte, war der Frühling schon eingekehrt. Überall schien er durch die kahlen Zweige, und die Tuilerien waren mit zahllosen bunten Farbtupfen übersät. Eine bessere Zeit konnte man sich für diese Stadt nicht aussuchen. Das Lebensgefühl war stark wie noch nie. Jetzt brauchte ich mich um Kontakte nicht zu bemühen. Sie boten sich von selbst an. Ich nahm mir ein Zimmer bei freundlichen Leuten in der Rue du Bac im sechsten Stock, von dem man weit über die Dächer hinsah. Und schon in den ersten Tagen lernte ich Reinhard Henschel kennen, der mit mir gleichaltrig, aber mit viel mehr Beziehungen und größeren Möglichkeiten ausgestattet war, als ich sie aufzuweisen hatte. Er lud mich gleich ins Hotel Ritz zum Essen ein, und das war der Auftakt zu vielen gemeinsamen Unternehmungen mit ihm und seinen Freunden. In seinem zweisitzigen Mercedes fuhren wir meistens zu sechsen und lernten nicht nur Paris, sondern auch die ganze nähere Umgebung kennen. Diese Fahrten, im offenen Auto in den frühen Morgenstunden an der Seine entlang, wenn noch kaum Menschen auf den Straßen zu sehen waren, gehören zu meinen schönsten Erinnerungen an Paris. Da fühlte man sich wie ein König, der durch sein Reich segelt und immer neue Ovationen entgegennimmt. Die herrlichen Bauwerke, Brücken und Plätze standen wie zum Empfang aufgereiht zu beiden Seiten der Fahrt und nahmen den Charakter einer gewachsenen Landschaft an. In solchen Stunden greift Paris ans Herz und schafft sich dort einen Platz, von dem es sich nicht wieder verdrängen läßt. Wir fuhren auch nach Versailles, nach Fontainebleau, nach Maisons-Laffitte und einmal nach Chartres, um die Kathedrale zu besichtigen. Da es ein sehr heller Tag war, brauchten wir im Inneren erst eine ganze Weile, ehe sich die Augen an das Dunkel gewöhnt hatten, in das die einzigartigen Glasfenster ihr Licht warfen.

Das weibliche Element unter uns war vertreten durch die drei Schwestern Rivera, Nichten des spanischen Diktators Primo de Rivera. Sie lebten mit ihrer französischen Mutter in Paris und waren für alle Unternehmungen zu haben. Auch über Pferde wußten sie Bescheid, und oft sind wir mit ihnen zum Rennen nach Longchamps gegangen, wo die im Winter unterbrochene Rennsaison wieder im vollsten Gange war. Im ersten größeren Rennen für Dreijährige, dem Prix Greffulhe, lief unter vielen anderen der sehr kräftige braune Hengst Tourbillon vom Stall Boussac, der im Jahr zuvor in Baden-Baden das Zukunftsrennen gewonnen hatte, unter seinen Landsleuten aber zunächst nicht besonders geachtet war. Jedenfalls befand er sich unter den Pferden, die am wenigsten gewettet waren. Um so erstaunter war ich, daß Trini, die jüngste der Rivera-Schwestern, mir sagte, der würde wohl gewinnen. Und tatsächlich, er siegte, gewann später auch noch das Derby und weitere große Rennen und wurde überhaupt eins der besten Pferde der französischen Vollblutzucht. Lange Jahre stand er an der Spitze der französischen Vaterpferde.

Noch näher war meine Beziehung zu einem anderen Pferd aus dem gleichen Jahrgang, das später ebenfalls besondere Lorbeeren geerntet hat. Wir fuhren eines Morgens nach Maisons-Laffitte, dem großen Trainingsquartier der Rennpferde, wo über tausend Pferde gearbeitet wurden. Eingeladen hatte uns Herr von Osten-Sacken, ein geborener Balte und sehr bekannter Rennmann. Als wir eine der zahlreichen Alleen entlanggingen, in der wir vielen Pferden begegneten, kam uns plötzlich ein Pferd entgegengaloppiert, das sich seines Reiters entledigt hatte. Als es vor uns stutzte, gelang es mir, die herunterhängenden Zügel zu ergreifen und festzuhalten. Das Pferd blieb stehen. Ich sah mir meinen Fang genauer an und fand, daß der fast schwarze Hengst ein bedeutendes Pferd sei. Schon kamen in großer Aufregung ein paar Stalleute gelaufen und rissen mir die Zügel aus der Hand. Ich fragte nach dem Namen des Hengstes – er hieß Barneveldt und war ein offenbar hoch eingeschätztes Pferd. Zwei Monate später gewann er den Großen Preis von Paris!

Nachdem ich meinen Scharlach auskuriert hatte, konnte ich mich den ganzen Sommer 1929 in Trakehnen meines Lebens freuen. Ein junger Engländer, der meine Sprachkenntnisse aufbessern sollte, kam für einige Monate zu uns, und im Oktober ging ich für ein halbes Jahr auf die Insel. Nach ein paar Tagen in London war die nächste Station Cambridge, wohin die Jelfs mich eingeladen hatten – eine Familie, mit der ich über eine gemeinsame Urgroßmutter verwandt bin –, als sie kurz vorher in Trakehnen zu Besuch gewesen waren. Während der schönen Woche in ihrem Haus gewann ich auch Einblick in das ziemlich spartanische, aber zugleich recht muntere Dasein, das die Studenten damals in den ehrwürdigen alten Colleges führten. Am 5. November, dem „Guy-Fawkes-Day“, zogen sie alle in dichten Knäueln durch die Straßen und blockierten den Verkehr. Ich sah mich sehr bald in eine solche Gruppe einbezogen. Es kam darauf an, eine lange Kette zu bilden, in der jeder seinen Nebenmann fest an der Hand hielt, um dann auf die sich versammelnden Menschen loszugehen und diese in der Mitte des Marktplatzes so dicht wie möglich zusammenzuschieben. Die Vehemenz, mit der das vor sich ging, war offenbar nicht ganz ungefährlich. Jedenfalls waren für diesen Tag, den Gedenktag an die Entdeckung der Pulververschwörung von 1605, viele Polizisten aus London nach Cambridge gekommen, um Schlimmes zu verhüten. Mit bewundernswerter Ruhe bewegten sie sich durch die Menge, mußten aber sehr aufpassen, daß ihnen die Helme nicht gestohlen wurden, die als besondere Trophäe galten. Immer wieder sah man Studenten mit so einem Helm in der Menge verschwinden oder auf einer Nebenstraße das Weite suchen.

Eine besondere Freude waren zwei Tage in dem nahegelegenen Newmarket, dem großen Trainingszentrum der englischen Rennpferde mit seiner berühmten Rennbahn. Dort sah man Pferde, soweit das Auge reichte. Ich besuchte den Trainer Reginald Day, den langjährigen Trainer der Graditzer Rennpferde in Deutschland. Außer seinem Rennstall hatte er auch ein Gestüt zu betreuen, in dem mehrere hervorragende Hengste stationiert waren, der erstklassige hellbraune Solario und die beiden dunkleren Son in Law und sein Sohn Foxlaw, ebenfalls Rennpferde höchster Klasse. Son in Law war ein Sohn des Dark Ronald, der lange in Graditz wirkte und der bedeutendste Vererber der deutschen Vollblutzucht geworden ist. Es machte mir riesigen Spaß, diese Hengste, von denen ich nahezu alles Wesentliche wußte, nun in natura zu sehen und sie vorgeführt zu bekommen. An einem der Nachmittage waren Rennen in Newmarket, darunter ein sehr bedeutendes, das Cambridgeshire-Handicap, in dem viele gute Pferde mit den gleichen Chancen laufen und das infolgedessen bei den Wettern eine große Rolle spielt. Diesmal liefen in dem Rennen – es wird auf der geraden Strecke ausgetragen, und man sieht infolgedessen nicht viel davon – über dreißig Pferde, darunter zwei sehr bekannte Franzosen mit Namen Vatout und Palais Royal, von denen der letztere, ein kapitaler Fuchs, das Rennen im Vorjahr gewonnen hatte. Kurz vor dem Ziel sah man die beiden auch an der Spitze des Feldes marschieren, aber im letzten Augenblick steckte ein anderes Pferd vor ihnen den Kopf ins Ziel. Vatout wurde Zweiter, Palais Royal Dritter. Gewonnen aber hatte Double Life, eine Stute im Besitz der Lady Zia Wernher. Daß auch sie nicht die erste beste war, bewies sie später in der Zucht. Denn sie hat eine Reihe glänzender Nachkommen in die Welt gesetzt und ist eine der erfolgreichsten Mütter der englischen Zucht geworden.

Einen Tag fuhr das Ehepaar Jelf mit mir nach Schloß Windsor, von dessen Höhe aus man einen so großartigen Blick ins umliegende Flachland hat. Anschließend erlebten wir in Eton, dem berühmten Schulort, zufällig das traditionsreiche „Wall Game", ein Spiel, das in einem kleinen, sehr morastigen Fluß vor sich geht. Mitten im Fluß stehen zwei Parteien einander gegenüber, die mit allen Mitteln versuchen, einen Ball an einer hohen Mauer entlang über eine bestimmte Grenze hinwegzutreiben. Dabei schien es keine besonderen Regeln zu geben, sondern alles erlaubt zu sein, was zum Ziel führte. Für die über und über mit Lehm beschmierten Schüler konnte diese Strapaze zu so später Jahreszeit kaum noch ein Vergnügen sein.

Schließlich begleitete mich Vater Jelf an meinen endgültigen Bestimmungsort Derby, drei Stunden nördlich von London, wo ich von der Familie eines Arztes, Dr. Coleman, sehr herzlich aufgenommen wurde. David, der Sohn dieser Familie, ging zur gleichen Zeit im Austausch zu uns nach Trakehnen. Bei Colemans habe ich dann ein paar Monate zugebracht, die dazu führten, daß ich auch heute noch mit ihnen eng befreundet bin. Die beiden jüngsten Töchter, Joan und Joyce, sorgten dafür, daß ich ordentlich englisch lernte, und ließen sich von mir in die deutsche Sprache einführen. Mit Hilfe von „Max und Moritz" funktionierte das ganz gut. Bei der Nachbarin, einer alten englischen Lehrerin, nahm ich Unterricht in Konversation und durfte dabei ihren Deutsch-Kenntnissen etwas aufhelfen. Da ich als Deutscher damals in Derby ein gewisses Unikum war, wurde ich oft eingeladen, vor einem größeren Kreis über Deutschland zu sprechen. Dabei versäumte ich nie, den Reichspräsidenten Hindenburg zu apostrophieren und von meinen persönlichen Begegnungen mit ihm zu berichten. Einmal mußte ich auch vor einem großen Kreis von Frauen sprechen, den Mrs. Coleman in ihrer Eigenschaft als Vorsitzende des protestantischen Frauenvereins eingeladen hatte. Anschließend fragten sie mich über alle möglichen und unmöglichen Dinge aus, auf die ich ihnen eine Antwort schuldig bleiben mußte. Besonders interessiert waren sie an den Preisen für Lebensmittel, Kleidung und ähnlichem. Um mich aus der Klemme zu befreien, forderte mich Mrs. Coleman plötzlich ganz energisch auf: „Hans, do tell us something about open air music in Germany." Dazu wußte ich nun leider erst recht nichts zu sagen.

Ein paar Bälle habe ich auch mitgemacht und dabei sehr nette Mädchen kennengelernt. Zwei von ihnen forderten mich auf, bei einem großen Wohltätigkeitsbazar zu helfen, der in der Vorweihnachtszeit stattfand. Sie machten mir sogar den Spaß, mich an die Kasse zu setzen, wo ich den Besuchern, darunter vielen Bekannten, die Eintrittsgelder abzunehmen hatte. Von den Gegenständen, die auf dem Bazar gekauft wurden, konnte man annehmen, daß sie auf dem nächsten Bazar wieder zur Stelle sein würden.

Auch in entferntere Orte wurde ich zum Vortrag eingeladen, so nach Leicester, wo ich die jungen Leute der 1921 gegründeten Oxfordbewegung, einer religiösen Erneuerungsbewegung, der späteren „moralischen Aufrüstung", kennenlernte, die mir in ihrer Frömmigkeit und Opferbereitschaft gewaltig imponierten. Sie führten ein sehr einfaches, nahezu mönchisches Leben, und ich fühlte mich bei ihnen ganz als einer der Ihren aufgenommen.

Einmal erhielt ich einen winzigen Brief, mit einer ebenso winzigen Handschrift geschrieben, ohne Absender und mit einer fast nur noch strichförmigen Unterschrift, bestehend aus ganzen vier Buchstaben. Sie lautete nicht mehr und nicht weniger als „Bath". Der Brief war eine Einladung zum Wochenende von einem offenbar schon sehr alten Herrn, denn er schrieb, eine Tante von mir, die er vor sechzig Jahren in Gastein kennengelernt hätte, habe ihm mitgeteilt, daß ich in England sei. Dr. Coleman meinte, der Brief könne nur vom Marquess of Bath stammen, der in einem riesigen Schloß in Südwestengland nahe der Stadt Bath wohnte. Ich fuhr also in die Stadt mit den römischen Bädern und wurde am Bahnhof von einem Rolls Royce abgeholt. Nicht lange, dann tat sich vor uns ein hohes eisernes Parktor auf, und dahinter führte die Straße durch einen dichten Wald von Rhododendren. Als er sich öffnete, fiel der Blick zur Linken auf ein überdimensionales Schloß, eines der größten in England, erbaut in Form eines großen E zur Zeit Elisabeths I. Davor erstreckte sich ein riesiger Park mit uralten Bäumen und großen Rasenflächen, die in Weidegelände übergingen, auf dem mehrere Rudel Damwild zu erblicken waren. In der Ferne wurde das ganze Gebiet durch dichten Wald abgeschlossen. Man fühlte sich ins Mittelalter versetzt, auf eine Hirschjagd, wie man sie auf alten Stichen abgebildet sieht, und empfand das Auto und die eigene höchst prosaische Aufmachung als geradezu sträflichen Anachronismus. Ein rührender alter Diener empfing mich und führte mich in mein Zimmer, das so aussah wie ein normales Schlafzimmer, dessen Dimensionen aber mindestens das Vierfache eines solchen betrugen. Durch das riesige Fenster sah man weit in den Park hinaus. In einer Ecke stand das Bett, in seinen Ausmaßen den sonstigen räumlichen Verhältnissen angepaßt. Nachdem ich mich umgezogen hatte, führte der Diener mich zum Schloßherrn, der mich mit ausgesuchter Liebenswürdigkeit empfing; er war noch ganz von der alten Sorte, einfach und herzlich. Wir waren den ganzen Abend allein und unterhielten uns höchst ungezwungen in einem Winkel des riesigen Saales, der in andere ähnlich bemessene Räume überging. Der alte Herr erwartete für den nächsten Tag seinen Sohn, der als Kommunalpolitiker tätig war, und berichtete von ihren gemeinsamen Überlegungen, wie man das Schloß und den tausend Morgen großen Park erhalten könne, ohne den Besitz verkaufen zu müssen. Wahrscheinlich würden sie es zu Besichtigungen freigeben. Der Entschluß falle ihnen zwar schwer, weil damit ein Schlußstrich unter Jahrhunderte gezogen werde, aber in Anbetracht der immens hohen Steuern sei an eine andere Lösung kaum zu denken. Kleine Tricks mit Streichhölzern, die ich ihm vorführte, und einfach erscheinende Rechenaufgaben, die heute als Intelligenztests bezeichnet werden, amüsierten ihn so, daß er sie am nächsten Tage gleich an seinem Sohn ausprobierte.

Geschlafen habe ich in der ersten Nacht kaum, wie sehr auch das Bett dazu einlud. Gegen sechs Uhr hatte ich plötzlich das Gefühl, ein Geist wäre im Zimmer. Aber dann flammte im Kamin ein Feuer auf, und ein alter Mann kniete davor, der es entfacht hatte. Behaglicher konnte man es sich gar nicht vorstellen. Ich bedauerte nur, das alles allein zu erleben. Zwei Stunden später erschien wieder ein dienstbarer Geist, der mir eine Tasse heißen Tee mit ein paar Keksen ans Bett brachte und mich fragte, für wann er das Bad fertigmachen dürfe. Ich erkundigte mich, was hier üblich sei, und erhielt die Antwort, daß seine Lordschaft mich gegen elf Uhr zum Frühstück erwarten würde. Ich ließ mich also ins Bad führen und begab mich dort in eine neben einem fast glühenden Ofen stehende alte Zinkbadewanne. Am Frühstückstisch traf ich den Sohn des Hausherrn, Lord Weymouth, einen sehr eleganten Mann mit einer hypermodernen Frau. Auf dem Boden saß ein noch nicht einjähriges Kind, der einstmalige Erbe des Hauses, und wurde von einem Hund beleckt. Als ich fragte, ob das gut sei, erklärte man mir, kleine Kinder müßten mit Hunden aufwachsen.

Nach dem Frühstück zeigte seine Lordschaft mir den Pferdestall an der Rückseite des Schlosses, in dem sechsundzwanzig alte Pferde untergebracht waren. Sie wurden alle nicht mehr gebraucht, man wollte sie aber nicht abschaffen, weil sie dem Bruder des Hausherrn gehört hatten, einem passionierten Reiter, der den Krieg nicht überlebt hatte. So bekamen sie hier das

Gnadenbrot. Am Nachmittag durfte ich einen Rundgang durch das Schloß machen und wurde dabei auch in die alte Bibliothek geführt, in der es nur Schriften gab, die vor der Erfindung der Buchdruckerkunst entstanden waren. Ein langer schmaler Raum war zu beiden Seiten voll von ihnen. Ich hatte nicht geahnt, daß es so etwas in Privatbesitz überhaupt gab.

Zum Abendessen traf man sich im Smoking. Ich hatte meine schwarzen Socken vergessen und bat den Diener, mir welche zu besorgen. Der kam nach einer Weile wieder und überreichte mir mit verlegener Miene zwei Paar Socken seiner Lordschaft, die fast nur noch aus Stopflöchern bestanden. Ich war von soviel konservativer Lebensanschauung so beeindruckt, daß ich es bis heute nicht vergessen habe. Schloß Longleat ist übrigens nicht lange danach zu einem Museum gemacht worden, das von seinem Besitzer und dessen Frau gezeigt wird.

Im März fuhr ich nach Liverpool zum größten Hindernisrennen der Welt, der Grand National Steeple Chase. Ich war schon einen Tag früher dort, um mir die Bahn anzusehen. Denn am Tage des Rennens würde keine Gelegenheit mehr dazu sein, weil riesige Zuschauermengen sich um die gesamte Rennbahn herum ansammeln würden. Aufgrund der Besichtigung nahm ich mir eine Karte für den Canal-Turn, die Stelle, an der die Rennstrecke nach einem Hindernis scharf nach links abbiegt. Von dort aus konnte man die meisten Hindernisse sehen und außerdem miterleben, wie Reiter und Pferde mit der tückischen Ecke fertig wurden. Hier konnten sie versucht sein, das Hindernis schräg zu springen, um dadurch in Vorteil zu geraten. Umso größer aber wurde dadurch die Gefahr, daß sie zu Fall kamen oder nach dem Sprung von einem nachfolgenden Pferd umgerissen wurden. Und eben an dieser Stelle gab es denn auch die meisten Ausfälle. Siebenundvierzig Pferde nahmen am Rennen teil, viel zu viele natürlich für einen so schweren Kurs. Trotz der riesigen Breite der Bahn konnten sie kaum alle nebeneinander vom Start gehen und behinderten sich begreiflicherweise gegenseitig schon bei den ersten Hindernissen so stark, daß es viele Stürze gab. Wer hinten blieb, war infolgedessen schon fast ohne Chance, das Rennen zu beenden. So schieden auch diesmal die meisten bereits in der ersten Runde aus, und nur ganze neun gingen noch auf die zweite Runde zu, die über die gleichen Hindernisse führte. Beechers Brook, das schwerste Hindernis – eine riesige Hecke und dahinter ein breiter und tiefer Bach –, wurde von allen gemeistert. Aber bei mir am Canal-Turn schieden noch mehrere aus, so daß nicht mehr als fünf Pferde das Rennen beenden konnten. Sieger blieb ein alter irischer Fuchswallach mit Namen Shaun Goilin. In jedem Jahr wird viel darüber debattiert, ob die Grand National noch zeitgemäß sei, oder ob sie nicht als Tierquälerei abgeschafft werden sollte. Die Frage ist sehr berechtigt. Denn als dieses Rennen geschaffen wurde, waren zwei Dinge sicher nicht mit einkalkuliert: erstens die Zahl von fünfzig und mehr Teilnehmern, und zweitens das Tempo, in dem auch schwere Hindernisrennen heute gelaufen werden. Die Rennstrecke wird dadurch in zweifacher Hinsicht überfordert. Ganz anders sähe die Sache aus, wenn es gelänge, die Zahl der Teilnehmer auf fünfundzwanzig zu reduzieren. Die Rennstrecke selbst brauchte nur am Canal-Turn korrigiert zu werden. Denn dort handelt es sich in der Tat um eine ganz unnötige und unzeitgemäße Klippe. Das erstaunlichste an der Grand National ist für mich die Tatsache, daß es Pferde gibt, die sie mehrmals gewonnen haben, wie etwa in den letzten Jahren der brave Red Rum, der in fünf Jahren dreimal Sieger und zweimal Zweiter geworden ist. Es ist für mich ein Beweis dafür, daß hier nicht nur das Glück am Werke ist, sondern auch das absolute Können und die Qualität des Pferdes eine wesentliche Rolle spielen, die des Reiters nicht minder.

Nach dem Aufenthalt in England begann ich endlich mit dem Medizinstudium, zunächst in Königsberg. Da meine Kenntnisse in Physik und Chemie von der Schule her sehr dürftig waren, hatte ich in diesen Fächern für das Physikum manches nachzulernen. Aber ich glaube, es war ein Kinderspiel gegen das, was heute verlangt wird. Weitaus spannender war natürlich die Anatomie und Entwicklungsgeschichte, wovon keine Vorlesung versäumt werden durfte, wenn man nicht ins Hintertreffen geraten wollte. Daneben blieb aber noch genügend Zeit für Unternehmungen, wie nachmittägliche Fahrten in das nahe Ostseebad Cranz, von wo man meistens mit geräucherten Flundern zurückkehrte, die zum Abendbrot verzehrt wurden. An den Wochenenden fuhr ich nach Trakehnen oder ließ mich von Menschen, die Ostpreußen kennenlernen wollten, zu Rundfahrten durch die Provinz mitnehmen. Ich habe in diesem wunderschönen Sommer eine Reihe solcher Fahrten gemacht und dabei einen großen Teil von Ostpreußen kennengelernt, was mir später sehr zustatten gekommen ist, als ich nach Kriegsende unter Russen und Polen dort lebte.

Im Winter ging es nach München. Ich nahm mir ein kleines Zimmer in der Schwanthalerstraße, ganz in der Nähe der Institute, die ich im Rahmen des vorklinischen Studiums zu besuchen hatte. Der eindrucksvollste unter den damaligen Dozenten war der Anatom, Geheimrat Mollier, der sich bei den Studenten großer Beliebtheit erfreute. Seine schlanke hagere Gestalt war von einer großen Beweglichkeit, die in der Vorlesung ständig zur Geltung kam. Alle seine Demonstrationen waren von lebhaften Gesten begleitet, und es war für ihn durchaus nichts Ungewöhnliches, sich auf den Boden zu legen, um uns den Gang von Amphibien zum Unterschied zu dem von Säugetieren zu demonstrieren. An die Tafel malte er beidhändig mit bunter Kreide die kunstvollsten Gebilde, die sich unmittelbar einprägten. Wenn es um die Muskeln ging, die wir zu lernen hatten, holte er den eigens von ihm trainierten Muskelmann, einen athletischen Kerl, der auf Kommando jeden gewünschten Muskel einzeln vorspringen lassen konnte. Den stellte er auf ein Podest neben sich und stach ihn mit dem Zeigestock an den Stellen, auf die es ankam. Eines Tages kursierte in der Vorlesung ein Zettel: „Geheimrat Mollier feiert morgen seinen 64ten Geburtstag. Tosender Empfang, Blumen mitbringen und in die Arena werfen." Am folgenden Tag war der Hörsaal überfüllt, und als der Professor eintrat, regnete es Blumensträuße aus allen Rängen. Mollier blieb einen Augenblick verdutzt in diesem Blumenmeer stehen, blickte dann über den Brillenrand nach oben und erklärte, daß wir uns geirrt hätten. Der Geburtstag sei erst einen Monat später. Dann ließ er einen der Anatomie-Diener mit einer Trage kommen, der die Blumen aufsammeln und hinausfahren mußte.

Wenn wir im Anatomie-Saal an der Leiche arbeiteten, trat Mollier an die einzelnen Tische heran, zeigte uns Handgriffe, ließ sich etwas vorpräparieren und führte hier und da auch ein kurzes persönliches Gespräch. Mich fragte er einmal: „Sind sie der Hochspringer?" Ich wußte nicht gleich, was er meinte, denn ich konnte mir nicht denken, daß er sich für diesen Sport interessierte. Aber ich hatte ein paar Tage vorher beim Hochschulsportfest im Hochsprung gewonnen – mit einer Höhe, die für heutige Sportler geradezu lächerlich genannt werden muß –, und ein Bild von mir war im Sportteil der Zeitung erschienen. Das war ein guter Anknüpfungspunkt für eine persönliche Kontaktaufnahme.

Der Münchener Fasching bot Gelegenheit, viele junge Menschen kennenzulernen. Bekannt wurde ich mit ihnen durch die Familie Pappenheim, mit der ich – auch über die Familie Kanitz – verwandt bin. Dort gab es drei Söhne und eine Tochter in meinem Alter. Um sie herum bildete sich ein größerer Kreis, der sich bei festlichen Gelegenheiten immer wieder traf, vor allem in den großen Hotels, Regina und Vier Jahreszeiten, wo die meisten Bälle stattfanden, aber auch zu anderen gemeinsamen Unternehmungen. Einmal hatten wir Eintrittskarten für den Zirkus Krone geschenkt bekommen, zehn Plätze in der ersten Reihe in zwei nebeneinanderliegenden Logen. Wir teilten uns in zwei Gruppen, eine in normaler Kleidung, die andere kostümiert, und jede setzte sich in eine Loge, so als hätten wir nichts miteinander zu tun. Die zweite Gruppe legte es darauf an, die Aufmerksamkeit der Zuschauer von den nicht sehr interessanten Vorführungen in der Manege abzulenken. Einer der Höhepunkte des Programms war der Auftritt einer hypnotisierten Wahrsagerin, die in die Mitte der Manege geführt wurde, wo sie sich schwerfällig auf einem Stuhl niederließ. Ihr Partner ging unter den Zuschauern umher und forderte sie auf, ihm Gegenstände aus ihren Taschen in die Hand zu legen. Sowie er den Gegenstand in die Hand nähme, würde seine Partnerin sagen, um was es sich handelte. Nun hatten wir, bevor wir in den Zirkus gingen, zusammen Abendbrot gegessen, und einer von uns hatte einen dabei übriggebliebenen Bückling in der Tasche. Diesen reichte er dem Hypnotiseur, und kaum hatte der ihn in der Hand, da meldete die Frau schon laut und vernehmlich: „Ein Bückling!" Das Publikum applaudierte amüsiert, und die Aufmerksamkeit konzentrierte sich mehr und mehr auf die zweite von unseren Logen. Was dort vor sich ging, schien zum Programm zu gehören. Die Kostümierten wurden immer lebhafter und fingen an, die Leute in der Nachbarloge anzupöbeln. Die ließen sich das nicht gefallen und riefen nach dem Zirkusdirektor. Der kam angelaufen und versuchte die Angreifer zu besänftigen. Die wurden aber immer frecher, und der Direktor packte schließlich den Anführer am Arm. Der erhob sich drohend von seinem Sitz, und als der Direktor sah, daß er weit über zwei Meter groß war, ließ er ihn vor Schreck wieder los. Das Publikum johlte vor Vergnügen. Der Direktor verschwand, um Verstärkung zu holen, aber ehe es zum Handgemenge kam, verließ die erste Gruppe empört ihre Loge, und die andere folgte hinterdrein.

In München habe ich jede Gelegenheit wahrgenommen, mich sportlich zu betätigen. Im Winter machte ich einen Jiu-Jitsu-Kursus mit und auch die Waldläufe im Englischen Garten, die bei völliger Dunkelheit stattfanden. Im Sommer war ich oft auf dem Universitätssportplatz zu finden, den ich mit meinem Rad leicht erreichen konnte. Als die Hochschulmeisterschaften ausgetragen wurden, habe ich mich außer am Hochsprung noch an verschiedenen Läufen und am Gepäckmarsch beteiligt, bei dem man mit zwanzig Pfund Sand im Rucksack zwanzig Kilometer gehen mußte. Da diese Prüfung an einem der heißesten Tage ausgetragen wurde und ich nicht allzu weit hinter den ersten ins Ziel kam, war ich anschließend für mehrere Tage außer Gefecht gesetzt und konnte kaum das Zimmer verlassen. Auf dem Rükken hatte mir der Sandsack auch noch ein großes Loch gescheuert, von dem heute noch eine Narbe zu sehen ist.

Mit dem Fahrrad bin ich viel unterwegs gewesen. Zu den Wochenenden fuhr ich manchmal nach Rottenbuch im Allgäu zur Familie Heeren. Einmal mußte ich dabei mehrere schwere Gewitter über mich ergehen lassen, die mich total aufweichten. Am Ziel angekommen, wurde ich als erstes in die Kleider des Hausherrn gesteckt, die in der Größe nicht ganz ausreichten. Als ich bei einer anderen Tour einmal den Lech überquerte, sah ich bei der Auffahrt auf die Brücke am jenseitigen Ufer einen Mann bis zu den Knien im Wasser stehen. Er winkte mir zu. Ich hielt an und fragte ihn, was er da mache. „Ich stehe hier auf meinem Auto", antwortete er, „und warte, daß mich jemand herauszieht." Das nächste Auto, das erst nach längerer Zeit erschien, wurde angehalten, und nachdem es gelungen war, ein Seil an dem versunkenen Wagen anzubringen, wurde dieser mit vereinten Kräften wieder ans Tageslicht befördert. Der Fahrer hatte den Wagen leichtsinnigerweise zu nah am Ufer geparkt, und er war in dem lockeren Kies immer tiefer in den reißenden Fluß gerutscht.

Das stärkste Erlebnis meiner Münchener Zeit war die Begegnung mit Manfred Oberdörffer. Ich entsinne mich noch genau des Tages, an dem sie zustande kam. Im vollbesetzten Hörsaal der Anatomie suchte ich mir einen Platz. Es war insofern ein besonderer Tag, als wir zum ersten Präparierkurs eingeteilt werden sollten. In Gruppen zu jeweils acht Studenten sollte an der Leiche gearbeitet werden. Und alles schien ängstlich gespannt im Hinblick auf dieses erste bedeutungsvolle Ereignis im Leben eines werdenden Mediziners. Eine freundliche Studentin hatte mir einen Platz in ihrer Reihe freigehalten, und ich drängte mich zu ihr durch. Auf meiner anderen Seite saß ein kompakter Mensch, der sich mit spöttischen Redensarten in unsere gedämpft geführte Unterhaltung einmischte. Das Mädchen wurde böse und schwieg, ich hingegen fand es ganz tröstlich, jemanden neben mir zu haben, dem die bevorstehende Arbeit an der Leiche nichts auszumachen schien. Wir kamen zusammen in die gleiche Gruppe, und es ergab sich, wie mir schien, ein durchaus positives Miteinander. Dabei beschränkte sich die Unterhaltung zunächst auf das, was unmittelbar zum Thema unserer Arbeit gehörte. Es fiel mir nur auf, daß alle anderen Teilnehmer der Gruppe eine gewisse Scheu vor dem kompakten Mann hatten und hörbar aufatmeten, als er einmal fehlte. Sie fanden ihn aufreizend und beklemmend und wunderten sich, daß es mir nicht auch so erging. Eines Tages fragte er mich, ob ich ihn zu seiner studentischen Verbindung begleiten wolle, die einen Gästeabend veranstaltete. Er meinte, das wäre vielleicht etwas für mich. Um ihn nicht zu kränken, ging ich mit und verbrachte dort einen ziemlich qualvollen Abend. Oberdörffer paßte absolut nicht in diesen engen Rahmen kleinbürgerlicher Ehrbegriffe und harmloser Ausgelassenheit, saß da wie ein schwerer Klotz und wirkte mit allem, was er sagte, wie ein Kinderschreck im dunklen Zimmer. Er selbst empfand das aber gar nicht, sondern war ganz enttäuscht, als ich gestand, ich müsse mir erst noch überlegen, ob ich der Verbindung beitreten würde.

Dann kam er eine ganze Woche oder noch länger nicht zur Vorlesung, und das nächste Lebenszeichen von ihm war ein Brief, in dem er mich bat, ihn im Krankenhaus zu besuchen. Er lag in einer Münchener Klinik auf der Inneren Abteilung in einem großen Saal, und ich setzte mich an sein Bett. Dann vergaß ich Raum und Zeit und alles um mich herum. Denn zum ersten Mal in meinem Leben ergoß sich das Schicksal eines Menschen wie eine Lawine über mich, und ich kam mir vor wie ein leeres Gefäß, das einem Sturzbach standhalten muß.

Er stammte aus Hamburg. Sein Vater, an dem er offenbar sehr gehangen hatte, war an einer schweren Kriegsverletzung gestorben. Seine Mutter litt an einer Tuberkulose und war ebenfalls lange Jahre krank. Beide Eltern hatten mit ihm nicht fertigwerden können. Schon als Fünfzehnjähriger war er wegen dichterischer Veröffentlichungen in der Zeitschrift „Jugend" von der Schule geflogen, hatte sich Geld in Hafenkneipen verdient, war als Tellerwäscher zur See gefahren, durch viele Länder getrampt, hatte Prügeleien und Messerstechereien mitgemacht, das Abitur nachgeholt und in Tübingen als Hilfskrankenpfleger gearbeitet. Nun war seine Mutter gestorben. Er war zur Beerdigung in Hamburg gewesen, hatte sich bei dieser Gelegenheit selber untersuchen lassen, und auch bei ihm war der Verdacht auf eine Tuberkulose festgestellt worden. Man hatte ihn zur Beobachtung in die Münchener Klinik beordert. Dorthin hatte er zu allem Überfluß noch die Nachricht erhalten, daß seine Verbindung ihn hinausgesetzt hatte.

Ich konnte vorerst nichts weiter tun als stillzuhalten und mich insgeheim der Harmlosigkeiten zu verwundern, mit denen mein zwanzigjähriges Dasein es bis dahin zu tun gehabt hatte.

Wenige Tage später schickte er mir ein paar Gedichte, die in den letzten Jahren entstanden waren und die mich erschütterten, weil Form und Tiefe des Empfindens keinen Zweifel daran ließen, daß es sich um einen ebenso genialen wie gefährdeten Menschen handelte. Und wieder fragte ich mich, wie ich diesem Ansturm gewachsen sein sollte.

Sein Gesundheitszustand erwies sich als nicht so bedenklich, wie es anfänglich ausgesehen hatte. Oberdörffer überwand die Depression schnell und startete nach kurzer Zeit schon zu seiner nächsten Reise per Anhalter, die ihn durch die Tschechoslowakei, Ungarn, Jugoslawien führen sollte. Er wollte mich durchaus mitnehmen. Aber da ich seine Gewohnheiten inzwischen schon einigermaßen kannte, konnte ich mich zu einem so völlig unberechenbaren Unternehmen nicht entschließen.

Ein paar Wochen später war er wieder da, hatte ein verschwollenes Auge, berichtete von herrlichen Nächten und ebenso herrlichen Raufereien. Dann arbeitete er eine Zeitlang als Krankenpfleger und schlug zur Fortsetzung seines Studiums seine Zelte in Greifswald auf. In den anschließenden Sommerferien trampte er durch die baltischen Staaten, kehrte über Finnland und Schweden zurück, langte in Hamburg mit einem vereiterten Blinddarm an und lag mehrere Wochen schwerkrank in einem Hamburger Krankenhaus. Von dieser Reise schrieb er mir einen Brief, in dem seine vulkanische Seele in einer mich überwältigenden Weise zum Ausdruck kam, die Tiefe und Zartheit des Gefühls, der Höhenflug der Phantasie und dazu die derbe Kreatürlichkeit mit ihrer Lust an der Gefahr und ihrem Hang zum Zuschlagen. Leider existiert dieses Dokument nicht mehr. Er berichtete darin auch von seinen weiteren Plänen und setzte hinzu: „Aber leider kann ich ja noch nicht so wie ich will, denn ich bin noch nicht mündig." Und ich dachte: „Was passiert eigentlich, wenn so ein Mensch mündig wird?"

Im Laufe der folgenden Jahre sahen wir uns nur noch gelegentlich. Er studierte in Greifswald, wohnte im Vorort Eldena und hat dafür gesorgt, daß er dort zu einer Art Sagengestalt geworden ist. Als Hitler an die Macht kam, hatte er zunächst keine Bedenken, in ihm den Befreier Deutschlands zu sehen. Ich entsinne mich eines qualvollen Geprächs mit ihm auf einer Bank im Tiergarten in Berlin, bei dem wir einander gar nicht verstehen konnten. Es schmerzte mich, von ihm als Drückeberger angesehen zu werden. Und ihn sah ich mit all seinen Gaben in ein banales Fahrwasser abschwimmen.

Aber dann geschah etwas, was ihn mit einem Schlage aus jeder möglichen Normalisierung herausriß: er erfuhr, daß er eine jüdische Großmutter hatte. Es gab wohl nichts, worauf er weniger gefaßt gewesen wäre als gerade dies. Zweifellos hatte er sich von jeher für den Prototyp eines germanischen Menschen gehalten – blond, blauäugig, robust, kompromißlos – und hatte aus dieser Gewißheit heraus gelebt. Nun sollte das alles ein leerer Wahn gewesen sein? Zunächst konnte er den Tatbestand als solchen nicht fassen und hielt ihn für einen grandiosen Irrtum. Er hatte damals gerade in Hamburg sein medizinisches Staatsexamen gemacht und sollte den Preis für das beste Examen seines Jahrgangs bekommen. Nun wurde ihm beides verweigert mit der Begründung, daß er Nichtarier sei. Sein Hamburger Professor, bei dem er in der Krebsforschung tätig war und der seine Arbeit sehr schätzte, bemühte sich um ihn. Aber schon nach wenigen Tagen war es auch damit aus. Als ein Mitassistent ihm in Gegenwart seines Chefs einen Brief mit den Worten überreichte: „Hier ist ein Brief für den Juden", schlug ihn Oberdörffer auf der Stelle nieder. Er mußte gehen. Ich erfuhr das alles, als er am nächsten Tag bei mir in Berlin auftauchte. Zitternd vor Hilflosigkeit und ohnmächtiger Wut berichtete er, was sich ereignet hatte. Ich versuchte ihn zu ruhiger Überlegung zu bewegen, durfte aber nicht wagen, die Gewalt seines Schmerzes zu schmälern. Er hatte bereits beschlossen, das Reichsamt für Sippenforschung in Berlin aufzusuchen und dessen Leiter ebenfalls niederzuschlagen. Ihm das ausreden zu wollen, hätte nur die gegenteilige Wirkung gehabt. Aber ich gab ihm den Rat, sich den Mann vorher wenigstens etwas genauer anzusehen, um dann zu entscheiden, ob er ein taugliches Objekt für eine derartige Exekution darstelle. Nach ein paar bangen Stunden des Wartens erschien er wieder, ganz angeekelt von seinem Gesprächspartner. Mit dem hätte er sich die Hände nicht schmutzig machen wollen. Es sei ein kleines ängstliches Würstchen gewesen, das ihn immer nur bedauert hätte. Der Mann hätte ihm gesagt, daß sein Examen möglicherweise doch anerkannt werden würde, weil er durch sein aggressives Verhalten dem ihn beleidigenden Kollegen gegenüber seine germanische Wesensart unter Beweis gestellt hätte. „Und sowas regiert jetzt in Deutschland", seufzte er.

Ungeachtet seiner Verstörung hatte Oberdörffer aber schon weitreichende Pläne geschmiedet. Er wollte nach England gehen, um dort seine Krebsforschung weiterzuführen, wenn es ihm auch ein furchtbarer Gedanke war, zu den Emigranten gezählt zu werden, die er bis dahin verachtet hatte. Nur fehlte es an Geld, und seinen Onkel und ehemaligen Vormund, mit dem er schwere Differenzen gehabt hatte, wollte er nicht in Anspruch nehmen. Es gelang mir dann aber, ihn umzustimmen. Er erlaubte mir, mit dem Onkel in Hamburg zu telephonieren, und der erbot sich sofort, nach Berlin zu kommen, um die Sachlage zu besprechen. Als wir dann zu dreien im Foyer des Hotels Adlon saßen, fand Oberdörffer sich bereit, in seiner ausweglosen Situation fünftausend Mark zu akzeptieren, die sein Onkel ihm anbot.

Ein Jahr später, 1936, erschien er wieder in Berlin, hatte das englische Staatsexamen nachgeholt und brachte mehrere Angebote mit, die man ihm in England gemacht hatte. Zwei davon zog er in die engere Wahl, eines für eine Stelle an einem Krebsforschungsinstitut in Amerika, das zweite für einen Forschungsauftrag zur Erkennung und Bekämpfung der Lepra im westlichen Afrika. Als er mich fragte, für welche von beiden Aufgaben ich mich an seiner Stelle entscheiden würde – die erste mit der Aussicht auf schnelles Fortkommen, die zweite vermutlich mit erheblichen Strapazen und Schwierigkeiten verbunden –, riet ich ihm ohne Zögern zu der zweiten Möglichkeit, und er war zufrieden, weil er innerlich bereits diese seinem Wesen entsprechende Entscheidung getroffen hatte. Bevor er endgültig aufbrach, um über England nach Nigeria zu gehen, verbrachte er noch ein paar Monate bei seinem Freund Jürgen Halle in der Altmark auf dem Lande. Dort besuchte ich ihn, und wir ritten zusammen durch den herbstlichen Wald. Dabei brach erneut das ganze Elend aus ihm heraus, in das ihn der Nachweis seiner Herkunft seiner Meinung nach gestürzt hatte. Er kam sich wie ein Gebrandmarkter vor, und ich hatte Mühe, dieser Verzweiflung gegenüber das rechte Maß zu finden. Sie war und blieb die Triebfeder seines weiteren Lebens, und es bot sich keine Aussicht, ihn für eine vernünftigere Einstellung zu diesem unabänderlichen Tatbestand zu gewinnen.

Die nächsten Nachrichten von ihm kamen aus Nigeria. Er hatte sich dort schnell zurechtgefunden und eingearbeitet, war in den verschiedensten Provinzen des riesigen Landes gereist, hatte einen tiefen Einblick in die Lebensverhältnisse der Nigerianer gewonnen und daraus wesentliche Schlüsse auf die Entstehung und Ausbreitung der Lepra ziehen können. Er hatte die Beobachtung gemacht, daß die Lepra, eine Geißel der Menschheit, wahrscheinlich keine echte Infektionskrankheit ist, sondern daß nur solche Menschen von ihr befallen werden können, die bestimmte Pflanzengifte, sogenannte Sapotoxine, mit der Nahrung zu sich nehmen. Diese Gifte schädigen die Nebenniere und machen dadurch zur Aufnahme des Lepra-Bazillus bereit. Enthalten sind sie in besonderem Maße in der Colocasi, einer Gemüsepflanze, die unter dem Namen Taro von einem Großteil der Bevölkerung Afrikas und anderer von der Lepra heimgesuchter Länder gegessen wird. Dort, wo viel Taro gegessen wird, ist der Leprabefall prozentual deutlich stärker als da, wo weniger davon verzehrt wird. Und wo diese Pflanze nicht zur Nahrung gehört, gibt es so gut wie keine Lepra. In Europa ist die Kornrade diejenige Pflanze, die das gleiche Gift enthält. Deswegen kamen zu einer Zeit, in der das Getreide noch nicht so gut von Unkrautsamen gereinigt wurde wie jetzt, auch in Deutschland hin und wieder Fälle von Lepra vor. In Memel zum Beispiel gab es noch bis zum Ende des letzten Krieges ein Lepraheim mit mehreren Insassen. Durch diese Beobachtung, auch wenn sie zunächst von Fachleuten zurückgewiesen und als zu simpel abgelehnt wurde, machte Oberdörffer seinen Namen in der Forschung hinlänglich bekannt, und er wurde Anfang des Jahres 1938 zu dem Internationalen Leprakongreß nach Kairo eingeladen, um dort über seine Beobachtungen zu berichten. Er benutzte diese Gelegenheit zu einer scharfen Kritik an der Einstellung der englischen Behörden und besonders der Missionare zur Bekämpfung der Lepra und wurde deshalb von seinen Geldgebern seines Postens enthoben. Da jedoch seine Arbeit erhebliches Aufsehen erregt hatte, bildete sich ein Gremium von wohlhabenden Privatleuten, die ihm die Mittel zur Verfügung stellten, seine Forschungen an anderer Stelle weiterzutreiben. Federführend war dabei eine Mrs. Russel, die Oberdörffer bei Albert Schweitzer in Lambarene kennen und schätzen gelernt hatte. Im Auftrage dieser Gruppe ging er von Kairo aus nach Ceylon, bereiste die ganze Insel und lernte die dortige Leprabekämpfung kennen. Anschließend begab er sich nach Indien, reiste durch weite Teile des Landes und arbeitete in den dortigen Instituten, über die er sich anerkennend äußerte. Schließlich schlug er sein Hauptquartier in Bangkok auf, wo man ihm auf Betreiben der Deutschen Gesandtschaft ein umfangreiches Laboratorium und mehrere Assistenten zur Verfügung stellte. Aus Siam kamen Bilder von ihm. Er war noch massiger geworden. Wie ein Gewaltherrscher thronte er auf seinem Reittier inmitten seiner Karawane, mit der er durch die Berge zog. Das war das erste, was ich wieder von ihm hörte, seit einer der Kongreßteilnehmer in Kairo mich auf der Rückfahrt nach Hamburg in Berlin aufgesucht und mir Grüße von ihm gebracht hatte. Dazu hatte er mir ein Schriftstück übergeben, das mich schmerzlich berührte. Es enthielt die dornenvolle Geschichte eines Aussätzigen, die keinen Zweifel daran ließ, daß Oberdörffer mit diesem Aussätzigen sich selber meinte. Es war also immer noch das gleiche Elend in ihm. Daran hatte auch seine ganze erfolgreiche Arbeit nichts ändern können.

Im Mai 1939 erhielt ich einen Eilbrief aus Siam, in dem er mitteilte, er sei krank, habe eine stark vergrößerte Niere und müsse sich operieren lassen. Dazu komme er nach Hamburg, und ich solle nach Möglichkeit auch hinkommen, um ihm die Narkose zu machen. Noch am gleichen Tag rief er mich vom Berliner Flugplatz Tempelhof an, wo er soeben eingetroffen war und auf den Weiterflug nach Hamburg wartete. Ich bat ihn, sich erst einmal gründlich untersuchen zu lassen und mir dann Nachricht zu geben. Wie sich herausstellte, war nicht die Niere vergrößert, sondern die Milz als Folge von Malaria. Eine Operation kam nicht in Frage. Oberdörffer wandte sich daraufhin sofort wieder seiner Arbeit zu. Er meldete sich bei Professor Butenandt vom Kaiser-Wilhelm-Institut in Berlin; dort stellte man ihm sofort ein großes Labor und mehrere Assistenten zur Verfügung, um seine Forschungsergebnisse weiter auswerten zu können. Auf einmal war er der anerkannte deutsche Forscher, und keiner sprach mehr von der jüdischen Großmutter. Nur er selber litt nach wie vor unter dieser Tatsache und hatte nur den einen Drang, sie zu überspielen. Kaum waren seine Entdeckungen in die Hände der Pharmakologen gelangt, da interessierten sie ihn nur noch am Rande. Sollten die sehen, was daraus zu machen war. Er hielt zunächst vor Wissenschaftlern eine Reihe von Vorträgen über seine Entdeckungen und benutzte diese Gelegenheit, sich an denen zu rächen, die ihn zum Verlassen Deutschlands gezwungen hatten, indem er sie schonungslos bloßstellte. Vor allem anderen aber stand bei ihm der Wunsch, sich auf militärischem Gebiet hervorzutun. Und da ihm als Nichtarier kein anderer Weg dazu offenblieb, meldete er sich bei Admiral Canaris und wurde von diesem in den Geheimdienst eingespannt. Aufgrund seiner weltweiten Erfahrungen und seiner Sprachkenntnisse sowie seiner Rücksichtslosigkeit gegen sich selbst und gegebenenfalls auch gegen andere war er für eine solche Tätigkeit gewiß hochqualifiziert. Ihm schwebte ein Leben vor wie das des berühmten englischen Agenten T. E. Lawrence, des Verfassers der „Sieben Säulen der Weisheit", der im Ersten Weltkrieg die Aufgabe hatte, die Araber in einen Krieg gegen die Türken hineinzuziehen, die damals Deutschlands Verbündete waren. Bis in das zweite Kriegsjahr hinein sahen wir Oberdörffer gelegentlich und hatten den Eindruck, daß er sich wie nie vorher in seinem Element befand. Ein Hochgefühl ohnegleichen hatte von ihm Besitz ergriffen. Man merkte ihm an, daß er von einem Abenteuer zum anderen lebte und dabei vollste Anerkennung fand.

Dann besuchte er eines Tages meine Mutter, um sich für längere Zeit zu verabschieden. Er ließ durchblicken, daß er im Begriff sei, nach Indien zu gehen, um die Inder gegen die Engländer aufzuwiegeln. Sollte in absehbarer Zeit die Nachricht kommen, daß er nicht mehr am Leben sei, so brauchten wir das nicht zu glauben. Er selbst würde diese Nachricht in Umlauf setzen.

Dies ist das letzte Lebenszeichen, das ich von Manfred Oberdörffer erhalten habe. Viele Jahre später habe ich dann erfahren, daß er auf dem Wege nach Indien in Kabul vom englischen Geheimdienst aufgegriffen und erschossen worden ist. Sein Grab befindet sich auf dem Ausländer-Friedhof in Kabul.

Seine Theorie von der Entstehung und Verbreitung der Lepra hat sich später nicht hundertprozentig bestätigen lassen. Dennoch hat seine Arbeit der Erforschung und Bekämpfung dieser verheerenden Volksseuche entscheidende Anstöße gegeben und ihn zu einem auch heute noch anerkannten und stark beachteten Wissenschaftler gemacht.

Zum Gedenken an Manfred Oberdörffer zitiere ich einige

seiner Gedichte, die aus verschiedenen Lebensabschnitten stammen. Als etwa Achtzehnjähriger schrieb er:

Ich spüre, daß eine gewaltige Hand
Formen um mich zerschlägt
und fühle, wie mein enges Gewand
splitternd sich regt.

Ich lache, denn meiner Seele Metall
grüßt schon das ferne Licht,
harret der Stunde, da es zum All
Bahnen sich bricht.

Wir wollen Hand in Hand in Helles gehn,
komm mit!
Die lachend in ein zehrend Grelles sehn,
ahnen ein Glück, das glitt
aus eines Meisters starken Händen,
ward Stein und Form und Tat –
Wir beten um den allersteilsten Pfad,
um den wir alles – uns – die Welt –
verpfänden.

Später entstand:

Rasten möcht ich,
einmal mich ergehen
in dem Schatten dämmernder Alleen,
fern des Schlosses blaue Müdheit sehen
und vergessen –

Rasten möcht ich,
in den Halmen liegen,
erntereif mich schwer zur Erde biegen,
wie vermessen
ist ein Mensch der rasten will.

Denn da neigt sich aus dem Gold der Ähren
eine kleine Blüte mir, als wären

wir Geschwister,
die aus einem Gestern
leis sich lösen –
und ich halte still.

Kurz bevor er nach Afrika ging, heißt es:

Nun bin ich dir bereitet, Ferne –
Wie gerne
wäre ich zuhaus geblieben
in diesem stillen warmen Lieben,
in diesem Gib und Nimm –

Das ist wohl alles von mir abgefallen,
von allem
trennt endloser Nächte Grimm,
verträumter Tage Trauer.

Ich bin dir ganz bereitet, Ferne –
Die Sterne
und der Gipfel ernste
sind nun um mich –
Versprich – mir nichts.
Ich will nun schweigen
und steigen lernen – steigen?
und nun gehe ich.

Im Herbst 1931 ging ich zur Fortsetzung meines Studiums nach Berlin. Ich nahm mir ein Zimmer in der Karlstraße, ganz in der Nähe der Institute, die ich als Vorkliniker zu besuchen hatte, an erster Stelle die Anatomie. Dort hatte ich den zweiten Präparierkurs zu absolvieren, der unter der strengen Leitung von Professor Kopsch einige Konzentration erforderte. Wir arbeiteten in Gruppen an Leichen und Leichenteilen, wobei es um die Darstellung und den Verlauf der Blutgefäße und Nervenstränge ging.

Es war die Zeit, in der die Weimarer Republik in der Agonie lag und schicksalhafte politische Entscheidungen sich anbahnten. Mein Großvater Oldenburg war nach achtzehnjähriger Unterbrechung noch einmal in den Reichstag gewählt worden und hielt sich daher häufig in Berlin auf, meistens von meiner Großmutter begleitet, die den Fünfundsiebzigjährigen angesichts der gefährlichen Saalschlachten, die damals im Reichstag stattfanden, ungern allein ließ. Sie saß auf der Tribüne und konnte von da aus alles überblicken. Da ich den Wunsch hatte, mir eine solche Sitzung auch einmal anzusehen, besorgte sie mir zwei Eintrittskarten, und ich durfte einen meiner Kommilitonen mitbringen. So saßen wir denn neben ihr auf der Empore, gespannt auf das, was sich ereignen würde. Es tat sich jedoch so gut wie nichts an diesem Tage, und vielleicht war das auch ganz gut so, denn wenn man uns durchsucht hätte, wäre es peinlich geworden. Mein Begleiter hatte nämlich, was streng verboten war und was auch ich nicht wußte, einen Leichenarm, an dem er zu Hause noch arbeiten wollte, in seiner Aktentasche mitgenommen, und es hätte wahrscheinlich einen kleinen Aufruhr gegeben, wenn man den bei uns gefunden hätte.

Die Abgeordneten der Deutschnationalen Volkspartei saßen im Reichstag neben den Nationalsozialisten, und es traf sich so, daß mein Großvater als seinen unmittelbaren Nebenmann Josef Goebbels hatte. Für den hatte er wegen seines Temperaments und seiner außerordentlichen Schlagfertigkeit ein gewisses Faible und hoffte, dessen allzu heftiges Vorgehen etwas zügeln zu können. Immer wieder kam es vor, daß er, wenn die Wogen hochgingen, Goebbels, der aufgesprungen war, im Genick packte und ihn auf seinen Platz zurückdrückte. Goebbels ließ sich das damals noch gefallen. Er empfand offenbar eine gewisse Verehrung für meinen Großvater. Als er heiratete, nahm er seine Frau mit in den Reichstag, um sie ihm vorzustellen. Im Foyer standen die beiden vor ihm, er legte ihnen die Hände auf den Kopf und sagte: „Kommt her, Kinder, ich will euch segnen." Nach einer endlosen Rede, die Goebbels einmal hielt, sagte der Großvater zu ihm: „Ich bewundere Sie, mein lieber Josef, daß Sie zwei Stunden hintereinander so reden können. Sie ahnen ja gar nicht, was man schon in einer halben Stunde für

Unsinn sagen kann!" Als Goebbels dann nach der Machtübernahme durch Hitler sein wahres Gesicht zeigte, war es mit der Freundschaft vorbei.

An den Wochenenden war ich öfter zu Gast bei meinem Vetter Gerd Finckenstein in Trossin bei Bärwalde in der Neumark. Dort lernte ich Carl von Jordans kennen, einen Mann, der für mein Leben in der Berliner Zeit und den Jahren danach richtungweisend geworden ist. Er war etwa fünfzig Jahre alt, mittelgroß, sehr blaß, schmal, kahlköpfig, hatte eine dünne durchsichtige Haut, in der die Adern deutlich hervortraten und die so wenig gepolstert war, daß sie die Schläfen wie flache Teller in Erscheinung treten ließ. Seine Bewegungen waren langsam und eckig, beim Gehen brauchte er einen Stock und zog das eine Bein etwas nach. Das auffallendste an ihm waren seine großen erstaunten Augen, deren Helligkeit durch einen frühzeitigen Arcus senilis am Rande der hellbraunen Iris unterstrichen wurde. Sie waren stets weit offen, und ihr Blick schien in die Ferne gerichtet. Man fühlte sich von ihnen eher gespiegelt als durchschaut. Es lag darin ebensoviel von der Weisheit eines alten Mannes wie von der Hilflosigkeit eines Kindes. Und das war es wohl, was ihm gegenüber zugleich zur Ehrerbietung wie zur Behutsamkeit herausforderte – zwei Regungen, die uns wohl anstehen. Ich hatte keine Ahnung, wer Jordans war, deshalb begegnete ich ihm völlig unbefangen. Und als wir nach dem Abendessen im kleinen Kreis zusammensaßen, wurde mir plötzlich bewußt, daß ich derjenige war, der die ganze Zeit sprach. So etwas war mir unter älteren, erfahreneren Leuten noch nie passiert. Ich hielt erschrocken inne und sah mich im Kreise um. Da ich aber feststellen konnte, daß niemand sich über mich lustig machte, ließ ich meinen Redestrom ruhig weiterfließen. Er kam einfach so aus mir heraus. So wie mir ist es vielen mit Herrn von Jordans gegangen. Er hatte die besondere Gabe, Menschen zu öffnen und zum Reden zu bringen. Nicht, daß er sich dazu irgendwelcher Tricks bedient hätte – das hätte man wohl bald gemerkt. Es lag vielmehr daran, daß man sich von ihm hundertprozentig für voll genommen fühlte, so wie man war. Er hatte keine Vorurteile. Vor ihm brauchte man sich nicht zu verbergen, sondern konnte aus sich herausgehen. Man konnte ihm Dinge sagen, über die man sonst nicht zu sprechen pflegte, ja, die man vielleicht selber noch gar nicht wußte, sondern die vor diesem aufmerksamen Gegenüber erst Gestalt gewannen. Vor ihm entdeckte man sich gewissermaßen selbst. Seine Reaktionen auf das, was man sagte, seine gelegentlichen Rückfragen, sein bereitwilliges Mitgehen auch auf noch ungebahnten Wegen gaben einem die Gewißheit, wirklich verstanden zu werden. Dieses großzügige Geltenlassen des anderen hatte zur Folge, daß man bei ihm außergewöhnlichen Menschen begegnen konnte, Menschen mit Begabungen, die sich nicht in irgendwelche Rubriken einordnen ließen, und deren Reichtum sich nur da entfalten konnte, wo sie nicht von vornherein einer Kritik zu begegnen hatten. Dabei war Jordans keineswegs unkritisch. Im Gegenteil, er konnte auch sehr scharf werden und insbesondere Leuten, bei denen er eine unlautere Gesinnung entdeckte, in unmißverständlicher Weise den Marsch blasen. In seiner Wohnung in Berlin, die ihm von Freunden zur Verfügung gestellt worden war, durfte man ihn eigentlich zu jeder Zeit besuchen und, wenn man selber nichts Besonderes zu besprechen hatte, an seinen Gesprächen mit anderen Besuchern teilnehmen. Und wenn man ungelegen kam, hatte man volles Verständnis dafür, daß man wieder weggeschickt wurde.

Von diesen Gesprächen bei ihm hatten wir großen Gewinn. Wir lernten die Buntheit der geistigen Welt kennen und auf Qualitäten achten, die bisher außerhalb des eigenen Horizontes gelegen hatten. Darüberhinaus sahen wir uns mit einbezogen in die Bestrebungen, die Jordans als seine eigentliche Aufgabe betrachtete: Kristallisationspunkt zu sein für eine politische Willensbildung mit dem Ziel der Verwirklichung einer konservativen Staatsidee. Er gehörte zu den wenigen, die sich keiner Täuschung darüber hingaben, wo es mit Hitler hinauswollte, und die ihn von Anfang an als große Gefahr für Deutschland ansahen. Angesichts dieser Gefahr fühlte er sich dazu berufen, seinen Mitmenschen die Augen zu öffnen und alle konservativen

Kräfte zu mobilisieren. 1932, als Papen von Hindenburg zum Reichskanzler berufen wurde, machte er sich die persönliche Bekanntschaft mit ihm zunutze und organisierte bei sich in der Wohnung eine Tagung, bei der Papen und, als Korreferent, Harald von Rautenfeld über das Thema „Konservative Staatsidee" zu sprechen hatten. Dazu lud er etwa vierzig Teilnehmer aus seinem Bekanntenkreis, vorzugsweise jüngere Leute, ein. Ich entsinne mich, daß wir nach dieser Zusammenkunft mit einigen Zweifeln nach Hause gingen. Papen machte auf uns nicht den Eindruck eines Mannes, der in der Lage sein würde, das Steuer fest in die Hand zu nehmen und die Chancen zu nutzen, die sich ihm in dieser merkwürdigen Atempause des Jahres 1932, in der noch so vieles offen und in der Schwebe war, boten.

Zunächst hatte es allerdings den Anschein, als sollten wir eines Besseren belehrt werden. Papen nahm mit Elan ein Hindernis nach dem anderen – man fühlte sich bemüßigt, darauf hinzuweisen, daß er in seiner Jugend ein bekannter Rennreiter gewesen sei – und stieg beträchtlich in der Gunst des Volkes, während die Nationalsozialisten Stimmen verloren. Aber dann bekam er offenbar Angst vor seiner eigenen Courage, und das Blatt begann sich wieder zu wenden. Warum das so kommen mußte, habe ich nie begriffen. Wie wir heute wissen, stand ja damals alles auf des Messers Schneide. Kleine Gewichtsverlagerungen waren entscheidend für das Schicksal Deutschlands. Es hätte alles auch ganz anders kommen können. Uns Jüngeren schien das innenpolitische Geschehen jener Tage jedenfalls von lauter mehr oder weniger großen Zufälligkeiten abhängig zu sein. Wir empfanden das umso mehr, als wir selber am Rande mit hineingezogen waren. Aus dem Jordanskreis erhielten wir hin und wieder Aufträge, die wir natürlich mit Freuden in Angriff nahmen, bei denen wir aber nur selten zum Ziel kamen. Am Vorabend des Tages, an dem Hitler schließlich doch als Reichskanzler bestätigt werden sollte, schickte man meinen Bruder Heinfried und mich zum Reichspräsidenten, um ihn zu beschwören, die Macht nicht an Hitler auszuliefern. Im Reichspräsidentenpalais wurden wir erwartungsgemäß nicht zu Hindenburg vorgelassen, sondern von seinem persönlichen Referenten aufgehalten. Wir gaben uns sehr aufgeregt und empört, wurden aber immer wieder väterlich beschwichtigt mit der Versicherung, daß die Staatsgewalt bei Hitler in den besten Händen läge.

Heute denke ich sehr ungern an jene Zeit zurück, weil mir immer nur alles Versäumte einfällt. Aber wer konnte, selbst wenn er die Gefahr kannte, sich damals vorstellen, daß es mit Hitler so kommen würde, wie es dann gekommen ist? Dazu bedurfte es einer visionären Veranlagung. Allerdings gab es auch die unter uns, nämlich bei meinem Vetter Ulrich Finckenstein, dem jüngsten der Trossiner Brüder. Er war Prokurist der Industriebank in Berlin, beschäftigte sich aber nebenher eingehend mit Astrologie und sagte seinen Freunden die Zukunft voraus. Seine Horoskope waren überladen mit apokalyptischen Bildern. Er sagte den Krieg, den Tod von Millionen, die Vernichtung der großen Städte, den Verlust der Heimat im Osten voraus. Aber es ging ihm damit ähnlich wie Kassandra in Troja: Man konnte sich das alles nicht vorstellen und sah in ihm deshalb nur einen interessanten Spinner. Oft habe ich ihn noch am späten Abend besucht und ihm zugehört. Manchmal kam er erst gegen Mitternacht von seinem Büro, und ich wartete auf ihn mit seinem Bruder Berndt Günter, mit dem er die Wohnung teilte. Trotz seines angestrengten Arbeitstages war er dann immer noch von erstaunlicher Frische. Er war klein von Gestalt, aber sprühend von Geist und Witz und faszinierender Hellsichtigkeit. Es war ein Erlebnis, seinen Gedankengängen zu folgen und sich in seine visionäre Welt mitnehmen zu lassen. Dank dieser Gabe übte er einen starken Einfluß auf seine Umgebung aus, umso mehr, als er in seinem Beruf außerordentlich seriös, korrekt und unbestechlich war. Außerdem zeichnete er sich durch große Güte und Hilfsbereitschaft aus. Das einzige, was ich ihm nie abgenommen habe, waren seine Horoskope. Ich fühlte mich immer wieder veranlaßt zu der Frage: „Wozu brauchst du eigentlich die Sterne? Du weißt es ja auch so. Wozu diese Krücken? Deine Glaubwürdigkeit ist doch viel größer ohne sie!" Aber die Beschäftigung mit okkulten Dingen ist wohl ein Spiel, dem man schwer widerstehen kann, wenn man ein so phantasiebegabter Mensch ist, wie er es war. Mehr als folgerichtig ist das, was er schließlich mit sich selbst erlebte. Als der Krieg begann, sah er eine vieljährige Freiheitsberaubung auf sich zukommen. Um ihr zu entgehen, beteiligte er sich nach der Besetzung Norwegens an einem Unternehmen, das der Einrichtung einer Wetterstation auf einer Insel im nördlichen Eismeer galt und mit einem Schiff der Handelsmarine durchgeführt wurde. Das Schiff wurde unterwegs von den Engländern gekapert, und die Besatzungsmitglieder wurden als Spione unter verschärften Haftbedingungen interniert. Aus diesem Grunde haben wir viele Jahre nichts über seinen Verbleib gehört. Erst zwei Jahre nach dem Kriege tauchte er wieder auf – gänzlich ungebrochen, denn er hatte sich während all der Jahre intensiv mit Sprachstudien beschäftigen können. Bei einem mitgefangenen Araber hatte er Arabisch gelernt und sich später, als er in die Einzelzelle kam, eine hebräische Bibel besorgen können. Anhand dieser Bibel hatte er sich aus dem Arabischen das Hebräische rekonstruiert. Dabei hatte er in den Bibeltexten Verschlüsselungen entdeckt, eine Forschungsarbeit, die ihn in all den Jahren geistig beweglich gehalten hatte. Manche Geschichte des Alten Testamentes hat durch seine Ermittlungen eine neue Note erhalten, so etwa die Geschichte von Bileam und seiner Eselin (4 Mose 22). Ulrich Finckenstein ist der Ansicht, daß das hebräische Wort für „Eselin" im Arabischen die Zirbeldrüse bezeichnet. Die Zirbeldrüse aber sei nach alter Auffassung der Sitz des besseren Wissens. Die Eselin, die sich sträubt, weiterzugehen, weil der Weg durch einen Engel Gottes versperrt ist, den Bileam nicht sehen kann, wäre also nichts anderes als das nach außen projizierte bessere Wissen des Bileam. Diese Entdeckung ändert zwar nichts an dem Sinn der eindrucksvollen Geschichte, sie macht jedoch deutlich, welches innere Ringen mit ihr zum Ausdruck gebracht werden soll.

Wirklich aufregend wurde es bei Herrn von Jordans für uns

erst, nachdem Hitler die Macht übernommen hatte. Denn der Jordanskreis war verständlicherweise äußerst suspekt als Sammelpunkt reaktionärer Kräfte. Darüber hinaus hatte er sich zu einem Refugium entwickelt für Menschen, die plötzlich vogelfrei geworden waren, ganz gleich, aus welchem Lager sie kamen. Zwei Persönlichkeiten, die ich aus einem solchen Anlaß kennengelernt habe, sind mir in besonderer Erinnerung geblieben. Die eine war Stennes, der Oberste SA-Führer von Berlin (genannt Osaf), der plötzlich in Ungnade gefallen war und den Goebbels, der dann sein Nachfolger wurde, verfolgte. Eines späten Abends erschien er mit seiner Frau bei Jordans und bat um Hilfe. Er müsse sofort außer Landes gehen, weil man ihn umbringen wolle. Jordans wußte Rat, und es gelang, das Ehepaar Stennes schnellstens auf ein von Bremerhaven abgehendes Schiff zu verfrachten. Längere Zeit wußten wir allerdings nicht, ob das Unternehmen geglückt war. Aber dann erhielten wir von ihm eine Ansichtskarte aus Lissabon zum Zeichen, daß er und seine Frau in Sicherheit waren. Seine Reise hat ihn weiter nach China geführt, wo er die Leibgarde Tschiang Kai-scheks aufgebaut hat.

Die zweite war ein düsterer, ziemlich unheimlich wirkender Mann namens Bell, „der Bär" genannt. Wenige Tage nach dem Reichstagsbrand erschien er zu später Stunde bei Jordans und erklärte, er fürchte für sein Leben, weil ihm die näheren Umstände des spektakulären Reichstagsbrandes in allen Einzelheiten bekannt seien. Auch ihm wurde zu einer Fluchtmöglichkeit verholfen. Er entkam nach Österreich, ist aber dort von einer Abteilung der SS, die ihn über die Grenze hinaus verfolgte, in einem Gasthof festgenommen und umgebracht worden.

Den Reichstagsbrand am 28. 2. 1933 habe ich folgendermaßen erlebt: Ich fuhr gegen Abend mit der Straßenbahn der Linie 2 am Tiergarten entlang, am Brandenburger Tor vorbei, auf das Reichstagsgebäude zu und sah, daß oben Flammen herausschlugen. Die Straßenbahn bog hier im rechten Winkel nach rechts, dann wieder nach links ab. Zwischen den beiden Kurven war die Haltestelle. Ich überlegte, ob ich aussteigen sollte, sagte mir aber: Es gibt in ganz Berlin kein Gebäude, das man mit soviel Gleichmut brennen lassen kann wie den Reichstag. Menschen wohnen nicht darin, es kann also eigentlich niemand zu Schaden gekommen sein. Das Holz im Sitzungssaal wird ausbrennen, mehr wird nicht passieren. Und das Gebäude steht so isoliert, daß kaum eine Gefahr des Übergreifens der Flammen auf andere Häuser besteht. Was soll ich also dort? Soll doch die Quatschbude – so wurde der Reichstag allgemein genannt – ruhig abbrennen; niemand wird ihr eine Träne nachweinen. Im übrigen ist der Brand sicher nicht ganz von ungefähr entstanden, denn Hitler redet schon seit langer Zeit davon, daß der Sitzungssaal für seine Ansprüche zu klein sei und er in die Krolloper umziehen müsse. Jedenfalls verspürte ich weder Verpflichtung noch Lust, auszusteigen und mich unter die spärliche Menge von Schaulustigen zu mischen, sondern fuhr ruhig weiter. Wie aber las man's am nächsten Tage in den Zeitungen? Die überschlugen sich vor Empörung über das furchtbare Verbrechen der Kommunisten, die damit das Zeichen zum Großangriff hätten geben wollen. Der aber sei glücklich vereitelt worden. Torgler, ihren Anführer, habe man verhaftet, weil er sich kurz vor Ausbruch des Brandes in verdächtiger Weise am Reichstagsgebäude zu schaffen gemacht hätte. Gleichzeitig sei auch an anderen Stellen der Stadt von den Kommunisten Feuer gelegt worden. (Irgendwo unter den Linden hatte es tatsächlich einen kleinen Brand gegeben.) Die Übeltäter habe man gefaßt. Das klang alles sehr fadenscheinig und sah stark nach Verabredung aus. Die Zeitungsartikel waren so gut wie sicher schon vorgefertigt.

Nach dem Krieg ist viel Widersprüchliches über den Reichstagsbrand geschrieben worden. Immer wieder wurde die Frage aufgeworfen, wer nun eigentlich der Urheber gewesen sei. Uns war damals völlig klar, daß der Brand von den Nazis inszeniert war und zum mindesten Göring davon wußte. Ebenso klar war, daß der ausführende Brandstifter – der Holländer van der Lubbe –, der später zum Tode verurteilt und hingerichtet wurde, ein Schwachsinniger war, der den Brand nicht aus eigener Initiative gelegt haben konnte, sondern den man durch Versprechungen dazu überredet hatte.

Mit dem 30. Juni 1934 erlebten wir einen der bedeutungsvollsten Tage des Hitlerregimes. Hitler zeigte zum ersten Mal unverblümt, wes Geistes Kind er war, und daß er auch vor Mord nicht zurückschreckte, selbst wenn es sich um einen Freund handelte. Röhm, Stabschef der SA, also einer von denen, die Hitler zur Macht verholfen hatten, wurde erschossen, und mit ihm wurden über hundert unbequeme Menschen in den verschiedensten Gegenden Deutschlands auf Hitlers Befehl umgebracht. Diese sogenannte Säuberungsaktion dauerte vierundzwanzig Stunden.

In der Nacht vom 30. Juni zum 1. Juli befand ich mich auf einem Sommerfest im Hause der Familie Zitzewitz in Berlin-Zehlendorf. Es war ein unbeschwerter Abend, und alle genossen die herrliche Sommernacht. Da kam plötzlich jemand, der drinnen das Radio angedreht hatte, auf die Terrasse, wo die meisten Gäste saßen, und sagte: „Ihr könnt euch nicht vorstellen, was da eben durchgesagt worden ist. Hitler soll Röhm erschossen haben, weil er ein Verräter gewesen sei, und aus dem gleichen Grunde sollen auch noch andere erschossen worden sein. Vielleicht machen wir vorsichtshalber lieber Schluß und sehen, daß wir nach Hause kommen." Alle verabschiedeten sich leicht verstört und brachen auf. Irgend jemand nahm mich im Auto mit zur Innenstadt. Es wurde schon hell während der Fahrt. In der Nähe des Brandenburger Tores patroullierten SS-Leute. Ohne angehalten zu werden, gelangte ich durch die menschenleeren Straßen in meine Studentenbude in der Karlstraße. Berlin machte an diesem Morgen einen gespenstischen Eindruck. Man ging wie über brüchiges Eis. Ich rief meinen Freund Hubert Ballestrem an und verabredete mich mit ihm im Herrenklub, dem wir als Junioren angehörten. Dort war alles in Aufruhr. Die Klubmitglieder liefen ganz verstört herum. Offenbar waren auch sie von den Vorfällen mitbetroffen. Um unauffällig miteinander sprechen zu können, ließen Hubert und ich uns in einer Ecke nieder, ergriffen ein Schachbrett und begannen umständlich, die Figuren aufzubauen. Vorbeihastende schüttelten nur den Kopf über uns. „Nein, diese jungen Leute! Keine Ahnung von dem, was wirklich gespielt wird."

Hubert wußte, daß Vizekanzler von Papen verhaftet, sein erster Mitarbeiter von Bose erschossen, die Vizekanzlei aufgelöst, die anderen Mitarbeiter verhaftet und abgeführt worden seien. Über ihren Verbleib war zunächst nichts bekannt. Sie standen uns nahe, weil es alles Leute waren, die sich zum Widerstand gegen Hitler aufgerufen fühlten. Einige von ihnen gehörten dem Jordanskreis an. Als Hitler die Macht übernahm und sein Kabinett bildete, hatte er Papen zum Vizekanzler ernannt – eine Geste, die wohl sicher nicht bedeuten sollte, daß Papen auch als solcher in Erscheinung treten würde. Eine Vizekanzlei war von Hitler gewiß erst recht nicht vorgesehen. Daß sie dennoch zustandekam, ein Haus im Regierungsviertel bezog und mit Leuten aus den genannten Kreisen besetzt wurde, war keinesfalls in Hitlers Sinn! So war es denn auch nicht verwunderlich, daß er die erste Gelegenheit ergriff, sich diese lästige Kontrollstelle vom Halse zu schaffen. Bemerkenswert waren die Umstände, unter denen die Liquidierung der Vizekanzlei vorsichging. Es erschienen nämlich zwei Abordnungen der SS nahezu gleichzeitig, die eine, wahrscheinlich von Goebbels geschickt, die die Erschießungen vornehmen, die andere, von Göring in Marsch gesetzt, die Blutvergießen verhindern sollte. Die Auseinandersetzung dieser beiden Kommandos hatte zur Folge, daß wenigstens ein paar von den Mitarbeitern der Erschießung und Verhaftung entgingen, darunter Wilhelm von Kettler und Kurt Josten, der jüngste Mitarbeiter der Vizekanzlei. Ungewiß war vor allem das Schicksal von Herrn von Tschierschky, dem zweiten Mann dort. Wir berieten nun vor unserem Schachbrett, was für uns zu tun sei. Da wir sicher sein konnten, daß Hindenburg, der siebenundachtzigjährig in Neudeck krank lag, über die Art und das Ausmaß von Hitlers „Aktion" nicht wahrheitsgemäß unterrichtet worden war, erschien es im Augenblick als das einzig Sinnvolle, den Versuch zu machen, ihn davon in Kenntnis zu setzen, daß weitere Menschenleben in Gefahr seien. Nachdem wir uns mit den noch in Freiheit befindlichen Mitarbeitern der Vizekanzlei in Verbindung gesetzt hatten, wurde beschlossen, daß Kettler und ein Graf Westphalen nach Neudeck fahren sollten. Da ein Besuch bei Hindenburg nur auf dem Wege über meinen Großvater in Januschau möglich schien, wurde ich ihnen als Begleiter mitgegeben. Wir fuhren zu dritt nach Januschau, und nachdem wir meinen Großvater über die Sachlage ins Bild gesetzt hatten, rief er in Neudeck an, um uns anzumelden. Es folgte ein erregter Wortwechsel mit dem persönlichen Referenten des Reichspräsidenten, der alle Aufregungen von dem Kranken fernhalten wollte. Er betonte immer wieder, es gäbe keinen Grund zu Besorgnissen. Der Führer hätte alles in der Hand. „Ja, nun sind sie tot, nun hat er alles in der Hand", schrie mein Großvater zurück. Es gelang ihm nicht, uns Zutritt zu verschaffen. Wir versuchten es dann noch auf eigene Faust, kamen aber wegen der Absperrung von Neudeck nicht zum Ziel und mußten unverrichteter Sache nach Berlin zurückkehren.

An einem der nächsten Tage beschlossen Hubert und ich, der Familie Papen, die unter Hausarrest stand, einen Besuch abzustatten. Die beiden SS-Leute vor der Haustür verlangten unsere Ausweise, ließen uns aber ungehindert passieren. Herr von Papen und seine Familie waren sehr erstaunt, daß man uns bis zu ihnen durchgelassen hatte, und atmeten sichtlich auf. Papen zeigte sich empört über Hitler, der seinem Verlangen nach Rehabilitation nicht nachgekommen war. Das hatte in einer Rede geschehen sollen, die Hitler wenige Tage nach seiner „Aktion" in der Krolloper hielt. Hitler hatte Papen aber nur in einem Nebensatz erwähnt und ihn für mehr oder weniger harmlos erklärt. Damit mußte sich Papen zufriedengeben, und er konnte noch von Glück sagen, daß der Hausarrest nach acht Tagen wieder aufgehoben wurde. Zur gleichen Zeit erschien auch Tschierschky wieder, den man im Gefängnis am Alexanderplatz festgehalten hatte, als kahlgeschorener Sträfling, aber glücklicherweise ohne Zeichen von Mißhandlung.

Abgesehen davon, daß viele rechtlich denkende Männer aus

der Partei austraten, wuchs viel zu schnell Gras über die Ereignisse des 30. Juni, zum mindesten in Bezug auf Papen und seine Vizekanzlei. Hitler schickte Papen als Botschafter nach Wien, und Papen ging auch, obgleich über die Ermordung seines Mitarbeiters (Bose wurde, in Hemdsärmeln am Schreibtisch sitzend, von vielen Pistolenschüssen getroffen) kein Wort mehr verloren worden war. Wir Jüngeren konnten das nicht verstehen und wunderten uns, daß Tschierschky und Kettler ihn nach Wien begleiteten. Wie gefährdet sie waren, erwies sich allerdings in der Folgezeit. Tschierschky wurde schon bald unter einem fadenscheinigen Grund zurückbeordert. Da er aber genau wußte, um was es ging und daß man ihn nicht noch einmal loslassen würde, wählte er das Exil. Unter Zurücklassung seiner Frau und seiner vier kleinen Kinder ging er nach England und hat sich dort bis nach Kriegsende durchgeschlagen. Kettler blieb in Wien, und wir sahen ihn hin und wieder, wenn er Papen auf einer Reise nach Berlin begleitete. Einmal – es muß 1935 oder 1936 gewesen sein – hatte Hitler Papen kommen lassen, ohne einen besonderen Grund anzugeben, und Kettler erzählte uns dann, es sei nur über belanglose Sachen gesprochen worden. Sie hätten nicht erfahren können, was Hitler eigentlich gewollt hätte. Nachträglich stellte sich heraus, daß Hitler kurz vor dem Gespräch mit Papen seinen sämtlichen Ministern – soweit sie es nicht schon hatten – das Goldene Parteiabzeichen verliehen und bei dieser Gelegenheit eine empfindliche Panne erlebt hatte. Der Postminister, Freiherr von Eltz-Rübenach, hatte, als die Reihe als letzten an ihn kam, Hitler um die Beantwortung einer Frage gebeten. „Herr Reichskanzler, meine Freunde und Verwandten fragen mich immer, ob eigentlich unsere katholische Kirche von Ihnen anerkannt würde. Was darf ich ihnen antworten?“ Darauf Hitler: „Wollen Sie von der Beantwortung dieser Frage die Annahme des Goldenen Parteiabzeichens abhängig machen?“ Als Eltz bejahte, hatte Hitler kehrtgemacht und den Raum verlassen. Kurz darauf empfing er Papen, der sich verspätet hatte. Offenbar hatte er auch ihm das „Goldene“ überreichen wollen, riskierte es aber nicht, weil er noch eine weitere Abfuhr befürchtete. Eltz wurde natürlich sofort seines Amtes enthoben, nach außen hin mit der Begründung, das bisherige Postministerium müsse in ein Post- und ein Verkehrsministerium aufgeteilt werden. Soviel ich weiß, ist kein anderer Inhaber eines Ministeramtes aus seiner Verpflichtung Hitler gegenüber auf so überzeugende Weise herausgekommen wie dieser Baron Eltz.

Ende Juni 1937, auf der Rückkehr von einer achtwöchigen Ferienreise durch Ungarn und Jugoslawien mit einem Abstecher nach Rumänien, besuchte ich Kettler in Wien. Mich begleitete damals Christian Stolberg aus Schlesien, dessen Vater in Brustawe eine große Teichwirtschaft hatte und der von den ungarischen Fischleuten eingeladen worden war, so wie ich von den Pferdeleuten. Wir konnten nicht ahnen, daß dies das letzte Wiedersehen mit Kettler war. Ein Jahr später, bei der Annexion Österreichs durch Hitler, wurde er in seiner Wohnung von der SS überfallen, umgebracht und in die Donau geworfen. Papen wurde als Botschafter nach Ankara weitergeschickt.

Nach der Liquidierung der Vizekanzlei blieb der Jordanskreis von jeglicher politischen Einflußmöglichkeit ausgeschaltet. Der Freundeskreis blieb jedoch bestehen, und es kamen weiterhin Menschen zu Jordans, die sich mit den Nivellierungsmaßnahmen des Naziregimes, offiziell Gleichschaltung genannt, nicht abfinden wollten und bei ihm immer auf Verständnis und Entfaltungsmöglichkeit rechnen konnten. Einer von ihnen, der mich besonders beeindruckte und dem ich bis heute freundschaftlich verbunden bin, war Hugo Kükelhaus. Er schrieb damals sein Buch „Urzahl und Gebärde“ und hielt uns zu diesem Thema bei Jordans im kleinen Kreis einen Vortrag. Er sprach über das Wesen und die Bedeutung der Zahlen eins bis neun, exemplifiziert jeweils an den Sprachen und Darstellungen der verschiedensten Kulturen. Wir hörten von lauter Wahrheiten, auf die wir noch nie hingewiesen worden waren. Wir hörten sie nicht nur, sondern sahen sie auch. Denn Kükelhaus wendet sich nicht nur an den Intellekt, sondern macht Verhältnisse sichtbar und in vielfacher Weise sinnlich erfahrbar.

Die Zahlen bekamen auf einmal ein faszinierendes Eigenleben und übten ihren Zauber auf uns aus. An jenem ersten Abend hatte es mir – meiner heutigen Erinnerung nach – die Zahl Fünf besonders angetan. Immer wieder mußte ich den Papierstreifen betrachten, den Kükelhaus zu einem einfachen Knoten geschlungen hatte und in dem auf diese Weise ein regelmäßiges Fünfeck entstanden war. Bei diesem Fünfeck teilten sämtliche Linien und Kanten, die sich bei Wiederauflösung des Knotens zeigten, einander im Verhältnis des Goldenen Schnittes, dem einzigen Verhältnis, das man nicht mit Zahlen ausdrücken kann und das deshalb in der Baukunst aller Völker eine so überragende Rolle gespielt hat. Was war es für ein Trost, in dieser Zeit der zunehmenden Verödung geistigen Lebens mit Maßen und Ordnungen bekanntgemacht zu werden, an deren überzeitlicher Gültigkeit der Mensch sich von jeher hat aufrichten können, weil die Zerstörung ihnen nichts anhaben kann. Ich glaube, wir haben Kükelhaus drei Stunden reden und uns von ihm verzaubern lassen – mit lauter Dingen, die auf der Hand liegen und mit denen wir täglich umgehen, deren Wesen uns aber verhüllt bleibt, solange niemand uns an die Hand nimmt und uns anleitet, „mit den Augen zu sehen, was vor den Augen dir liegt", wie Goethe es ausgedrückt hat.

Jordans war in jeder Hinsicht zeitlos. Ein Abend bei ihm dehnte sich gewöhnlich bis weit nach Mitternacht aus, und im Sommer war man keineswegs erstaunt, wenn es draußen plötzlich wieder hell zu werden begann. Dabei kamen die seltsamsten Dinge zur Sprache. Jordans hatte ein besonderes Faible für Erscheinungen und Erlebnisse, die man sich rational nicht erklären kann, und erzählte viel von persönlichen Erfahrungen auf diesem Gebiet. Wenn es mir zu abenteuerlich wurde, fühlte ich mich manchmal gereizt, die Sache etwas ins Lächerliche zu ziehen, worüber er dann stets ganz enttäuscht war. Einmal erzählte er mir zum Beispiel von einem Bekannten, der bei Filmaufnahmen in Holland oder Belgien mitgewirkt hatte und plötzlich die Überzeugung gewann, er sei in dem Schloß, in dem die Gruppe arbeitete, schon einmal gewesen. Er erkannte alles wieder, nur draußen vor dem Schloß sah es anders aus. Da, wo eine Rasenfläche mit Blumenbeeten war, hatten sich „damals" zwei kleine runde Teiche befunden. Der Mann forschte nach und erfuhr, daß vor dreihundert Jahren an dieser Stelle tatsächlich Teiche gewesen waren. „Was halten Sie davon?" fragte Jordans. Ich antwortete: „Vielleicht hat er da früher mal als Kuh geweidet." Und Jordans erwiderte ganz traurig: „Ach, meinen Sie wirklich, als Kuh?"

Sehr gerne hörte ich ihm zu, wenn er von seinen ungewöhnlichen Bekanntschaften erzählte. Eine davon war der König der Vögel, ein Mann so etwa Ende der Vierziger, erfolgreicher Geschäftsmann, der zu periodisch wiederkehrenden Zeiten aus dem normalen Geschäftsleben ausscherte, um als König der Vögel zu leben. Zu solchen Zeiten besuchte er auch Jordans und trug ihm seine Ideen vor. Leider habe ich ihn nie zu Gesicht bekommen, aber ich kann mir nach Jordans' Beschreibung ein recht gutes Bild von ihm machen. Auch er wurde, wie alle anderen, in seiner Rolle hundertprozentig ernstgenommen. „Wie kommt er denn zum Beispiel hier in Ihre Wohnung?" wollte ich wissen. „Fliegt er durchs Fenster oder kommt er ganz artig die Treppe herauf und klingelt an der Tür?" „Nein, das nicht, er ist auf einmal da." „Setzt er sich dann auf einen Stuhl oder fliegt er auf die Gardinenstange?" „Nein, er sitzt hier unten am Kamin und erzählt, was er von den Vögeln erfahren hat. Er lebt nämlich in einer Sphäre, die sich von Zeit zu Zeit mit der Sphäre der Vögel überschneidet." „Was hat er denn für ein Geschäft?" „Das weiß ich nicht. Als Geschäftsmann ist er vollkommen uninteressant, hat viel Geld. Als solcher kommt er auch gar nicht. Wahrscheinlich geniert er sich dann."

Eine andere höchst originelle, in kein Schema passende Persönlichkeit, der ich bei Jordans begegnet bin, war „Alastair". Alastair, in seiner Jugend Tänzer und Schauspieler, war Schriftsteller, Übersetzer französischer Literatur, Maler, von unbestimmtem Alter, bewegte sich, in rauschende Seide gekleidet, mit raschen, tänzerischen Schritten durchs Zimmer. Auch bei ihm konnte man an ein Wesen aus einer anderen Sphäre denken. Die Art, wie er auf sein Gegenüber einging, ganz gleich, ob Mann oder Frau, jung oder alt, konnte den Betreffenden verstören, weil dieser sich mit seiner eigenen kleinen Welt plötzlich in einen viel zu großen, glitzernden Rahmen gestellt sah, in dem er sich nicht mehr zurechtfand. Es war ein Risiko, Menschen, die innerlich nicht oder noch nicht gefestigt waren, mit Alastair zusammenzubringen. Die Zauberwelt, in die sie sich versetzt sahen, konnte sie ganz durcheinanderbringen. Ich weiß nicht, wie weit Alastair sich dieser seiner Wirkung auf Menschen bewußt war. Jedenfalls war er unfähig, neutral zu bleiben. Jeder Mensch, der ihm begegnete, war für ihn ein Auftrag, der seine ganze Hinwendung herausforderte. Es ging ihm darum, dem anderen eine höhere Geisteswelt zu erschließen. Ein ruhiges Miteinander und Nebeneinander gab es, glaube ich, nicht für ihn. Immer mußte etwas „passieren", sonst war eine Begegnung nutzlos. Als ich ihn das letzte Mal, lange nach dem Kriege, als er wohl schon hoch in den Siebzigern war, in München besuchte, fragte er mich, ob ich nicht einen Arzt für ihn wüßte: „Es muß aber einer sein, der sich nicht irritieren läßt. Ich habe nämlich das Pech, daß ich immer nur solche finde, die *ich* nachher behandeln muß." Er hatte die verschiedenartigsten Menschen, die ihm Verehrung entgegenbrachten und ihm sein Leben ermöglichten, handfeste ältere Damen in großen Häusern auf dem Lande, bei denen er immer willkommen war, ebenso wie schlichte Nonnen, die ihn als eine Art Heiligen ansahen und ihm jeden Wunsch von den Augen ablasen. Sein Wohnen hatte überall etwas Provisorisches, so als sei er ständig unterwegs. In München empfing er mich in der kalten Pracht einer vornehmen Pension, zwischen antiken Seidenmöbeln, die mit Schutzhüllen überzogen waren, er selbst darin wie ein Museumsstück wirkend. Vorher hatte er einige Zeit in dem Kloster in Unkel am Rhein gelebt, das zu den schönsten Bauten des ganzen Rheinufers zählt. Die Nonnen dort hüteten ihn wie ihren Augapfel. Ich besuchte ihn im Januar 1948, als Unkel noch auf der Grenze zwischen der englischen und der französischen Besatzungszone lag. An jenem Tage war es außergewöhnlich warm. Alastair, in hellgrauer knisternder Seide, beweglich wie ein Jüngling, mit raschen Schritten durch das Zimmer rauschend, empfing mich mit überquellender Freundlichkeit, um mich sofort in seine übersinnliche Welt einzuspinnen. Plötzlich hielt er inne, lauschte, blickte nach oben, so als müßte gleich etwas Bedeutungsvolles geschehen. Ich hielt den Atem an – da fuhr ein Blitz herunter, unmittelbar gefolgt von einem heftigen Donnerschlag, am zehnten Januar immerhin ungewöhnlich wie alles, was zu Alastairs Dasein gehörte. Es wurde sehr spät an diesem Abend. Die gastfreien Nonnen hatten mir ein Bett zurechtgemacht, in dem ich ein paar Stunden schlafen konnte. Am Morgen mußte ich sehr früh wieder fort. Gegen fünf wachte ich davon auf, daß Alastair, noch oder wieder in rauschender Seide, mit einer Kerze an meinem Bett stand und mit tonloser Stimme hauchte, es sei Zeit zum Aufstehen. Ich schlug mich dann auf Schleichwegen über die damals noch streng bewachte Zonengrenze zurück.

Nachdem meine Eltern nach der Pensionierung meines Vaters im Herbst 1934 nach Berlin gezogen waren, haben wir Carl von Jordans oft bei uns im Hause gehabt. Meine Mutter, die in Berlin bestrebt war, alles an geistiger Nahrung nachzuholen, worauf sie in Graditz und Trakehnen den Pferden zuliebe verzichtet hatte, freundete sich bald mit ihm an, und beide genossen ihre Gespräche, die sich, wenn alle anderen schon zu Bett gegangen waren, nicht selten bis in den jungen Tag hinein ausdehnten. An Gesprächsstoff fehlte es einem ja mit Jordans nie. Wenn er bei uns aufbrach und zur Haustür begleitet wurde – meine Eltern wohnten im zweiten Stock –, wurde die Unterhaltung meist noch auf der bequemen Sitzbank des geräumigen Fahrstuhls fortgesetzt, bis ein Spät- oder Frühheimkehrender sie unterbrach. Schließlich stand man noch eine Weile an der Haustür, ehe Jordans sich entschloß, langsamen Schrittes seiner nicht allzu weit entfernten Wohnung zuzustreben. Ich glaube, daß ihn und meine Mutter eine tiefe Freundschaft verbunden hat. Solange er in Berlin lebte, hat sie sich um ihn gekümmert. Als Berlin dann im Krieg von Fliegerangriffen bedroht wurde, zog er nach Freiburg, blieb aber mit ihr in ständiger Verbindung. Im Sommer 1947 besuchte ich ihn zum letzten Mal. Da war er schon sehr hinfällig. Wir sprachen von meiner Mutter, und er erzählte mir von seiner Erschütterung, als er ein Jahr nach ihrem Tode noch einen Brief von ihr erhalten hatte – ganz normal mit der Post. Sie hatte ihn kurz vor ihrer Flucht aus Januschau, bei der sie dann mit meinem Bruder Heinfried unter die Russen fiel, geschrieben.

Meine Mutter war in Berlin ganz in ihrem Element. Schnell lernte sie interessante Menschen kennen und bekam Verbindung zu Kreisen, die mehr oder weniger regelmäßig zusammentrafen, um Geselligkeit zu pflegen, Vorträge zu hören, und sich mit Musik und Literatur zu beschäftigen. Besonders eng war der Kontakt zu dem Kreis um das Ehepaar von Schwabach. Dort lernte sie auch Elisabeth von Thadden kennen, die Gründerin und Leiterin der bekannten Mädchenschule in Wieblingen bei Heidelberg, die später wegen kritischer Äußerungen über Hitler, die sie im Hause Solf gemacht hatte, vom Volksgerichtshof zum Tode verurteilt und hingerichtet wurde. Meine Mutter war zufällig nicht dabei, als diese Bemerkungen fielen, und blieb infolgedessen damals von der Geheimen Staatspolizei unbehelligt. Sie ist aber aus anderen, weniger gefährlichen Anlässen mehrfach in die berüchtigte Prinz-Albrecht-Straße zitiert worden. Das erste Mal geschah das im Zusammenhang mit der Olympiade 1936. Mein jüngster Bruder Meinhard, der damals, fünfzehnjährig, in Grasnitz bei der Schwester meiner Mutter mit den gleichaltrigen Vettern Stein zusammen unterrichtet wurde, war zur Olympiade nach Berlin gekommen und wollte nach Möglichkeit alles mitmachen, was geboten wurde. Dazu gehörte auch der Empfang des Olympischen Feuers, das, in Olympia mit Hilfe eines Brennspiegels entzündet, von Staffettenläufern nach Berlin gebracht wurde. Es galt als besonderes Erlebnis, den letzten Läufer mit der brennenden Fackel Unter den Linden entlanglaufen zu sehen. Meine Mutter hatte sich daher mit Meinhard bei den Verwandten Dommes angesagt, die ihr bei sich, im obersten Stockwerk eines Hauses Unter den

Linden, einen Fensterplatz bieten konnten. Als das große Schauspiel vorüber war und die Menge sich zu verlaufen begann, wurden alle, die aus der Dommes-Wohnung kamen, von einem SS-Mann angehalten, der ihre Namen aufschrieb. Drei Wochen später wurde meine Mutter mit meinem Bruder in die Prinz-Albrecht-Straße befohlen und dort von einem Zivilisten vernommen: „Schildern Sie die Ereignisse bei der Ankunft des Olympischen Feuers." „Ereignisse? Was meinen Sie damit? Ich habe nichts bemerkt." „Als Sie die Treppe hinunterkamen, hat sich da nichts ereignet?" „Doch, da hat ein SS-Mann unsere Namen aufgeschrieben." „War das nicht ein SS-Führer?" „Das kann sein. Ich weiß da nicht so genau Bescheid." „Wie haben Sie sich verhalten, als das Olympische Feuer vorbeigetragen wurde?" „Ich habe aus dem Fenster gesehen, habe aber nicht viel erkennen können, weil das Gedränge zu groß war." „Warum haben Sie das Feuer nicht mit dem Deutschen Gruß empfangen?" „Weil es niemand von mir verlangt hat." „Warum haben Sie Ihren Sohn nicht mitgebracht?" „Weil er wieder in Ostpreußen ist und dort zur Schule geht." „Lassen Sie ihn herkommen!" „Ist das wirklich nötig?" „Ja, auch er muß auf den Ernst der Sache hingewiesen werden." „Können Sie ihm das nicht schreiben?" „Na, also für diesmal wollen wir es noch hingehen lassen. Aber sehen Sie sich vor!"

Ein andermal wurde meine Mutter in die Prinz-Albrecht-Straße zitiert, weil sie gegen das Sammelverbot verstoßen hatte. Während eines Besuchs bei dem Pfarrer ihrer Kirchengemeinde hatte sie in dem Teppich in seinem Amtszimmer ein paar Löcher bemerkt. Auf ihre Anregung hin hatten dann mehrere Gemeindeglieder Geld zusammengelegt und dem Pfarrer einen neuen Teppich gekauft. Dies war der Gestapo mitgeteilt worden, und die hatte sofort reagiert. Meine Mutter rechnete mit acht Tagen Arrest und zog sich für die Vernehmung entsprechend an, hängte sich auch, das einzige Mal in ihrem Leben, das Mutterkreuz um, das sie zum Lohn für ihre sechs Kinder bekommen hatte. Die Vernehmung dauerte mehrere Stunden. Der Beamte benahm sich aber einigermaßen freundlich, so daß meine Mutter schließlich riskierte, ihm zu sagen: „Sperren Sie mich doch bitte acht Tage ein, aber nehmen Sie dem Pfarrer den Teppich nicht wieder weg.“ Daraufhin ließ er sie gehen. Er hat ihr sogar seinen Namen verraten, was er sicherlich nicht oft getan hat.

Mit dem Mutterkreuz hatte es auch seine besondere Bewandtnis. Meine Mutter hatte sich geschworen, es abzulehnen. Aber dann erschien eines Morgens ein freundlicher Mann, der früher Gestütswärter in Trakehnen gewesen war, um es ihr feierlich zu überreichen. Er hatte sich das bei seiner Dienststelle extra ausgebeten, um die Freude meiner Mutter mitzuerleben! Ihm zuliebe nahm sie es an.

Über ihren großen Bekanntenkreis ist meine Mutter auch mit Menschen jüdischer Abstammung in lebhaften Kontakt und Gedankenaustausch gekommen. Manchem von ihnen hat sie zur Zeit der Verfolgung in ihrer spontan zupackenden Art viel helfen können. Mehr als einen hat sie in ihrer Wohnung versteckt gehalten. Noch heute leben Menschen, denen sie damals beigestanden hat.

In meiner Erinnerung sind die Berliner Jahre durch die Schatten des Hitlerregimes verdunkelt. Dennoch – Berlin erlebte um die Mitte der dreißiger Jahre, äußerlich gesehen, eine seiner Glanzzeiten, gipfelnd in der Olympiade 1936, und wir haben unser Teil daran nach Kräften wahrgenommen. Man tanzte auf den verschiedensten Festen und lernte dabei zahllose junge Leute kennen, deren Eltern schon mit unseren Eltern auf den Festen der Kaiserzeit getanzt hatten. Man fühlte sich in selbstverständlicher Weise einander zugehörig, und nur wenn hier oder da plötzlich einer Nazi wurde, gab es einen Bruch, der daran gemahnte, daß die Zeiten sich geändert hatten. Der Geldern-Ball zum Beispiel war eins von den Festen, die unbedingt mitgemacht werden mußten. Dort tanzte man wie bei vielen anderen Gelegenheiten nach den Klängen von Barnabas von Geczy, dessen Puszta-Fox wohl allen Beteiligten, soweit sie noch am Leben sind, bis heute in den Gliedern sitzt. In diesen Zusammenhang gehört eine kleine Geschichte, die sich im engsten Familienkreise abspielte. Meine Mutter begann manchmal einen Satz mit den Worten: „Also Kinder, falls ich plötzlich sterben sollte ..." Wir haßten diese Redensart, konnten sie ihr aber nicht abgewöhnen. Erfolg hatte schließlich meine Schwester, die damals auch anfing, auf Feste zu gehen. Sie kam eines Tages zur Tür herein und sagte: „Also Mutter, falls ich plötzlich sterben sollte: die Karten zum Geldern-Ball liegen in meiner Schublade." Das saß, und der Fall war damit erledigt.

Von Berlin aus habe ich manches Wochenende in Biegen verlebt, dem kleinen Gut, das mein Großvater Ende der zwanziger Jahre erworben hatte. Es lag zwischen Fürstenwalde und Frankfurt an der Oder und war von Berlin aus mit der Bahn sehr bequem zu erreichen, weswegen meine Großeltern die Wintermonate dann dort und nicht mehr in Lichterfelde bei Eberswalde verbrachten. Während meines ersten Besuchs fuhren die Großeltern mit mir durch die Felder, auf denen der märkische Sand vorherrschte. Ebenso typisch märkisch war auch der kleine Zipfel Kiefernwald, der zu Biegen gehörte. Er grenzte an ein ausgedehntes staatliches Waldgebiet, in dem es sehr viel Rotwild gab. Als wir auf der Grenze entlang durch dieses kleine Waldstück fuhren, sagte die Großmutter: „Sieh mal, dieser Wald war sogar der Eule zu schlecht" (die Eule war ein gefürchtetes Ungeziefer, das riesige Flächen märkischer Heide durch Kahlfraß vernichtet hatte), und der Großvater fügte hinzu: „Mein Jungchen, wenn du hier jagen willst – das einzige, was ich dir nicht bieten kann, ist die lange Wiese ins Königliche." Ich bin aber auch ohne diese Wiese jagdlich auf meine Kosten gekommen. Denn das staatliche Wild ergoß sich – anders kann man es nicht nennen – nächtlicherweile über die Biegener Felder und machte dort einen ungeheuren Flurschaden. Wenn es lange nicht geregnet hatte, stand morgens oft noch eine dicke Staubwolke an der Stelle, wo das Wild sich gütlich getan hatte. Und manchmal kam es vor, daß ein oder das andere Stück Wild oder auch ein ganzes Rudel sich draußen verspätete und an der Waldgrenze abgefangen werden konnte.

Das erste Wild, das ich dort erlegte, war einer von zwei Überläufern, mit denen ich eines späten Sommerabends in jenem Kiefernzipfel zusammentraf. Der kurzen Sommernacht wegen hatten sie sich schon verhältnismäßig früh auf den Weg ins Feld gemacht. Mein Großvater ließ sich von mir genau berichten, wie ich zu Schuß gekommen war. Am nächsten Morgen ging ich in aller Frühe wieder zum Wald und kam gegen fünf Uhr zurück. Er wachte auf – sein Schlafzimmer lag links von der Eingangshalle des großen Wohnhauses –, rief mich herein und ließ sich wieder Bericht erstatten. „Denk dir", erzählte er dann, „ich habe diese Nacht geträumt, der Revierförster aus dem benachbarten Staatsforst war hier, um zu melden, daß an unserer Grenze drei Schüsse gefallen seien. Ich antwortete ihm: ‚Ja, mein Enkel hat abends ein Schwein geschossen, aber es waren nicht drei Schüsse, sondern nur zwei. Der zweite war der Fangschuß.' Es ist doch merkwürdig, daß man so etwas träumt." „Ja", sagte ich, „noch merkwürdiger ist aber, daß es stimmt. Es waren drei Schüsse. Ich habe nämlich in der Aufregung den ersten Fangschuß vorbeigeschossen." Da der Großvater durch unser Gespräch ganz wach geworden war, gingen wir auf seinen Wunsch in aller Frühe, als noch niemand zu sehen war, über den Hof zu den Kühen und Schweinen, er im Nachthemd, mit Pantoffeln und mit einer Mütze auf dem Kopf. Dabei erzählte er mir, wie anders man in Biegen wirtschaften müsse als in Januschau. Als der Kutscher kam, ließ er anspannen und kutschierte mit mir durch die erntereifen Felder, immer noch im gleichen Kostüm. Dabei stieg er wieder und wieder aus, um das Getreide und die Kartoffeln zu prüfen, wobei ich die Pferde hielt, die sich noch nicht ganz an den Januschauer Fahrstil gewöhnt hatten. Bei den Kartoffeln erzählte er mir, er hätte vor langer Zeit einmal im Reichstag für ein bestimmtes Jahr eine schlechte Kartoffelernte angekündigt. Da war ihm jemand ins Wort gefallen und hatte gesagt, es sei doch noch viel zu früh, das zu beurteilen. Und er hatte entgegnet: „Wenn ich wissen will, wie die Kartoffelernte wird, fahre ich aufs Feld und ziehe eine Kartoffelpflanze heraus. Sind viele große dran, wird die Ernte gut, sind wenige und kleine dran, wird die Ernte schlecht." Nach unserer Fahrt legte ich mich noch einmal ins Bett, weil es immer noch früh am Tage war. Als ich später zum Frühstück kam, stand der Großvater unten, mit dem Rücken an eine Glastür gelehnt, und hatte einen Fuß auf ein kleines Bänkchen gestellt. Vor ihm kniete der Schmied und „behandelte" einen stark verdickten Großzehennagel mit der Raspel. Als er mein Erstaunen bemerkte, sagte er: „Kennst du meinen Pferdefuß noch nicht? Da hat mir zu meiner Leutnantszeit einmal ein Pferd draufgetreten. Seitdem wächst da so ein dicker Nagel, den man nicht schneiden kann." Als der Schmied sein Werk vollendet hatte und gegangen war, hörte ich folgende Geschichte: „Dieser Schmied ist ein sehr anständiger Kerl und macht seine Arbeit gut. Er hat nur den einen Fehler, daß er seine Frau verdrischt. Es hat deswegen hier im Ort schon Ärger gegeben, und mir wurde nahegelegt, ihn zu entlassen. Da ich das aber nicht gerne wollte, habe ich ihn mir kommen lassen und mit ihm abgemacht: ‚Wenn Sie Ihre Frau wieder geschlagen haben, dann kommen Sie zu mir. Dann werde ich Ihnen zwei Backpfeifen geben, die sich gewaschen haben.' Eine Zeitlang schien alles gut zu gehen, aber dann kam er eines Tages und meldete: ‚Ick hab ihr wieder jehaun.' Da gab ich ihm die versprochenen Backpfeifen, und nun scheint alles in Ordnung zu sein. – Sonst sind hier die Umgangsformen natürlich sehr anders als in Januschau. Wenn ich zu Hause eine Frau anspreche, die ein Kind bei sich hat, dann sagt sie: ‚Küß dem gnädigen Herrn die Hand.' Hier sagt sie: ‚Gib dem Onkel das Pätschchen.' Oder wenn ich einen kleinen Jungen frage: ‚Wem sein Fritz bist du?', dann sagt er in Januschau: ‚Dem gnädigen Herrn sein Fritz.' Hier sagt er: ‚Dem Oberschweizer seiner.' Unsere Ambitionen sind hier überhaupt ganz andere als in Januschau. Manchmal kommen wir uns selber so vor wie Kinder in Ferien. Wenn wir uns an unseren Schreibtischen gegenübersitzen, sage ich plötzlich zur Großmutter: ‚Sieh mal, da geht ja das weiße Huhn am Fenster vorbei.' Und dann antwortet sie: ‚Ja, von dieser Seite kommt das schwarze.'"

Nach dem Tode meines Großvaters 1937 wurde Biegen wieder verkauft. Bis dahin bewirtschaftete es Heinfried. Er hatte viel Besuch von Offizieren aus den Garnisonen in Fürstenwalde und Beeskow, von denen einige bei ihm auf Jagd gingen. Wenn ein Rehbock geschossen werden sollte, spielte sich das gewöhnlich so ab, daß man auf den kleinen Turm stieg, der den Dachfirst des Gutshauses ein Stückchen überragte, und von dort aus mit dem Glas die Gegend ableuchtete. Da das Land flach wie ein Tisch war, konnte man, wenn die Felder abgeerntet waren, fast jeden Winkel überblicken. Wenn Rehwild zu sehen war, wurde es direkt angepirscht. Da keine Kapitalböcke zu erwarten waren, brauchte man mit dem Abschuß nicht sehr wählerisch zu sein. Einer von den Gästen erzählte mir, Heinfried hätte ihn mit der Weisung in Marsch gesetzt: „Schießen Sie ruhig eine Ricke, die Böcke sind auch nicht besser." Das war natürlich zu einer Jahreszeit, in der beides, Böcke und Ricken, geschossen werden konnten.

Ein andermal stand Heinfried mit einem Jagdgast am Waldrand, um ihn auf einen Hirsch schießen zu lassen. Im ersten Morgengrauen kam auch wirklich ein riesiges Rudel Hirsche, in eine Staubwolke gehüllt, aus den Kartoffeln. Über eine kleine Anhöhe hinweg konnte man gegen den Himmel erkennen, daß es alles Geweihträger waren. Der Gast fragte leise, auf welchen er schießen solle. Heinfried gab zur Antwort: „Nicht gerade auf den dicksten." Die beiden ersten Worte hörte der Gast aber nicht und schoß auf den, den er für den stärksten hielt. Wie zu erwarten, verschwand das ganze Rudel im Staatsforst unter Hinterlassung einer Schweißfährte. Heinfried rief den zuständigen Revierförster an, und sie trafen sich nach einer Weile an der Stelle, wo der Hirsch die Kugel bekommen hatte. Der Förster fragte, was für ein Hirsch es war, und Heinfried antwortete auf gut Glück, es sei ein ungerader Achter gewesen. Das bezweifelte der Förster und meinte, der Fährte nach zu urteilen, sei es der einzige wirklich starke Hirsch des ganzen Reviers, und es sei ein Verbrechen, auf ihn zu schießen. Ein Hund wurde geholt, die Schonung umstellt, in die der kranke Hirsch gezogen war, und dann verbellte der Hund den bereits verendeten

Hirsch. Es war ein ungerader Achter, und Heinfrieds Kunst im Ansprechen von Geweihen bei fast völliger Dunkelheit brachte ihm die gebührende Hochachtung ein.

Als die Nazizeit anfing und jeder sich verpflichtet fühlte oder auch gezwungen sah, irgendwo mitzumachen, kamen die jungen Leute aus Biegen zu meinem Bruder und baten ihn, mit ihnen zusammen in die SA einzutreten. Er tat ihnen den Gefallen und zog sich für den Dienst ein braunes Hemd an, das aber viel zu kurz war und längst nicht bis an die Hose reichte, so daß in der Mitte ein fünfzehn Zentimeter breites andersfarbiges Bauchstück zu sehen war. Das Vergnügen dauerte nicht lange, da es bald Mißhelligkeiten mit dem Kreisleiter gab. In Biegen hatte sich nämlich ein weibliches Wesen zweifelhaften Rufes eingenistet, und zwar im Hinterstübchen der Wohnung einer zum Gut gehörenden Arbeiterfamilie. Ihre Besucher pflegten durch das Fenster ein- und auszugehen. Da diese Umgangsformen öffentliches Ärgernis erregten, ließ Heinfried kurz entschlossen das Fenster vergittern. Daraufhin erhielt er vom Kreisleiter, der auch zu den Besuchern gehörte, eine Rüge wegen Freiheitsberaubung. Er antwortete kurz und unmißverständlich, woraufhin der Kreisleiter mit Polizeibegleitung bei ihm erschien und ihm androhte, daß man ihn mal eben für vier Wochen verschwinden lassen könne. Auf die Frage nach dem Anlaß zu seinem Besuch, gab er Heinfrieds unverschämten Brief als Grund an, worauf wiederum Heinfried entgegnete, er, der Kreisleiter, habe doch selber kürzlich in einer Versammlung erklärt, Höflichkeitsformeln sollten in amtlichen Schreiben wegfallen. Der nicht unerwünschte Effekt war jedenfalls der, daß Heinfried aus der SA wieder hinausgeworfen wurde. Als nicht lange danach Leute aus Frankfurt/Oder kamen und ihn aufforderten, in die Reiter-SS einzutreten, konnte er sie abwimmeln mit der Erklärung, er sei eben erst aus der SA herausgeflogen.

Mit besonderer Dankbarkeit für alles, was sie mir in den Berliner Jahren geboten haben, erinnere ich mich meines Vetters Gerd Finckenstein-Trossin und seiner Frau sowie ihres

Bruders, Wilfried Lynar-Lübbenau. Beide Häuser waren von Berlin in zwei Stunden Bahnfahrt zu erreichen, und die Wochenenden und Ferientage, die ich dort verbracht habe, gehören zu den erfreulichsten meines Lebens. An beiden Orten spielte die Jagd die Hauptrolle. Überdies ging aber von den Menschen, die man dort traf, viel Anregung aus. Gerd Finckenstein, ebenso wie sein Bruder Ulrich sprühend von Geist und Witz, quicklebendig und zu humorvollen Übertreibungen neigend, ein Meister des Erzählens, hatte oft Menschen zu Gast, die den deutschen Osten noch nicht kannten und denen er etwas davon vermitteln wollte. Einmal war es ein Professor aus Aachen, den er in Berlin bei einer Sitzung kennengelernt hatte. Wie schematisch dessen Vorstellungen waren, ersieht man aus folgender Unterhaltung: Als sie auf einer gemeinsamen Fahrt nach Trossin die Oder überquerten, hielt der Professor diese für die Elbe. „Wie kommen Sie darauf?“ „Ich dachte, wir kämen jetzt nach Ostelbien.“ „Woher stammen Sie denn?“ „Aus Aachen“. „Und was war bisher ihr Östlichstes?“ „Köln.“ „Ach, dann muß ich Sie wohl erst einmal aufklären. Deutschland fängt erst rechts der Oder an. Alles übrige ist Rheinland.“

Typisch für ihn war auch die Art, wie er mich bei seinem Schwager Lynar einführte. Er war mit seinem Bruder bei ihm zur Hasenjagd eingeladen, und da er mich nicht allein in Trossin lassen wollte, rief er den Schwager an: „Wir bringen übrigens noch Hans Kanitz mit.“ Ich hatte das Gespräch nicht mitgehört, sonst hätte ich ihn sofort korrigiert. So aber begrüßte uns ein bei meinem Anblick völlig konsternierter Jagdherr. Denn er hatte für Hans Kanitz, einen älteren würdigen Herrn, dem er nicht irgendwelche x-beliebigen Posten geben konnte, seinen ganzen, seit Wochen ausgearbeiteten Jagdplan umgeworfen. „Ihr wolltet doch Hans Kanitz mitbringen“, rief er fassungslos. Ich wäre am liebsten in den Erdboden versunken. Aber Gerd, der jetzt erst seinen Irrtum bemerkte, sagte lakonisch: „Ob Hans Kanitz oder Hans Lehndorff, das ist doch ganz egal, du kannst ihn ruhig auf einen guten Platz stellen.“ Und so geschah es denn auch. Da die Platzverteilung nun nicht noch einmal umgeändert werden konnte, kam ich auf die besten Stände und schoß die meisten Hasen.

Doch wenn ich gedacht hatte, dieser erste Besuch werde auch der letzte gewesen sein, so hatte ich mich geirrt. Genau das Gegenteil war der Fall: Es entwickelte sich zwischen uns eine herzliche Freundschaft, die mir auch in Seese, wo die Familie Lynar wohnte, viele schöne Tage und Stunden eingebracht hat. Ich wurde zur Birkhahnbalz im Spreewald eingeladen, einer Jagdart, deren Reize mir aus zahllosen begeisternden Schilderungen von Jägern des In- und Auslandes geläufig waren und die ich nun selber erleben sollte. Kein Wunder, daß ich aufs Höchste gespannt war und am Abend vorher nicht einschlafen konnte. Bereits um ein Uhr dreißig holte mich jemand aus meinem Zimmer, um mich mit einem Pferdefuhrwerk zum einige Kilometer entfernten Spreewald zu bringen. Dort wartete ein Förster mit einem Kahn auf mich. Ich hätte gern gesehen, wie er aussah, aber dazu war es zu dunkel. Ich stieg zu ihm in den Kahn, und dann glitten wir lautlos auf einem der vielen Spree-Arme mitten ins Revier, das noch in tiefem Schlafe lag. Nur das Quaken der Frösche erfüllte die Nacht. Nach etwa einer Stunde waren wir am Ziel. Der Kahn wurde an einem Baum festgemacht, und nun galt es, so leise wie möglich auszusteigen und einen kleinen, aus Zweigen gesteckten Schirm zu erreichen, der wenige Schritte vom Ufer entfernt stand. Dort ließen wir uns auf dem Sitzbrett nieder und warteten den Morgen ab. Die Nacht schien gar nicht weichen zu wollen. Erst ganz allmählich begann ich mir darüber klar zu werden, daß wir uns nicht in einem Walde befanden, wie ich angenommen hatte, sondern in einer Wiesenlandschaft, die von einzelnen Büschen und Baumgruppen durchsetzt war. Hier und da begann eine Vogelstimme wach zu werden. Der weittragende Ruf des Großen Brachvogels erfüllte die Luft. Kiebitze jauchzten im Balzflug, von Zeit zu Zeit räusperte sich ein Fasanenhahn, und dann mischte sich in das Morgenkonzert das noch nie gehörte, elektrisierende Zischen des balzenden Hahnes, dem unser Unternehmen galt. Ganz in der Nähe mußte er sein. Noch konnte das Auge die am

Boden herrschende Finsternis nicht durchdringen. Aber dann bewegte sich da vorn etwas Schwarzes zwischen den Büschen, sprang hin und her, und jetzt zeigte sich auch etwas Helles dabei, das auf- und wieder untertauchte. Der Hahn drehte sich im Kreise. Bald sah ich ihn nun genauer. In etwa fünfzig Metern Entfernung tobte er da zwischen den Büschen, teils in höchster Spannung am Boden hinkriechend, dann wieder hoch aufspringend, jedesmal dies aufregende Fauchen ausstoßend. Ich wende mich zu meinem Begleiter. Er macht ein Zeichen, daß dies noch nicht der Richtige ist. Und da ist auch schon ein zweiter schwarzer Geselle aufgetaucht und hat sich dem ersten gegenübergestellt. Beide drehen sich fauchend im Kreise, einer sucht den anderen zu übertrumpfen. Mit dem starken Glas kann man sie jetzt schon deutlicher sehen. Es scheinen zwei junge Hähne zu sein, die hier im Wettstreit miteinander liegen. Die schwarzen Sicheln ihrer Schwanzfedern sind noch nicht stark gerundet, ebenso sind die Rosen, die roten Kämme über den Lichtern, noch wenig ausgebildet. Der Haupthahn ist noch nicht dabei. Wird er kommen? Aber da ist er ja schon! Mit rauschender Schwinge ist ein dritter Hahn auf der Bühne eingefallen. „Buff", macht es, als er sich niederläßt. Schon macht er sich daran, die beiden anderen Hähne zu verjagen. Oh, das ist in der Tat ein anderes Kaliber! Kraftvoller sind die Bewegungen, höher die Sprünge. Ich sehe sofort, daß die Rosen viel breiter sind und stärker vorspringen. Der Förster macht mir ein Zeichen: das ist der Hahn, auf den ich mich konzentrieren soll. Langsam bewegt sich der Lauf der kleinkalibrigen Fernrohrbüchse aus dem Schirm heraus und nimmt Richtung auf den balzenden Hahn. Wird er einmal innehalten in seinem wilden Spiel? Jetzt ist er hinter einem der Büsche verschwunden. Wird er sich noch einmal zeigen? Aber da tanzt er schon wieder auf seinem alten Platz. Nun hält er inne und äugt, wird ganz lang und schmal. Hat er etwas bemerkt? Da fällt der Schuß und reißt den Hahn mit sich. Ich nehme ihn auf und bringe ihn zum Kahn. Dort bleiben wir noch eine Weile sitzen und betrachten den Hahn in seiner Schönheit immer wieder.

Durch den Schuß ist es Tag geworden. Die Großen Brachvögel brechen in laute Klagerufe aus. Dann sieht man sie hier und da gravitätisch im taunassen Gras stolzieren, den Kopf mit dem überlangen gebogenen Schnabel auf und ab bewegend. Das Birkwild, das sich in der Nähe aufgehalten hat, schwirrt ab. Wildenten streichen über das Wasser hin, die Fasanen locken im Gebüsch. Gleich wird die Sonne über dem Horizont auftauchen. Wir warten diesen Augenblick noch ab, und dann geht es auf langen Wasserwegen wieder nach Hause, froh, dem Jagdherrn einen guten Bericht geben zu können.

Im Sommer 1935 kam der jüngste Sohn Lynar zur Welt, und ich wurde zu einem seiner Paten bestimmt. Damals arbeitete ich während der Ferien in Königsberg in einem Krankenhaus und scheute der weiten Entfernung wegen die Reise zur Taufe. Ein dringendes Telegramm mit der Weisung, unbedingt zu erscheinen, stimmte mich jedoch um. In Seese wurde mir dann eröffnet, daß ich der einzige erreichbare männliche Pate sei und infolgedessen die Rede auf den Täufling zu halten hätte. Es war ein denkwürdiges Fest, an dem in der Tat nur vier Herren, dafür aber über zwanzig Damen, die Großmütter und viele Tanten, teilnahmen. Beim Taufdiner saß man an vier runden Tischen, jeweils ein Herr und sechs Damen. Ich fühlte mich, als ich meine Rede hielt, ganz zu dieser Familie gehörig.

Die beiden Freunde, denen ich so viel verdanke, haben den Krieg nicht überlebt: Gerd Finckenstein geriet in Trossin in die Hände der Russen und ist seitdem verschollen. Wilfried Lynar ist im Zusammenhang mit dem Attentat auf Hitler vom 20. Juli 1944 zum Tode verurteilt und hingerichtet worden.

Im Winter 1936/37 beendete ich mein Studium mit dem medizinischen Staatsexamen, machte die schon erwähnte Reise nach Ungarn und Jugoslawien und war anschließend ein Jahr am Martin-Luther-Krankenhaus als Medizinalassistent tätig. Damit endete meine Berliner Zeit, denn nach meiner Approbation nahm ich eine Assistentenstelle am Stadt- und Kreiskrankenhaus in Insterburg an. Diesen Entschluß faßte ich aus verschiedenen Gründen. Einmal wollte ich etwas weiter weg vom Schuß sein, was die Ansprüche des mir verhaßten Naziregimes an meine Person betraf; sodann fühlte ich mich in Berlin einfach nicht zu Hause. Ich wollte erst einmal wieder trittfesten ostpreußischen Boden unter die Füße bekommen, um dann zu entscheiden, in welcher Richtung es beruflich weitergehen sollte; auch hoffte ich im stillen, mich von Insterburg aus von Zeit zu Zeit in das nicht weit entfernte Trakehnen begeben zu können. Letztlich ausschlaggebend war aber der Chef des Insterburger Krankenhauses, Doktor Wiedwald, ein Mann, der mir schon beim Kennenlernen volles Vertrauen eingeflößt hatte. Unter seiner Anleitung glaubte ich als Anfänger am besten aufgehoben zu sein. Ohne Rücksicht auf das Kopfschütteln meiner Kollegen und Bekannten, die der Meinung waren, daß ich damit alle Chancen in den Wind schlüge, ging ich also leichten Herzens nach Insterburg und habe diesen Schritt nie bereut. Denn ein Teil meiner Erwartungen hat sich dort erfüllt, und wo sich etwas nicht erfüllt hat, war es zu meinem Besten. Die Organe der NSDAP haben mich in der Tat weitgehend in Ruhe gelassen. Ich habe keine Konzessionen machen müssen und verdanke es dem hohen Ansehen meines Chefs bei allen Dienststellen, daß ich niemanden mit „Heil Hitler“ zu grüßen brauchte. Es wurde mir allerdings empfohlen, wenigstens den Kreisleiter, den Landrat und den leitenden Arzt unserer Inneren Abteilung mit dem Deutschen Gruß zu würdigen. Aber selbst das habe ich vermeiden können. Als dann ein Jahr später der Krieg ausbrach und meine Mitassistenten zum Militärdienst eingezogen wurden, gewann mein Dasein als „rechte Hand des Chefs“ derart an Gewicht, daß man mich nur selten mit Gewissensfragen belästigt hat. Meinem Kollegen von der Inneren Abteilung ging es genauso. Auch er war kein Freund von Hitler, und als er einmal telephonisch gefragt wurde, ob er eigentlich in der Partei wäre, antwortete er: „Ich? In was für 'ner Partei?“ Wir haben uns manches leisten können, worüber ich heute noch Genugtuung empfinde. Ich habe zum Beispiel keinen Zigeuner-Mischling mehr ins Krankenhaus aufgenommen, der uns zum Zweck der

Sterilisierung von der Gestapo geschickt wurde. Diese Unglücksmenschen erschienen mit einem Zettel, auf dem ungefähr folgendes stand: „Ihre Unfruchtbarmachung ist genehmigt worden. Sie haben sich zu diesem Zweck in das nächste Krankenhaus zu begeben und sich nach erfolgtem Eingriff wieder bei uns zu melden." Ich riß ihnen den Zettel aus der Hand, schrieb auf die Rückseite, wir könnten den Mann zur Zeit nicht behandeln, weil wir die strikte Anweisung hätten, für die Dauer des Krieges nur Kranke aufzunehmen. Die Unfruchtbarmachung müsse bis nach dem Kriege verschoben werden. Dann gab ich ihnen das Schreiben zurück und schickte sie wieder weg. Nur einmal hat die Gestapo in dieser Angelegenheit telephonisch angefragt, was bei uns los sei, doch ist nichts weiter darauf erfolgt.

Die Erwartungen, die ich meinem Chef entgegengebracht hatte, haben sich ebenfalls erfüllt. Er war nicht nur der hochqualifizierte Chirurg aus der renommierten Kirschnerschen Schule, sondern darüber hinaus der Mensch, dem sich die Patienten geradezu blindlings anvertrauten. Gewöhnt an den ruppigen Umgangston, der schon damals an großen Kliniken vorherrschte, war es für mich geradezu eine Offenbarung, hier einem Menschen zu begegnen, der genau das verkörperte, was ich mir unter einem wirklichen Arzt vorgestellt hatte. Für ihn war der Patient kein Gegenstand der Behandlung, sondern ein ihm mit Leib und Seele anvertrauter Mensch. Deswegen erwartete er auch von seinen Assistenten, daß sie mehr von ihren Kranken wußten, als was zu deren Krankheit gehörte. Für ihn war es selbstverständlich, daß wir uns auch für die Lebens- und Familienverhältnisse unserer Patienten interessierten und uns für die Fragen und Nöte ihrer Angehörigen zuständig wußten. Ebenso wie er hatten wir für den ganzen Menschen dazusein. Unsere Würde bestand nicht darin, daß wir Akademiker waren, sondern daß wir jederzeit erreichbar sein und uns auch außerhalb der Visite um die Patienten kümmern mußten. Trakehnen war für mich dadurch in weite Ferne gerückt. Ich glaube, ich bin in all den Jahren, die ich in Insterburg am Krankenhaus tätig war, nur zweimal dort gewesen, und das auch nur für wenige Stunden. Aber, wie schon gesagt, empfinde ich das heute nicht als einen Verlust, sondern als einen großen Gewinn. Denn die Art des Engagements, die von mir erwartet wurde, hat mich vor Zweigleisigkeit bewahrt und mich fest in meinem Arztberuf verankert.

In jene Zeit fallen auch meine letzten Besuche in Steinort. Der Besitz war, wie schon erwähnt, nach dem Tode von Onkel Carol 1936 an die Linie Preyl gefallen. Und da mein Onkel Manfred zugunsten seines Sohnes Heinrich auf das Erbe verzichtet hatte, saß dieser nun in Steinort. Heini, der Landwirtschaft gelernt hatte, ging mit großer Passion an die Aufgabe heran, das stark vernachlässigte Gut wieder in Ordnung zu bringen. Von Natur aus war er dafür der geeignete Mann. Sein Sinn für das Praktische verband sich mit viel Humor und einer handfesten Lebensfreude. Das weibliche Element spielte eine wesentliche Rolle in seinem Leben, und so wirkte er viel unbeschwerter und weniger kritisch als beispielsweise sein erheblich jüngerer Bruder Ahasverus. Dieser war ein typischer Spätentwickler, war dann aber bald zu einem selbständig denkenden Menschen herangereift und hatte aufgrund entscheidender Begegnungen schon früh einen festen Standort gewonnen. Dies zeigte sich in besonderer Weise an seiner klaren Haltung gegenüber dem Hitlerreich und dessen Tendenzen. Als junger Offizier hatte er einen starken Einfluß auf die Meinungsbildung seiner Kameraden und Untergebenen, und diese Tatsache brachte ihm manchen Verweis ein. Als ich ihn kurz vor Beginn des Rußlandfeldzuges in Insterburg in seiner Kaserne besuchte, hatte er gerade wieder einen achttägigen Hausarrest zudiktiert bekommen. Seine überragende Erscheinung und überzeugende Persönlichkeit machte es seinen Vorgesetzten schwer, mit ihm fertigzuwerden. Sie mußten sich seine Kritik immer wieder gefallen lassen. Das wäre sicher nicht mehr lange so gegangen, und man hätte ihn eines Tages mit Gewalt zum Schweigen gebracht, wenn nicht sein baldiger Tod an der Ostfront, im Alter von fünfundzwanzig Jahren, solchen Maßnahmen zuvorgekommen wäre.

Heini dagegen nahm das Leben mehr von der spielerischen Seite. Er bezeichnete sich selbst als einen Augenblicksmenschen, und erst schwere Erfahrungen haben die auch in ihm angelegte Tiefendimension erschlossen. Der Tod seines Bruders und die Begegnung mit den Menschen des aktiven Widerstandes gegen Hitler gaben wohl die wesentlichen Anstöße für eine solche Entwicklung. Seines Steinorter Besitzes hat er sich nicht mehr lang erfreuen dürfen. Wenige Jahre nachdem er ihn übernommen hatte, brach der Krieg aus, der schließlich allem ein Ende machte. Während des Krieges bin ich noch zwei- oder dreimal dort gewesen, wenn Heini auf Urlaub gekommen war. Während des Rußlandfeldzuges stand er als Ordonnanzoffizier bei der Heeresgruppe Mitte. Als ich ihn und seine Frau im Oktober 1940 besuchte, fiel mir bei der Fahrt durch den Mauerwald auf, daß viele alte Fichten von einem Schädling kahlgefressen worden waren. Der Wald sah trostlos aus. In der Annahme, daß Heini sehr unglücklich darüber sein würde, begrüßte ich ihn etwas zögernd. Er aber gab sich ganz wie immer, und als ich ihn auf den großen Schaden ansprach, sagte er: „Ja, erst habe ich mich sehr aufgeregt. Inzwischen habe ich mich aber wieder beruhigt, denn in den nächsten Tagen passiert etwas sehr viel Schlimmeres mit dem Wald. Es sollen nämlich achttausend Arbeiter der Organisation Todt hineinkommen, um ein Munitionslager zu bauen. Wir sind natürlich sehr im Zweifel, ob das nur ein Munitionslager wird. Das Verkehrsflugzeug von Moskau nach Berlin hat seine Route bereits geändert und fliegt seit einigen Tagen über unseren Wald." Acht Monate später marschierten unsere Truppen in Rußland ein, und es zeigte sich, daß da kein Munitionslager, sondern das Oberkommando der Wehrmacht für den Rußlandfeldzug gebaut worden war.

Bei einem anderen Besuch – ich glaube, es war der letzte – fand ich Heini sehr bewegt von einem Ereignis, das sich am Vormittag in Steinort abgespielt hatte. Eine der vielen alten Eichen, die wie riesige Pilze einzeln in den Koppeln und an den

Wegrändern standen, sollte gefällt werden. Das halbe Dorf hatte sich versammelt, um den Sturz des Baumriesen mitzuerleben. Die Äxte hatten ihr Werk getan, immer tiefer drang das Sägeblatt in das Holz des Stammes ein. Plötzlich sprangen die Männer zurück, denn die Säge hatte den Stamm völlig durchtrennt. Aber o Wunder! Der Baum kippte nicht um, sondern blieb stehen, als sei nichts geschehen. Die Zuschauer staunten. Man beriet, was zu tun sei, denn man wollte sich das Schauspiel des Fallens nicht entgehen lassen. Um das Werk zu vollenden, ergriff schließlich ein vorwitziger junger Förster ein Seil, lief auf den Stamm zu, kletterte allen Warnungen zum Trotz hinauf, um das Seil an einem Ast festzumachen. Aber noch ehe er sein Vorhaben ausführen konnte, neigte sich der Baum und fiel so, daß er den Förster erschlagen hätte, wenn dieser nicht schnell in eine Astgabel gerutscht wäre. Durch die spannende Beschreibung, die mein Vetter mir gab, wurde ich nachträglich an diesem dramatischen Ereignis beteiligt. Wir begaben uns zu dem gefällten Baum, und ich konnte mir den Gang der Handlung gut vorstellen. Der Baum war auf den stärksten seiner Äste gefallen und dieser dicht über dem Kopf des Försters abgebrochen. Der junge Mann hatte Glück gehabt. Aber das war es nicht, was Heini so stark beeindruckt hatte. Es hatte sich ihm hier offenbar noch etwas anderes mitgeteilt. Und wenn es damals auch noch nicht in Worte zu fassen war, so hat doch das Gespräch, das wir an jenem Abend zu führen begannen, bis heute in mir nachgewirkt. Es kreiste um das Bestürzende an der Tatsache, daß eine derartige Sinnestäuschung überhaupt möglich ist. Daß etwas Gewachsenes, Lebendiges die Bedingungen seiner Existenz verlieren kann, ohne daß die entsprechenden Konsequenzen eintreten. Gesetzt den Fall, wir wären als unbefangene Passanten an dem Baum vorbeigekommen, als er noch stand – woran hätten wir erkennen können, daß er von seiner Wurzel schon getrennt war? Jedes Kind weiß doch, daß ein Baum umfällt, wenn er abgesägt wird. Unser gesunder Menschenverstand hätte uns also vor dem drohenden Unheil nicht warnen können. Ohne von dem Absägen des Baumes Kenntnis zu haben, hätten wir uns arglos unter den Schutz seiner Zweige begeben. Was meinen Vetter an diesem Erlebnis so stark bewegt hatte, war offenbar dessen Symbolcharakter. An dem Verhalten des Baumes wurde offenkundig, wie es um Deutschland bestellt war. Von allen Bindungen gelöst, die einmal die Voraussetzungen seiner Existenz gewesen waren, blieb es dennoch stehen und ließ nicht erkennen, daß es dem Untergang schon preisgegeben war. Und wenn ich heute danach gefragt werde, wie es möglich sei, daß nur so wenig Menschen geahnt haben, was es mit dem Hitlerreich auf sich hatte und worauf es hinauslief, dann sehe ich im Geist den abgesägten Baum vor mir stehen. Woher sollten denn die leichten Sommervögel, die sich in seinen Zweigen niederließen und unter seinem Blätterdach ihr Nest bauten, ein Ohr haben für die dumpfen Warnungen der Unke, die im Wurzelbereich ihr Wesen trieb und wußte, was dort gespielt wurde. Es war doch ein so schönes Reich, das allen Platz bot und vielen Nöten ein Ende bereitete! Erst als deutliche Zeichen dafür auftraten, daß etwas daran nicht in Ordnung war, als die Blätter anfingen welk zu werden, da dämmerte es bei vielen, worauf sie sich eingelassen hatten. Aber da gab es schon kein Zurück mehr. Da war der Fall des Baumes schon besiegelt.

Heini Lehndorff wurde als Beteiligter an dem Attentat auf Hitler vom 20. Juli 1944 vom Volksgerichtshof zum Tode verurteilt und hingerichtet. Er hinterließ vier Töchter, während sein Bruder Ahasverus als noch Unverheirateter fiel. Damit war auch die zweite Linie meiner Familie im Mannesstamm erloschen.

Da der Bruder meines Vaters unverheiratet blieb und meine vier Brüder den Krieg nicht überlebt haben, wäre ich nun an der Reihe, Steinort zu übernehmen – eine gegenstandslose und daher müßige Überlegung, nachdem Ostpreußen verlorengegangen ist. Sie verleiht aber dem heutigen Besuch dieser alten Stätte einen zusätzlichen Reiz. Wenn ich mit meinen Söhnen durch den Park gehe, der völlig verwildert und zugewachsen ist, in dem aber die vor nunmehr bald 400 Jahren angepflanzten Eichenalleen noch vorhanden sind, dann erlebe ich in mir eine

Konzentration alles dessen, was die Begriffe Preußen, Heimat, Familie mit Inhalt erfüllt. Die Tafeln mit den Gedichten sind nicht mehr da, und von den gewaltigen Eichen sehen einige so aus, als würden sie den nächsten Sturm nicht mehr überstehen. Aber noch rekonstruiert die Erinnerung das Gewesene mit Leichtigkeit und läßt sich darüber hinaus in jene Zeit zurückführen, in der Steinort noch die große Wildnis war. Sie alle, die seitdem hier gelebt und gewirkt haben, ziehen im Geist an mir vorüber und lassen mich teilhaben an ihren Freuden und ihren Leiden, ihrer Größe und ihrem Elend, ihren Ängsten und ihren Hoffnungen. Die Jahrhunderte verschmelzen an dieser Stelle zu einem Stück Ewigkeit, jener Ewigkeit, darin sie geborgen und aufgehoben sind, aus der sie gekommen sind und in die sie zurückkehren.

Ostpreußen und Polen

Thomas Urban
Polen
2. Auflage 2003. 204 Seiten mit
29 Abbildungen und 4 Karten. Paperback
Beck'sche Reihe Länder Band 875

Adelheid Gräfin Eulenburg/Hans Engels
Ostpreußische Gutshäuser in Polen
Gegenwart und Erinnerung
Mit einem Vorwort von Marion Gräfin Dönhoff
und einem Beitrag von Kamilla Wróblewska
2., überarbeitete Auflage. 1995. 136 Seiten mit
128 Abbildungen, davon 30 in Farbe. Leinen

Adam Czerniaków
Im Warschauer Getto
Das Tagebuch des Adam Czerniaków 1939–1942
1986. XXVI, 303 Seiten mit 19 Abbildungen. Gebunden

Adam Krzemiński
Polen im 20. Jahrhundert
Ein historischer Essay
2. Auflage 1998.
240 Seiten mit 4 Karten. Paperback
Beck'sche Reihe Band 476

Verlag C. H. Beck München